21世纪应用型本科规划教材

International Business Negotiation

# 国际商务谈判

何华安／主编
饶曦　李鑫锋／副主编

东北财经大学出版社
Dongbei University of Finance & Economics Press
大连

图书在版编目（CIP）数据

国际商务谈判 / 何华安主编. —大连：东北财经大学出版社，2022.12
（21世纪应用型本科规划教材）
ISBN 978-7-5654-4737-2

Ⅰ.国… Ⅱ.何… Ⅲ.国际商务-商务谈判-高等学校-教材 Ⅳ.F740.41

中国版本图书馆CIP数据核字（2022）第251628号

东北财经大学出版社出版
（大连市黑石礁尖山街217号 邮政编码 116025）
网 址：http：//www.dufep.cn
读者信箱：dufep@dufe.edu.cn
大连市东晟印刷有限公司印刷 东北财经大学出版社发行

幅面尺寸：185mm×260mm 字数：268千字 印张：12
2022年12月第1版 2022年12月第1次印刷
责任编辑：孙晓梅 孙 平 责任校对：吴 奂
封面设计：冀贵收 版式设计：原 皓

定价：42.00元

教学支持 售后服务 联系电话：（0411）84710309

如有印装质量问题，请联系营销部：（0411）84710711

# 前　言

当今世界，正处在百年未有之大变局中，经济全球化遇到了前所未有的挑战，现有的国际经济秩序、国际贸易规则面临深度调整，国际经济合作发展的不确定性增大，全球价值链和供应链体系正在加速进行新的分化整合。在新的更复杂多变的国际经贸形势下，对从事国际经贸合作的人士来说，也提出了更高的要求。为深入学习贯彻党的二十大和二十届一中全会精神，推进习近平新时代中国特色社会主义思想进教材、进课堂、进头脑，以及适应新的人才培养的需求，培养新时代国际商务谈判人才，我们编写了这本《国际商务谈判》教材。

本书针对国际商务谈判学科的特点，结合国内外研究与实践的成果，较为系统全面地介绍了国际商务谈判的基本理论、国际商务谈判的准备、国际商务谈判人员应具备的素养及规则意识、国际商务谈判各阶段策略、国际商务谈判僵局的突破策略、国际商务谈判的沟通技巧、各国商务人员的谈判风格与谈判礼仪等。在内容编排上，本书具有以下两个特点：

一是重视课程思政建设。为深入贯彻落实习近平总书记关于教育的重要论述和全国教育大会精神，落实“立德树人根本任务，培养德智体美劳全面发展的社会主义建设者和接班人”，对标《高等学校课程思政建设指导纲要》要求，本书结合国际商务谈判学科特点，深入挖掘课程思政元素，以“育人目标”“思政案例”等多种形式将课程思政元素有效融入教材内容，引导学生在国际商务谈判课程学习和国际商务交往过程中坚定“四个自信”，切实提高课程思政育人能力。

二是注重理论和实践相结合。本书不仅充分借鉴了国内外相关学科多年来的研究成果，而且结合了大量案例、实践，将理论知识融入了各项谈判策略。每章开篇设置了新闻导读或案例导读，以真实案例引入理论知识的学习；每章正文内容中间大量穿插小案例、小链接，增强读者对相关知识点的理解能力；每章最后均设置了拓展阅读，学完整章内容后通过一个真实案例强化读者对相关理论知识和实践环节的认知和理解。

本书共分十章，何华安负责编写第一章、第二章和第四章，饶曦负责编写第三章、第五章、第六章和第七章，李鑫锋负责编写第八章、第九章和第十章。

本书既可供国际经济与贸易、国际商务及经济管理类相关专业的本科生和研究生使用，也可供各类从事国际商务研究和实践的人士自学使用。

在本书的编写过程中，我们参考和引用了大量文献，但由于不具备广泛且深入地查询馆藏资料的条件，以及电子数据资源的覆盖范围有限，可能在脚注和“主要参考文献”中没有列全资料来源，或者所列的不是最早来源的作者的作品，敬请相关作者谅解。在此，编者向所有相关作者表示衷心的感谢。

在本书出版过程中，得到了东北财经大学出版社多方面的帮助和支持，他们对本书的编写提出了很多宝贵的建议，在此一并表示感谢。

由于编者知识水平所限，本书还存在不足和疏漏之处，恳请读者批评指正。

**编　者**

2022年12月

# 目　　录

# 第一章

# 国际商务谈判概述

## 学习目标

【知识目标】

理解谈判、商务谈判、国际商务谈判的概念及特点；了解国际商务谈判的构成与类型；掌握国际商务谈判的基本程序；了解国际商务谈判的基本原则。

【育人目标】

培养对国际商务合作与谈判基础知识的掌握，理解中国在历史、当前及未来参与国际商务谈判活动的心态和地位的变迁，开阔国际视野、树立民族自信。

【导读】

### “世纪联姻”成一厢情愿！伦交所四条理由拒绝港交所并购

2019年9月13日，伦交所正式发表声明，经董事会一致同意，拒绝港交所的“世纪联姻”并购建议，并称该并购建议存在根本缺陷，与港交所无须做出进一步接触。显然，从伦交所对外声明的措辞中不难看出，对于并购建议，伦交所认为无再谈判的必要，特意强调“无须做出进一步接触”，态度鲜明。伦交所拒绝后，港交所随即做出回应称，对伦交所的拒绝感到失望，仍将继续与伦交所股东接洽，详细分析交易的裨益。

伦交所给出的四大拒绝理由是：

1.港交所的建议并不符合其战略目标

在伦交所给港交所的拒绝信中，开门见山说出主要原因，伦交所认为港交所的收购方案并不符合其战略目标。

2.结婚手续复杂，婚后离婚风险高（Serious Deliverability Risk）

伦交所称，考虑到监管机构、股东和伦交所要求的其他批准，存在不确定性的情况下，其执行港交所建议的结果将是终止对Refinitiv的收购，从而完成对港交所的出售。

2018年4月，伦交所任命前高盛银行家施维默为首席执行官。施维默上台后，为了巩固伦交所作为一家独立公司的地位，宣布以270亿美元收购Refinitiv。

“伦交所收购Refinitiv是伦交所的业务转型之举。伦交所本身便是数据供应商，但伦交所掌门人有更大野心，希望在大数据时代引领潮流，规模越大越好。此外，对于对冲基金等数据用户来说，也很欢迎数据供应商的并购整合。毕竟数据供应商多，标准也多，会让数据用户无所适从。”有中国香港投行向时报君表示。

3.港交所股票代价没有吸引力

伦交所在信中提出，港交所提议的四分之三的并购代价是香港交易所股票，伦交所认为，这对其股东来说是一个吸引力较小的投资主张。

伦交所指出，港交所股票代价的价值“本质上是不确定的”，伦交所还质疑港交所长期作为战略门户的可持续性，特别是其业务集中于香港。

4.并购建议中对其的估值严重不足

基于上述四点考虑，伦交所董事长罗伯特在致港交所的函件中表示，没有必要与港交所进一步接洽，一致拒绝港交所的并购建议。

港交所拟提高收购报价至320亿英镑，不排除要约收购

对于伦交所的拒绝，港交所发表声明称，与伦敦证券交易所集团建议合并是互利共赢的重大战略机遇，可以打造一个领先的全球性金融市场基础设施。

香港交易所董事会期望与伦敦证券交易所集团董事会进行建设性的对话，但对伦敦证券交易所集团拒绝正面洽谈感到失望。香港交易所希望证明所提出的合并建议远比伦敦证券交易所集团收购Refinitiv的计划更可取。

香港交易所已向伦敦证券交易所集团表明，已就此次计划进行详尽的准备工作。此外，香港交易所亦曾与相关的监管机构及决策者进行初步的建设性讨论。

香港交易所董事会仍然相信，此次建议对股东、客户及环球资本市场整体来说都有重大裨益。香港交易所认为伦敦证券交易所集团的股东应有机会详细分析两项交易，并会继续与他们接洽。

伦交所认为港交所提出的收购价并没有吸引力。据时报君从中国香港某投行处获悉，港交所正准备提高对伦交所得收购报价至320亿英镑，并考虑对更高的现金报价持开放态度。

中国香港投行认为，即使这笔收购获得英国和欧盟监管机构认可，但可能还会面临来自美国的监管审查，因为伦交所通过其子公司富时罗素指数和伦敦清算所（LCH）拥有重要的美国业务。而LCH作为全球最大的清算所在全球范围内处理美元清算，业务涉及全球利率互换市场的一半，以及超过90%的整体利率互换。

资料来源：证券时报．“世纪联姻”成一厢情愿！伦交所四条理由拒绝港交所并购，港交所拟再提价，交易为何阻力重重？［EB/OL］.（2019-09-14）［2022-10-14］. https://baijiahao.baidu.com/s?id=1644613365465795152&wfr=spider&for=pc.内容有改动。

随着国际交往的日益多元和深入，我国各类企业和机构、组织参与世界事务、开展国际合作的格局在深度和广度上都迅速扩展。不论是进行国际货物买卖、技术交易还是投融资，都不可避免地需要经过一次次双方或多方就所拟开展的业务进行磋商，以求达成各方都满意的协议，这就是我们所说的国际商务谈判。

## 第一节 国际商务谈判的概念与特征

国际商务谈判是指在国际经济和贸易活动中，买卖双方为了达成交易而对交易过程中的各个环节进行协调沟通的过程，是一项复杂而严密的商务活动。国际经济贸易活动

中引起学者广泛讨论的核心议题就是如何在经济贸易活动中掌握主动权，如何通过国际商务谈判达成目的，以及如何提高谈判的效率和质量。

## 一、国际商务谈判的概念

### （一）谈判

谈判是指参与经济活动的各方基于自身的需要及其他各方的要求，彼此之间沟通信息，进行协议与磋商，致力于协调各方之间的相互关系，最终在保护自身利益的基础上达成协调一致的行为过程。

努力协调利害冲突，实现共同利益是谈判的目的之所在。在谈判的过程中，谈判各方会对共同关注或是感兴趣的问题相互沟通、交流和磋商，协调彼此在政治、经济或其他方面的利益，最终在保障自身权利的基础上谋求妥协一致，使各方都能在满足各自需求的条件下达成协议。

利用谈判进行交流沟通、磋商协调乃至趋于妥协从而维护各自利益的行为已经被广泛应用于经济、政治、军事、科技、外交等各个领域。

### （二）商务谈判

商务谈判是谈判应用的重要领域之一，主要表现在经济活动中，各方为达成一致的交易目的而就彼此的经济关系进行沟通和协商，通过信息的交流互换，来满足贸易的需求。商务谈判在所有商务活动中，是能够缓解矛盾冲突、协调各方利益、确保活动顺利进行下去的重要环节。

商务谈判主要包括货物买卖谈判、投融资谈判、工程承包谈判、技术转让谈判、技术贸易谈判、经济合作谈判以及劳务输入输出谈判等。

### （三）国际商务谈判

国际商务谈判是在商务谈判的基础上加上国际元素这一特点，是指分属不同的国家或地区的商务活动参与各方，为达成一致的交易目的而就彼此的经济关系进行沟通和协商，通过信息的交流互换，来满足贸易的需求。国际商务谈判是国际商务活动的重要内容，也是国内商务活动在国际领域的延伸和发展。总体上说，国际商务谈判是解决对外经济活动中，不同国家或地区的商业机构之间普遍存在、不可避免的利害冲突的重要手段，是协调各方利益的必不可少的商务活动环节。

由于国际商务活动各方立场和追求的目标存在差异，谈判过程中也不可避免地充满复杂的利害冲突。这些利害冲突的存在，使谈判成为国际商务活动中必要的过程。通过有效的沟通协调解决这些矛盾冲突，实现预期目标，平等对话达成一致也正是谈判的意义所在。

## 二、国际商务谈判的特征

国际商务谈判是一般商务谈判在国际上的拓展，因此既具有一般商务谈判的共性，也具有国际商务谈判的特性。

### （一）国际商务谈判具有一般商务谈判的共性

#### 1. 商务谈判以获得经济利益为谈判目的

与一般的谈判相同，国际商务谈判是为了实现谈判各方的既定目标和经济利益。虽然国际谈判涉及双边政治、经济、外交等各方面因素，这些因素错综复杂，使国际商务谈判必然会受其影响，但在复杂的政治、经济、外交格局下获取最大的经济利益仍然是谈判双方的出发点和最终目标。

同时，经济利益的获取也是衡量一次商务谈判是否成功的重要指标。国际商务活动，具有作为商务活动的最本质的特点，即是一项经济活动。经济活动本身的意义就在于获取最大的经济利益，即核算谈判的收益与成本的差额，这里的成本主要指谈判桌上的成本、谈判过程的成本以及谈判的机会成本。因此，获取最大的经济利益仍是国际商务谈判的基本意义所在。

**2. 商务谈判以价格作为谈判的核心**

商务谈判的内容涉及的方面和要素复杂多样，谈判各方可能在众多经济领域和因素上有利益关系，但价格在谈判内容中的核心地位毋庸置疑。价格的高低最直接地表明了谈判双方的利益分配关系。此外，一些其他利益相关的条件如贸易标的的质量、数量、付款形式、付款时间等利益要素上的得失，也可以通过承担的风险或收益状况在很多情况下换算为一定的货币价值，并通过价格的升降体现出来。例如，在国际贸易中，若谈判中商定由买方自己承担运费，则价格仅考虑商品本身；但若由卖方负责承担运费，则在谈判时卖方往往提高商品的价格来维持自身利益。

此外，谈判中虽然必须坚持以价格为核心来争取直接经济利益，但是由于价格因素相对敏感，在其他方面拓宽思路，争取更大的利益，可能对于双方而言都存在更大的协调空间。

**3. 商务谈判是利益各方合作与冲突的博弈过程**

商务谈判之所以发生，是因为双方能够通过合作获取比不合作时更大的利益。共同的利益将双方联系在一起，然而在利益的分配过程中又可能产生冲突。因此，商务谈判的过程就是双方进行利益博弈的过程。双方都本着自身利益最大化的目标参与到商务谈判中，结果往往是由谈判各方的实力和谈判的能力来决定的，谈判者需要在保持合作的前提下，通过谈判使对方有所收获的同时实现自身利益最大化。

**4. 商务谈判注重合作规定的严密性、准确性**

商务谈判过程商定的规章，包括谈判过程中的各种合作备忘文件，以及最终签署的合作协议等，都是谈判完成后各方进行合作的基础和纲领。其中确认了双方的权利和义务，且具有特定的法律效力。规章的严密性、准确性是保证最终实现各方利益的根本基础和前提。若合同或协议的条款不准确，在其执行过程中一旦发生冲突，双方各持己见，就会产生经济损失。因此，谈判者在谈判时要注重合作规定的严密性、准确性。

### （二）国际商务谈判的特殊性

**1. 国际商务谈判的涉外性**

涉外性是国际商务谈判的显著特征。国际商务谈判的双方在谈判过程中会建立一种商务关系，这样的商务关系也构成了两个国家（地区）或多个国家（地区）之间的经济关系的一部分。同时，谈判过程中也会不可避免地涉及国家（地区）之间的政治、外交关系。同时，从跨度来看，国际商务谈判也可能涉及国际贸易、国际结算、国际保险、国际运输等方面的问题，涉外性非常强。

涉外性要求谈判者熟悉涉外的法律、惯例，熟悉国际经济组织的各种规定，这些是国内商务谈判所不涉及的。

**2.国际商务谈判受到国际惯例的约束**

国际商务谈判的跨国界性使谈判往往涉及多国的法律法规，其适用的法律法规往往不能只以谈判中一方所在的国家或者地区的经济法为依据，而必须遵从国家的外交政策，以国际经济法为规则，按国际惯例行事。同时，仲裁时所适用的仲裁规则和程序一般取决于仲裁所在国家或地区的法律法规。

**3.国际商务谈判涉及的谈判内容比较广泛**

国际市场上竞争更为激烈，价格变化更迅速，只有及时对国外的经济和市场情况进行调查研究，了解国际市场上的需求与供应，才能准确把握各方的政策和措施，同时制定相应的对策。由于各国的政策与环境有所不同，还应根据国别政策区别对待。

**4.国际商务谈判的影响因素更加复杂多样**

国际商务谈判的谈判者来自不同的国家和地区，可能有着不同的社会文化背景，处于不同的政治经济体制，在价值观念、行为方式、思维方式、语言及风俗习惯方面都有所差异，使得影响谈判的因素更为复杂多样。在谈判中，双方需要尊重和协调彼此在文化宗教和道德伦理上的差异。

## 第二节　国际商务谈判的构成与类型

### 一、国际商务谈判的构成

国际商务谈判作为一项复杂而严密的商务活动，是不同的构成要素相互作用的过程，谈判人员只有从整体上系统地认识谈判的各项构成要素，才能从全局把握谈判的主动权，使己方在谈判的进程中做到有的放矢、攻防有度、进退自如，进而达到谈判的预期目的。

谈判的构成要素主要包括谈判主体、谈判客体、谈判时间、谈判地点四大基本要素。

#### （一）谈判主体

谈判主体是指参与谈判的当事人。谈判主体可以是自然人，也可以是经组合而成的一个团体。国际商务谈判的构成主体是非常广泛的。在商务谈判中，谈判主体是主要因素，具有主观能动性和创造性，在谈判中起着至关重要的作用。严格地说，谈判主体可划分为关系主体和行为主体。

**1.关系主体**

谈判的关系主体是指有资格参加谈判，并能承担谈判后果的国家、组织、自然人以及能够在谈判或履约中享有权利和承担义务的各种实体。关系主体的主要特征是：①关系主体必须是谈判关系的构成者；②关系主体必须具有谈判资格和行为能力；③关系主体必须能够直接承担谈判后果。

**2.行为主体**

谈判的行为主体是指通过自己的行为完成谈判任务的人。行为主体的主要特征是：①行为主体必须是有行为能力的自然人及国家、经济组织或法人实体，非自然人不能成为行为主体；②行为主体受关系主体委托参与谈判时，必须正确反映关系主体的意愿，并在关系主体授权的范围内行事。

谈判的关系主体与行为主体有时是合一的，有时是分离的。只有当谈判的关系主体是自然人又亲自参加谈判时，两者才是合一的。关系主体对谈判的后果承担主要责任，而行为主体只出席谈判活动，并不承担谈判责任。从两者的区别上看，两者在谈判中的地位和所负责任是不同的，因此对谈判者进行资格审定和甄别是非常重要的。

**3.谈判主体的资格审定**

谈判之前对对方主体资格的审定是避免谈判利益受损的重要前提。如果谈判主体不合格，即使签订了谈判协议也可能是废纸一张，甚至还会造成惨重的损失。

**【案例1-1】**

内地某公司（以下简称“甲方”）与香港特别行政区某城建有限公司（以下简称“乙方”）经过若干轮谈判，于1995年5月18日正式签约，由乙方负责某酒楼的建筑工程。合同规定：该工程总建筑面积1 140平方米，预算总造价为1 247万元。按甲方建筑工程设计图纸施工，质量规格要符合在8级震区使用的条件。同年9月25日第一期工程完工，甲方验收时，发现已完工部分的质量不合格，于是就工程质量问题与乙方发生严重争执，随后甲方被迫向当地法院起诉。当地法院受理此案后，经过香港某律师行的协助，对乙方的资信做了调查，结果发现；乙方确实是在香港特别行政区注册的有限责任公司，但它的注册资本仅有2 000港元。根据法律规定，有限责任公司承担责任的能力仅限于它的注册资本。这就意味着，即使甲方胜诉，无论乙方给甲方造成多大的损失，它赔偿的最高限额仅限于2 000港元。甲方得知该详情后，不得不放弃赔偿要求，转而要求解除合同。最后，法院依照甲方的要求，以被告的权利能力和行为能力不足为由，终止了合同，甲方只追回了已付给乙方的全部定金，其他损失只能自己承受。我们从这个案例中可以看到，甲方受损的根本原因在于谈判前没有查清乙方的关系主体资格，尽管合同中对工程造价、质量条款均做出了规定，也不能避免己方的损失。

资料来源：万成林，舒平．营销商务谈判技巧［M］．天津：天津大学出版社，2003.

由上述案例可知，在谈判前把握主体关系是很重要的。主体资格的审定包括对关系主体和行为主体的审定。

对谈判关系主体的审定应该注意：谈判关系主体必须是以自己的名称参加谈判并能够承担谈判责任。例如，是否有法人资格，以及与法人资格相应的签约、履约能力；注册公司的详细情况；公司的诚信程度等。

对谈判行为主体的审定应该注意；谈判前必须核实谈判行为主体是否有权参加谈判，并且能够通过自己的行为很好地完成谈判任务。行为主体的谈判行为必须严格控制在谈判的关系主体所授权的范围内，不得超越。谈判的关系主体在选择、委托行为主体时，要选择能够反映关系主体意志，并能保证在关系主体所授权范围内严格执行命令、品行良好、诚实可靠的行为主体。

在审查对方的主体资格时，可以通过直接或间接的途径了解对方，如要求对方提供具有谈判资格的有关资料、证件，例如，自然人的身份证、护照等；资信和代理权方面的证件。在与外方合资的谈判中，则需要对方提供各种设备、技术等证明，并对外方的履约能力进行调查。

（二）谈判客体

谈判客体就是谈判议题，是指在谈判中双方要协商解决的问题，也是谈判者利益要求的体现。谈判议题是谈判活动的中心，没有谈判议题，谈判活动就无法进行。

在经济生活中，可以构成谈判议题的对象极为广泛，一切涉及利益的问题都可能成为谈判议题。然而，要真正成为商务谈判的客体，还必须受下述三个基本条件的约束：

（1）具有共同性。商务谈判议题必然涉及双方的利害关系，必须是谈判双方共同关心并希望得到解决的议题，否则就不能成为谈判议题。

（2）具有可谈性。对谈判双方来说，谈判的时机要成熟。如果时机不成熟，即使双方都关心并希望解决问题，也不能坐到谈判桌前。比如两伊战争一直持续了10年，其间许多国家都呼吁双方不要诉诸武力，而应采取和平谈判的方式解决争端，然而交战双方的代表真正坐到谈判桌前时已经耗去了10个春秋。

（3）具有合法性。它表示商务谈判议题应符合有关的法律规定。有些贸易活动是各国法律明文禁止的，如走私弹药、毒品、国家保护文物等。所以，商务谈判议题必须在法律允许的范围内。

（三）谈判时间

谈判时间是构成谈判活动的重要因素，它对谈判活动的影响可以从谈判期限与谈判时间两个方面把握。谈判有无时间限制，会对参加谈判的人员造成不同的心理影响。如果谈判有严格的时间限制，即要求谈判必须在短时间内完成，就会对谈判人员造成很大的心理压力，并会影响其谈判策略和谈判结果。我们应当在谈判中有效地利用好时间原则，牢牢把握时间的主动权，控制好谈判的进程，不让对手轻易占先。另外，我们也不能轻易将本方的计划与安排泄露给对方。一旦让对方了解到本方的时间表，对方就势必会根据形势故意延缓谈判的进程，使本方陷入不利的境地。

（四）谈判地点

谈判地点的选择对于谈判者的心理会产生影响，因此对于谈判的效果也具有一定的影响。有利的地点、场所能够增强己方的谈判地位和谈判力量，不利的地点、场所会影响谈判者的情绪和能力的发挥。所以，对于这一因素，谈判者应当很好地加以理解和运用。

谈判地点的确定一般有四种可选方案：主座、客座、主客座轮流和第三地。这四种方案各有优缺点，在具体谈判实践中如何选择要由双方协商确定。一般来说，商务谈判活动最好争取安排在己方地点进行，就像体育赛事一样，在主场举办获胜的可能性更大。有经验的谈判者都会设法将对方请到本方地点热情款待，以争取最佳的谈判结果。日本和澳大利亚的煤铁谈判就是很好的例证。

**【案例1-2】**

日本的钢铁和煤炭资源短缺，因而极其渴望购买到煤和铁。澳大利亚盛产煤和铁，而且销路极好，不愁找不到买主。虽然日本的谈判地位不如澳大利亚，但聪明的日本人将澳大利亚的谈判代表请到了日本谈生意。澳大利亚人一般都比较谨慎，讲究礼仪，不会过分侵犯东道主的权益。澳大利亚人到了日本，使日本与澳大利亚双方在谈判桌上的地位发生了显著的变化。此外，由于澳大利亚人过惯了舒适的生活，因而澳方的谈判代表到了日本后没几天，就急于回到故乡别墅的游泳池、海滨和妻儿身边，因此在谈判桌上常常表现出急躁的情绪。而作为东道主的日本谈判代表则掌握了谈判桌上的主动权，不慌不忙地讨价还价。结果是日方仅用较低的款待成本作为“鱼饵”就钓到了“大鱼”。

资料来源：黄卫平. 国际商务谈判［M］. 3版. 北京：中国人民大学出版社，2020.

## 二、国际商务谈判的类型

从本质上讲，国际商务谈判是来自不同的国家或地区的商务人员协商贸易规则和条件的过程。国际商务活动中涉及的贸易标的、品质等极为复杂，谈判的内容有所差异，谈判的形式也就有所区别。根据不同的维度，可将国际商务谈判分为不同的种类。

### （一）根据参加谈判的人数规模划分

根据参加谈判的人数规模划分，可以将国际商务谈判分为一对一的个体谈判和多人参与的集体谈判。在个体谈判中，谈判双方各自派一人代表双方参与谈判。而在一般重大谈判中，谈判双方通常会派出两位以上的人员进行多对多的谈判。

谈判的组织管理在很大程度上取决于参加谈判的人员数量。如果是一对一的谈判，通常谈判双方的代表独自掌握决策权，因此要选择在商务、法律、技术等方面的知识能力储备最全面的谈判人员参与到谈判过程中，来独立应对谈判过程中可能出现的各种问题。他能根据自己积累的知识和经验分析、判断谈判的进程，掌握谈判的趋势，并最终进行决策。这种一对一谈判虽然主要依赖于谈判代表个人的知识储备和技能水平，无法在第一时间得到相关的有效援助，但它的优点也体现在进行决策过程中省去了大量的内部协商的成本，谈判代表的决策想法能够得到完全施展，有利于谈判整个过程的协调统一。

多对多的谈判形式则更适用于正式的、较大规模的谈判场合。在集体谈判中，各方成员之间需分工明确，有专门负责财务、工程、法律等谈判所涉及方面的专业人才，还要有掌握谈判整体的主谈人。集体谈判能够在更大程度上发挥协作的力量，克服一对一谈判个人能力受限、思虑不周的不足。

### （二）根据参加谈判的利益主体的数量划分

国际商务谈判根据参加谈判的利益主体数量不同，可分为双边谈判（两个利益主体）和多边谈判（两个以上利益主体）。

在双边谈判中利益关系较为简单明确，意见容易达成一致。而多边谈判的利益关系就比较复杂，难以达成一致。例如，中外双方企业合资筹建某中外合资企业，在谈判中，中方本身是一家企业，外方本身也是一家企业，两家企业的利益就相对容易达成一致。如果中方本身是由多家企业构成，外方也由多家企业构成，那么由于多家企业之间也会存在利益矛盾，在众多利益主体中间谋求协调一致就困难得多。两方需要先在内部进行沟通，达成一致的意见，然后再作为两个对象参与到国际商务谈判当中来，进行沟通与协商。因此，在多方谈判中往往需要就某些特定问题进行一定的双方谈判。

### （三）根据谈判的接触方式划分

根据谈判双方的接触方式划分，国际商务谈判可分为面对面的口头谈判和间接进行的书面谈判。口头谈判，顾名思义，就是双方的谈判人员面对面直接进行口头的交谈与协商。口头谈判的好处就是面对面更有利于双方直接沟通交流思想解决矛盾，通过直接观察对方的言行举止（如面部表情变化、说话方式以及动作姿势等），对对方的谈判人员本身以及交易本身的可靠性产生感性认识，做出进一步的理性分析。一般来说，口头谈判双方处在平等地位上进行博弈协调，即使是再强硬的谈判对手，为双方能顺利达成合作，也会做出一定的妥协让步，极少采取绝对坚持的立场。

书面谈判是指谈判双方通过信函、传真、电报、互联网等方式进行间接的商谈，而没有进行面对面商议的谈判过程。书面谈判，是以一种更为正规化的形式阐释自己的立场观点，要比口头谈判形式更正式，可以表现出合作的诚意；同时，书面谈判比面对面的谈判方式更方便，尤其是在互联网时代的今天，书面形式的电子书函广泛地活跃于商务谈判双方互相沟通协调的过程中，既获得了其方便性又大幅度地节省了成本。书面谈判的缺点是仅仅通过信函、传真、电子邮件等通信媒介所能传递的信息量是十分有限的，尤其不能够通过谈判者的语气和行为等来判断对方的状态及谈判进展的状况等。因此，这种方式大多适用于谈判的前期或者谈判基本条款都完成的后期，以及双方长久合作后相互了解程度较深的时期采用。

### （四）根据谈判进行的地点划分

根据谈判进行的地点不同，可将谈判分为主场谈判、客场谈判和中立地谈判三种形式。

主场谈判是指对谈判的其中一方而言，谈判在其所在地进行的，该谈判方即是东道主；相应地，对谈判的另一方而言，本场谈判其以宾客身份前往，是客场谈判。中立地谈判则是指谈判是在谈判两方所在地以外的第三地进行的，双方无主宾之分。

不同的谈判地点使得谈判双方具有的身份不同。对于主场谈判方而言占有较大的主场优势，如对谈判环境更熟悉、信息搜集更为便利等。相反，客场谈判方在交通、环境、语言等方面会遇到一定困难。因此，谈判双方在选择谈判地点时要充分考虑主客双方的因素，运用相应的谈判战略以争取主动权。在实际谈判地点的选择上，采取中立地谈判或主客场轮流式谈判更为公平合理。

### （五）根据谈判双方采取的态度与方针划分

根据谈判双方采取的态度与方针不同，国际商务谈判可以分为让步型谈判（或称软式谈判）、立场型谈判（或称硬式谈判）以及原则型谈判（或称价值型谈判）。

#### 1.让步型谈判

在让步型谈判中，谈判者希望尽可能避免冲突，因此为了达成最终的协议，谈判方可能做出一定的让步，最终使谈判双方成功签订均可满意的协议。这种类型的谈判通常有相对比较融洽的谈判氛围，采取此种谈判策略的谈判者把对方视为合作者而不是竞争者，他们的目的是要达成协议而不是获取最大利益，或者他们希望在更大程度上争取与对方的长期合作。因此，让步型谈判中让步的一方通常会保持友善、让步利益、提出建议，为了避免冲突而最终做出妥协。

在谈判过程中，如果双方都采取让步的心态进行谈判，那么谈判可能达成一个使得双方都获益的一致决议，效率与成果会更令人满意。然而，由于谈判中双方所处的立场不同，一方的收益很可能会给另一方带来损失，谈判的双方可能不会都采取让步型的方式。如果在谈判中对方的态度比较强硬，那么采取让步策略的一方在谈判过程中就很容易遭受利益损失。因此，在实际谈判过程中很少有采取绝对让步方式的谈判者，除非一些有长期业务往来且双方合作关系良好的合作伙伴，可能会在谈判中采取让步型的谈判策略。

**2.立场型谈判**

立场型谈判又称硬式谈判。立场型的谈判者持以强硬的立场，将谈判视为一场战斗与博弈，视对方为劲敌，认为只有按照己方的立场达成的协议才是谈判的胜利。

立场型谈判者往往会在谈判开始时提出一个极端的立场，在后面的谈判中固执地坚持，并只有在谈判难以继续进行、谈判破裂会给其带来更大损失时，才会做出最低限度的妥协。如果在一场谈判中，谈判双方都采取立场型谈判策略，谈判的气氛就会十分紧张，从而导致谈判的成本大大增加、谈判的效率明显降低。立场型谈判的结果很可能是一方在考虑到其谈判破裂带来的损失更大而选择屈服，被迫让步达成了一致，但由于其在谈判中的需求并没有得到满足，也会造成很大的有形或无形损失，因此可能并非心甘情愿地履行协议中己方的责任义务，从而给对方带来相应的损失。

立场型谈判的双方站在各自立场上，想方设法获取最大的利益，而完全忽视了对方所处的立场和利益，未从谈判的本身出发，不能换位思考，损失了谈判的效率效用，通常无法达成兼顾双方利益的统一协议。

**3.原则型谈判**

原则型谈判也称价值型谈判，谈判双方把对方视为同等地位的合作同事，既不是朋友也不是敌人。原则型谈判强调双方的合作关系，谈判双方能够设身处地为对方着想，充分尊重对方，尽可能找到双方利益中的契合点，在和谐融洽的气氛中达成协调一致的方案。一旦谈判或执行过程中发生冲突，则根据公平合作的原则协商解决，并不是单纯地仅考虑自身利益、靠能力较量来决判。

原则型谈判提出者哈佛大学法学院荣誉教授荣格·费舍尔认为，让步型谈判和立场型谈判两种谈判风格都是错误的，正确的应该是原则型谈判风格。与让步型谈判相比，原则型谈判不仅注重与对方建立良好关系，更重视利益的公平性。与立场型谈判相比，原则型谈判注重协调双方的利益，而不是仅站在自身立场上谋取己方利益。因此，原则型谈判既不是让步型谈判，也不是立场型谈判，而是介于两者之间。原则型谈判的优势在于考虑了双方利益的同时尊重了对方立场，有利于谈判的顺利进行，创造谈判的经济与社会价值。因此，原则型谈判成为国际谈判中受到普遍推崇的一种谈判方式。

事实上，在实际的谈判中，以上所述的三种理论谈判方式之间并没有显著的界限。现实中的谈判往往结合了多种谈判方法，根据实际情境情况，综合运用三种谈判方法的要素进行谈判。具体的谈判风格往往与我方主体在谈判中所处的地位有很大的关系。同时，双方业务的延续性、长期性，本次交易的重要性等也对谈判策略的选取产生重大影响。

（六）按谈判内容划分

根据谈判的内容，国际商务谈判可以划分为货物买卖谈判、投资谈判、租赁谈判、服务贸易谈判、技术贸易谈判、损害及违约赔偿谈判六种类型。

（1）货物买卖谈判。货物买卖谈判是就一般商品的买卖进行的谈判。具体来说是买卖双方就买卖商品本身的有关数量、质量、货物的运输方式、时间、买卖的价格条件、支付方式，以及交易过程中谈判各方的权利、义务和责任等所进行的谈判。

（2）投资谈判。投资谈判主要是指针对利用一方资金进行合作的商务谈判。

（3）租赁谈判。租赁谈判是指出租人按照协议将物件交付给承租人临时占有或使用，并在租期内向承租人收取租金的一种商业行为。

（4）服务贸易谈判。服务贸易谈判又称劳务贸易谈判，是国与国之间就互相提供服务的经济交换活动进行的谈判。

（5）技术贸易谈判。技术贸易谈判是指技术的转让方与技术的接受方就转让技术的形式、内容、质量规定、适用范围、价格条件、支付方式，以及双方转让过程中所承担的一些权利、责任和义务等问题所进行的谈判。

（6）损害及违约赔偿谈判。损害及违约赔偿谈判中损害指在商务活动中，由于一方当事人的过失给另一方造成的损失；违约是指在商务活动中，合同一方的当事人不愿履行或违反合同的行为。

## 第三节　国际商务谈判的程序

从我国加入WTO到推动“一带一路”建设，我国企业在参与世界分工、开展国际贸易的深度和广度上都迅速扩展。不论是进行国际货物买卖、技术引进还是外资引进，都需要经过中外双方开展业务磋商，达成协议的过程，这就是我们所说的谈判。

国际商务谈判是来自不同国家或地区的双方为实现某种利益进行交易、沟通、妥协的过程，也是双方心智和实力较量的过程。谈判不仅需要用多种策略技巧，还需要一定的时间。因此，不论何种类型的谈判都有一个持续发展的阶段，即谈判过程，而人们在谈判过程中如何有计划地安排、组织、实施谈判，就是谈判程序。

由于谈判的类型不同、内容不同、复杂程度不同，所以谈判的持续时间有长有短，而且谈判的程序也有所不同。但不论何种谈判，其程序都包括三个基本环节，即谈判前的准备阶段、正式谈判阶段、谈判的善后（协议的履行）阶段。

### 一、谈判前的准备阶段

谈判前的准备工作是谈判策略、战术和技巧灵活运用的基础。俗话说，不打无准备之仗。准备工作做得好，可以增强己方自信，从容应对谈判过程中出现的各种问题，掌握主动权。特别是在缺少经验的情况下，充分的准备能够弥补经验和技巧的不足。谈判的实践证明，谈判成功与否与谈判前的准备工作做得是否充足有着密切的关系。

谈判前的准备阶段是商务谈判过程的初始阶段，主要包括环境的调查、信息的准备以及谈判方案的准备。

（一）谈判环境的调查

谈判所处的环境条件是影响谈判的重要因素，是谈判中不可缺少的成分，也是组成谈判不可忽视的重要构件。国际商务谈判是在一定的政治、经济、社会、文化、制度和某一特定的法律环境中进行的，这些社会环境因素无疑会对谈判产生直接或间接的影响。

谈判的环境因素包括谈判对手国家所有的客观因素。谈判人员必须对此进行全面系统的调研与分析评估，才能制定出相应的谈判方针与策略。英国谈判专家马什在《合同谈判手册》中对谈判环境进行了系统的分析和归类。他认为环境因素主要包括政治状况、宗教信仰、法律制度、商业习惯、社会习俗、财政金融状况、基础设施与后勤供应状况以及气候状况等。

（二）信息的准备

在国际商务谈判中，全面、准确、及时的信息是谈判的可靠助手，是选择和确定谈判对象的基础及前提，是谈判双方沟通的纽带，是制定谈判战略和策略的依据，是控制谈判过程、掌握主动权和确定报价水准的重要保证。谈判信息对于谈判活动的影响是极其复杂的——有的信息直接决定谈判的成败，有的信息则间接影响谈判的成败。准确的信息能帮助己方在谈判中获得成功，不准确的信息则可能导致己方在谈判中被动失利。

**【思政案例 1-1】**

1983年4月，光大实业公司董事长王光英收到下属报来的一条信息：南美智利的一家矿产公司破产，现将矿产公司所有的1 500辆大型矿山用卡车拍卖。这1 500辆卡车都是尚未使用过的新车，由于该矿产公司急于偿还债务，估计矿产公司方面会以较低的价格将这批卡车卖出。当时，我国的矿山建设需要大批矿山用卡车。王光英对于这个情况是熟悉的，他当机立断，马上组织采购人员赶赴南美，与智利的矿山公司进行谈判。由于1 500辆矿山卡车是个大买卖，有购买实力的竞争对手并不多。在拍卖现场，经过一番激烈的争夺之后，王光英的代表仅以新车价格的38%将这批卡车买了下来，为国家节约了8 500万美元的外汇。

在这次成功的交易中，充分掌握信息起了重要的作用。王光英对于南美智利矿山公司对资金的需求情况、我国对矿山卡车的需求情况以及国际市场上矿山卡车的价格都十分清楚，因此及时做出了正确的决策。

资料来源：刘春生. 国际商务谈判［M］. 北京：电子工业出版社，2016.

谈判信息的准备工作主要包括信息的收集、信息的整理与分类、信息的分析与使用。

信息工作在谈判实践中越来越显示出其特定的作用和价值，谈判的各方比以往任何时候都要重视信息工作。随着自我信息保密意识的不断增强，辨别对方信息的真伪等工作的难度也在不断增强，这就对从事信息工作的人员和参加谈判的人员提出了更高的要求。

收集信息的渠道有很多，如报纸杂志、统计资料、内部资料、电脑网络、广播媒介、驻外机构、各种会议以及广告、名片等，都构成了信息源。重点应收集对手信息

（如对方的资信情况、对方企业的产品状况、对方企业的管理状况、对方企业的人员状况等）、市场信息（如国内外市场分布情况、市场商品供求信息等）、技术信息以及与政治、经济、法律环境相关的信息。除此之外，还应当对己方的相关状况和信息有全面的了解和准确的评估。

#### （三）谈判方案的准备

为了有效地组织和控制贸易谈判活动，使己方在把握方向的同时又能灵活地控制复杂的谈判局势，必须在谈判的准备阶段制订出一套考虑周全的谈判方案。谈判方案是指在正式谈判开始之前对谈判主题、谈判目标、谈判议程、谈判策略等预先所作的安排。谈判方案是在对信息进行全面分析、研究的基础上，根据双方的实力对比，为本次谈判制定的总体设想和具体实施步骤，也是指导谈判人员行为的纲领，在整个谈判中起着非常重要的作用。

谈判方案的准备工作主要包括确定谈判主题、明确谈判目标、制定谈判策略、安排谈判议程、规定谈判期限、组建谈判团队、进行模拟谈判等。

### 二、正式谈判阶段

#### （一）开局摸底

开局摸底是指一场谈判开始时，谈判各方之间的寒暄和交流以及对谈判对手的底细进行探测，为控制谈判进程奠定基础。这一阶段的重要工作是建立洽谈气氛、申明己方意图、设法探明对方意图。俗话说“良好的开端是成功的一半”，因此营造一种合作的、诚挚的、轻松的、积极解决问题的气氛，对于谈判可以起到十分积极和有利的作用。当然，谈判气氛不仅受开局瞬时的影响，双方谈判之前的事先接触、洽谈中的交流等都会对谈判气氛产生影响，但谈判开局瞬时的影响最为强烈，它奠定了谈判的基础。

#### （二）磋商阶段

谈判的磋商阶段是实质性谈判阶段。这一阶段是指谈判开局以后到谈判终局之前，谈判双方就实质性事项进行沟通、协商、妥协的全过程。这是谈判的中心环节，也是谈判中最困难、最紧张的阶段。

谈判的磋商阶段是趋向谈判目标实现的过程。在这一阶段，既是谈判主体间的实力、智力和技术的具体较量过程，也是双方求同存异，合作、谅解、让步、妥协的过程。双方应根据对方在谈判中的行为来调整己方的谈判策略，修改谈判目标，从而逐步确立谈判协议的基本框架。

#### （三）成交阶段

谈判在经历了上述一系列阶段和环节后，终于进入了成交、签约阶段。谈判的成交阶段也就是正式谈判的收尾阶段。经过一番艰苦的讨价还价，谈判取得了很大的进展，双方意见渐趋一致，但也存在最后的一些问题。在谈判的最后阶段，更需要高度重视、善始善终，稍有松懈，可能就会功亏一篑、前功尽弃。

### 三、谈判的善后阶段

书面协议一旦签订，人们大多认为谈判已圆满结束。虽然协议的签订标志着本次正式谈判暂告一个段落，但作为谈判全过程来说，并没有真正结束。对双方来说，谈判成功后，还应继续做好谈判的善后工作。谈判的善后工作主要包括：对谈判资料的整理归档，谈判小组对经验教训的总结，做好履约的充分准备，努力维护双方业已形成的良好关系，为可能需要进行的下次谈判做准备。

# 第四节 国际商务谈判的基本原则

根据我国对外经济贸易政策，在国际商务谈判中应遵循平等互利、随机应变、友好协商、依法办事以及结合策略的基本原则。

## 一、平等互利原则（双赢原则）

在国际商务活动中，双方或多方的实力不分强弱，在相互关系中应处于平等的地位；在商品交换中，自愿让渡商品，等价交换；谈判双方或多方存在一定的共同利益，有来有往，互通有无，互惠互利。

平等互利原则也是一种双赢原则。商务谈判并不是在商务冲突出现时才进行。商务谈判是谈判各方当事人在追求共同商业目标，实现双方商业利益的整个过程中一个不断地化解冲突、实现谈判者最大利益的手段。作为我国对外经贸关系中的一项基本准则，平等互利原则必须贯彻于国际商务谈判的各个方面。

第一，要遵循自愿原则，并以此原则作为交易的基础。在与其他各国的贸易过程中，应根据双方的需要与可能，在自愿的基础上达成交易。不能够以其他方面的压力作为条件，强迫对方进行贸易、强塞给对方其本身并不需要的商品或强要对方无能力供应或不愿供应的商品。

第二，在谈判过程中，应当坚持以国际市场上的公平价格水平为基准来确定商品进出口价格。单凭主观决定价格，不顾谈判对方的利益，既违反了价值规律的正常作用，又脱离了实际情况，容易引起谈判对方及国际市场的不满。

第三，“重合同，守信用”是中华民族商业发展过程中的传统美德，也是从商得以延续的基础。合同是经谈判双方协商努力后产生的一种具有法律效力的书面文件，说明了双方的权利与义务，代表着双方的根本利益。如果合同执行过程中有一方违反相关条款，都可能会给另一方带来损失。以审慎的态度对待合同的签订和贯彻落实是对自身和交易对方都有利的行为。

## 二、随机应变原则

随机应变原则主要体现在国际商务谈判过程中对多种谈判技巧的灵活运用。国际商务谈判具有很强的随机性，谈判过程中形势不断发生变化，需要谈判双方灵活应对，加以变通，做到知己知彼，以掌握的相关知识经验猜测对方的想法计策，从而确定自己在谈判中的立足点与实现利益的方式方法，使自己在谈判中始终占据比较有利的位置。这就要求谈判者具有全局、长远的眼光，敏捷的思维，灵活地进行运筹，善于针对谈判内容的轻重、对象的层次事先决定“兵力”部署和方案设计，而随时做出必要的改变，以适应谈判场上的变化。在整个谈判过程中，在不放弃自身重大原则的前提下，如何根据不同的谈判对象、销售意图和市场竞争情况，采用适当的谈判技巧，促使谈判成功是商务谈判人员应关注的焦点。

## 三、友好协商原则

在国际商务谈判中谈判双方难免会就协议或合同条款产生冲突。谈判者在谈判的整个进程中，要尽可能排除干扰，始终表现出对对方充分且诚挚的尊重。无论冲突点和争议程度如何，双方都应以友好协商的原则来寻找双方认可的解决方案。坚持求大同存小异的原则，注意在各种礼仪细节问题上彼此多多包涵，一旦发生不愉快的事情也尽可能以宽容待之。如果经过多次协商仍无望达成一致意见，则可以终止谈判，不能违反友好协商原则。通常情况下，做出终止谈判的决定要综合考虑谈判对方的综合实力及合作的诚意，只要仍有合作的可能就应该本着友好协商的精神，尽最大努力达成一致协议。

## 四、依法办事原则

国际商务谈判最终签署的各种文件都具有法律效力，任何商务活动都需以合法为前提。所谓合法，主要体现在四个方面：谈判主体必须合法；交易项目必须合法；谈判过程中的行为必须合法；签订的合同必须合法。因此，谈判过程中当事人的发言，以及最后落实书面形式的合同等，都要符合法律的规定和要求。与双方合同相关的一切语言、文字应具有双方一致承认的明确的合法内涵，在必要时应给以具体明确的解释，写入协议文件，以免因解释条款而产生分歧，导致执行过程中发生争议。为实现这一原则，主谈人的重要发言，特别是协议文件，通常都是经由熟悉国际经济法、国际惯例和涉外经济法规的律师进行细致的审定。只有在谈判中遵循合法原则，谈判及其签订的合同或协议才具有法律效力，谈判当事人的权益才能受到保护，实现其预期的目标。

## 五、结合策略原则

商务谈判过程本身就是一个谈判双方进行利益博弈，以求妥协合作的过程。谈判双方为自身争取利益最大化，利益冲突在所难免。讨价还价在谈判过程中也很自然。但在国际商务谈判中，为最终达成合作，各方在坚持自身原则的基础上，也要留有让步的空间，为对方做出一定的妥协。对某些非原则性问题，必要时可以在不损害根本利益的前提下做出一些让步。然而，如果是涉及我国对外经贸活动的政策法令及国家、企业利益的根本原则问题时，我们也必须寸步不让、据理力争。在此情况下，从实际出发，耐心反复说明立场，争取取得对方的接受和理解往往是我们努力的方向。不论是原则问题还是非原则问题的讨论，应坚持贯彻“有理、有利、有节”的方针，以理服人，通过友好有效沟通寻求共赢。

## 讨论与思考

1. 国际商务谈判相对于国内贸易谈判的主要特殊点有哪些？
2. 简述国际商务谈判的构成要素。
3. 国际商务谈判的基本程序是怎样的？
4. 国际商务谈判中有哪些重要的原则？

## 拓展阅读

### 美韩防卫费分担谈判：不对称同盟内的以小博大

美韩防卫费分担金是指驻韩美军驻扎费用中由韩国承担的部分。1966年，美韩签署的《驻韩美军地位协定》规定，韩方向美方免费提供土地及附属设施等不动产，美方承担部队在韩驻扎所需经费。从1991年开始，韩美两国根据《驻韩美军地位协定》，定期就韩国对驻韩美军的出资问题进行协商，且通常以多年为单位进行协商。由于两国意见分歧很大、立场尖锐对立，历次的美韩防卫费分担谈判总是需要经过多轮才能取得一致。迄今为止，双方共签署了11份《防卫费分担特别协定》。

为了降低霸权护持成本，特朗普政府将自己的盟友视为“商业对象”，对韩国“狮子大开口”，索要“保护费”。奉行“美国优先”的特朗普政府毫不顾及盟友的“自尊”，认为2.85万名驻韩美军是防止朝鲜侵犯韩国的关键威慑力量，韩国在安全上“免费搭便车”。这一度引发了韩国的强烈不满和美韩同盟的不信任，成为谈判达成协议的绊脚石。面对美国的漫天要价，韩国无法忍痛“割肉”。

特朗普执政期间，韩美防卫费用分担协商龃龉不断，谈判艰难程度超过以往任何时候。从2019年9月开始，为签署第11份《防卫费分担特别协定》，美韩进行的谈判多达9轮，耗时一年半，长期处于僵局状态，韩国一直未能妥协。这导致韩美两国之间的误会和不信任越来越大。

美韩防卫费分担谈判陷入僵局，沦为同盟关系中的代表性绊脚石。在美国政权交替后，该谈判柳暗花明，为韩美同盟关系重生创造了契机。拜登政府上台后迅速重启陷入僵局的谈判，以恢复美韩同盟的互惠包容，从而为拜登时代的韩美关系创造了一个良好的开局。

拜登在韩联社发表题为《走向更加美好未来的希望》的署名文章。他表示：“作为总统，我将与韩国站在一起，加强美韩同盟以维护东亚及其他地区的和平，而不是用不计后果的撤兵威胁来敲诈韩国。”可见，与美国前总统特朗普主张的“金钱交易关系”不同，美国现任总统拜登把“修复受损的同盟关系以恢复美国的全球领导地位”看作首要任务，向韩国释放出“不会压榨盟友”的信息。拜登这一发言让韩国吃下了一颗定心丸。拜登政府上台46天后就打破了两国谈判的僵持局面，使谈判迅速取得进展，达成了第11份《防卫费分担特别协定》，迈出了韩美同盟正常化的第一步。

2021年3月，韩美防卫费分担谈判韩国首席代表郑恩甫和美国拜登政府的首席代表唐娜·韦尔顿在华盛顿举行会谈，美韩两国就第11份《防卫费分担特别协定》达成原则性协议，在18日举行外长防长“2+2”会谈后草签。新协定有效期为2020—2025

年，为期6年。韩美防卫费协定的达成，兑现了拜登竞选团队加强同盟的承诺，取代了“不顾后果地威胁韩国撤走美国驻军”。此次协商是在新冠肺炎疫情下时隔1年举行的面对面协商。

韩国需要驻韩美军的安全保护，这种安全保护是稀缺且无价的，韩美同盟是韩国安全的支柱，这决定了韩国在与美国进行防卫费分担谈判时必然处于弱势地位。同时，韩国是美国重要的东北亚盟国，在防卫费用上要价过高可能会使美国因小失大。驻韩美军的成本、韩国对驻韩美军的需求强度和对驻韩美军价值的认识程度、美国对韩施压的强度，左右着未来美韩防卫费分担谈判的进程与结果。

资料来源：李家成. 美韩防卫费分担谈判：不对称同盟内的以小博大［J］. 延边大学学报（社会科学版），2022，55（1）：12-19，141.

# 第二章 国际商务谈判的理论基础

## 学习目标

【知识目标】

熟悉国际商务谈判的经济学理论基础及应用；掌握国际商务谈判中心理因素的作用与应用；理解博弈论在国际商务谈判中的应用基础；了解其他相关理论在国际商务谈判中的应用。

【育人目标】

理解国际商务谈判活动的理论基础和理论支撑，透过现象理解本质，正确把握基本规律。熟练掌握相关理论在国际商务谈判活动中的灵活应用。

【导读】

**"外资撤离中国论"又一次不攻自破**

最近一段时间，一些西方媒体有不少关于"外资撤离中国""在华外企投资意愿下降"的报道，形成了一轮集中唱衰中国经济的声浪。中国商务部12日公布的最新数据显示，今年前4个月，全国实际使用外资金额4 786.1亿元人民币，同比增长20.5%（折合744.7亿美元，同比增长26.1%）。这一最新数据，展示了外商们主流的真实意愿和选择，也让所谓"外资撤离论"又一次不攻自破。

近年来，每当出现短期经济波动，或有外部不利消息时，"外资撤离中国"总是被拿出来翻炒，每一次都似乎有鼻子有眼，一些"机构"或者"分析人士"总是能找到最新由头——要么是中国经济转型导致"制造业不行了"，要么是美国发起贸易战"中国扛不住了"，甚至"外资撤走一半"的夸张谣言也多次出现。不难发现，这些论调很大程度上与华盛顿对华"竞争"节奏同频共振；但紧接着，则往往是中国吸引外资规模一次次再创历史新高的消息。

尤其值得注意的是，今年前4个月，中国高技术产业实际使用外资同比增长45.6%，韩国、美国、德国实际对华投资分别增长76.3%、53.2%和80.4%（含通过自由港投资数据）。这些数字清晰地勾勒出当前中国与世界经贸往来的基本面貌。实际上，自2017年以来，中国吸引外资连续四年位居世界第二。2021年中国吸引外资更是达到了创纪录的1.15万亿元人民币，在全球经济复苏乏力的大背景下逆势同比增长14.9%。而且，不少外资是顶着华盛顿的政治压力甚至制裁威胁进入中国的。这些用真金白银为中国经济投下的信任票，自然比一些西方媒体的片面报道更有说服力。

中国的市场是开放的，外资有进有出是正常现象。对于企业决策来讲，疫情终究是短期因素，开辟新市场则是一个需要慎重考虑的中长期安排。这几年，不断有一些企业因为廉价劳动力等因素搬离中国，最后又选择搬回中国的例子。即使在疫情严峻期间，也不乏外资企业在华加码投资，比如，全球最大化妆品集团欧莱雅宣布在上海设立其在华首家投资公司，德国企业默克增大投资扩大其现有的无锡生产基地，宝马则全面扩建其位于沈阳大东区的工厂……

归根到底，决定外资去留最重要的因素还是投资回报和营商环境。无论是改革开放40多年的发展中，还是新冠肺炎疫情以来的两年多时间里，外资投资中国的回报都是丰厚的。而中国对外资的强大吸引力，根本上来自于中国的稳定性和确定性：中国经济长期向好的基本面没有变，中国扩大高水平对外开放的决心不会变。而超大的市场规模、齐全的产业配套、完善的基础设施、丰富的人力资源……这些不可替代的综合优势，也成为吸引外资"用脚投票"的深层动因。

毋庸讳言，由于俄乌局势、国内疫情和供应链不畅等不确定、不稳定因素，一些外资企业暂时面临的困难和挑战是现实的。但更要看到，在保障供应链安全和尽快复工复产上，中国政府和外资企业的利益和方向是一致的，中国政府正加速出台一系列稳外贸、稳外资的政策，商务部近日表示，今后将进一步发挥重点外资项目工作专班作用，积极协调解决外资企业遇到的具体困难问题，特别是协调解决复工复产、人员入境等问题。中国始终对外资充满善意，也一直把外资企业作为中国市场主体的重要组成部分。

前不久，中国贸促会发布的调查报告显示，超五成受访外企将中国视为全球首要投资对象。今年前4个月，我国新增合同外资1亿美元以上大项目185个，相当于平均每天有1.5个外资大项目落地。不畏疫情遮望眼，风物长宜放眼量。历史将不断证明，深耕中国，终有丰厚回报；选择中国，就是选择未来。

资料来源：环球时报．社评："外资撤离中国论"又一次不攻自破[N]．环球时报，2022-05-13.

## 第一节 国际商务谈判中的经济学理论基础

继亚当·斯密于1776年在《国富论》中攻击了重商主义的观点，提出了国际贸易领域的绝对优势理论后，大卫·李嘉图于1817年在其论著《政治经济学原理》中进一步提出比较优势理论。比较优势理论认为，在国际贸易中根据"两利相权取其重，两弊相权取其轻"的原则，一国应该生产并出口其具有比较优势的产品，进口其不具有比较优势的产品。理论的提出解释了现存的一个基本的现象，就是即使一个国家在两种及两种以上的商品上都具有绝对优势，但两个国家之间仍然可以进行贸易。

表2-1就是一个比较优势的典型例子。有两个生产者，即A国与B国，它们都生产两种产品，即X产品、Y产品。在这个矩形表格中，用单位时间所生产产品的不同数量来表示劳动生产率的不同，即A国单位时间如果全部用于X产品的生产，能够生产10个单位的X产品，如果全部用于Y产品的生产，则可以生产15个单位的Y产品；而B国单位时间能够生产10个单位的X产品，或者20个单位的Y产品。

按照表2-1的假设，A国和B国在生产X产品上具有相同的劳动生产率；而在Y产品的生产上，则是B国的生产效率比较高。

表2-1 国际贸易比较优势

| 国家 | X | Y |
|---|---|---|
| A | 10 | 15 |
| B | 10 | 20 |

另外，从表2-1中的数据还可以得出，在A国国内，两种产品等价交换的原则为10单位X产品换取15单位Y产品，因为这么多数量的产品在A国需要付出相同的劳动，因此它们的价值相同。类似地，在B国国内，这两种产品的交换比率为10X：20Y，按照比较优势的原理，A国在生产X产品上具有比较优势，而B国在生产Y商品上具有比较优势。因此，如果两国开放市场、进行贸易，则A国应该生产并出口X产品、进口Y产品，而B国则应该生产并出口Y产品、进口X产品。

那么，两国在进行贸易时，X产品与Y产品的交换比例是多少？

我们先考虑A国，该国国内同样的资源可以生产10个单位的X产品或者15个单位的Y产品。如果在与B国的贸易中，A国生产的10个单位的X产品所换取的Y产品少于15个单位，则对A国来说，选择贸易不如选择自己在国内进行生产。因此，对A国来说，最低交换比例是10X：15Y。对A国而言，只要10个单位的X产品可以交换的Y产品超过15个单位，比如16、17、18、19个单位的Y产品，那么A国就有了进入国际市场的动力。

相应地，B国在贸易中以自己生产的Y产品换取A国生产的X产品，如果要使开展贸易比在本国生产更有利，则最低交换比例是20Y：10X。对B国来说，它能用少于20个单位的Y产品换得10个单位的X产品，比如18、19个单位的Y产品，或者用20个单位的Y产品来换取更多的X产品，比如11、12个单位的X产品，它就有兴趣进入国际市场。

因此，A国的利益是自上而下的，B国的利益是自下而上的，但它们都有边界。虽然A国希望用10个单位的X产品能换取更多的Y产品，但其界限是10X：20Y，一旦达到10X：20Y，B国就会退出交易，因为其在国内生产更有利。反过来，B国也是如此，尽管它希望用更少的Y产品来换取同量的X产品，但其上限是10X：15Y，一旦达到这样的比例，A国就会退出交易。

如图2-1所示，横轴表示X产品，纵轴表示Y产品，两条射线分别表示A、B两国国内的交换比率，贴近X轴的是A国国内的交换比率10X：15Y，贴近Y轴的是B国国内的交换比率10X：20Y。从图中可以发现，在A国国内交换比率线以下部分的区域是A国的非贸易区，因为在这个区域内10个单位的X产品换取的Y产品的数量少于15个，所以A国没有必要进行国际贸易，不如在国内进行生产和交易；同理，在B国国内交换比率线的左边、更贴近Y轴的区域是B国的非贸易区，因为在这个区域里，B国需要用大于20个单位的Y产品才能换取10个单位的X产品，这样还不如在B国国内生产和交易。此外，A国国内交换比率线的上面和B国国内交换比率线的右边所在的区域是双方的贸易区，而交易价格就是经过原点O引出的一条射线。在这个区域内，可以从原点引出无数条射线。因此，李嘉图的比较优势学说能够确定双方的交易界线，但是不能确定这条价格线究竟应落在什么地方。

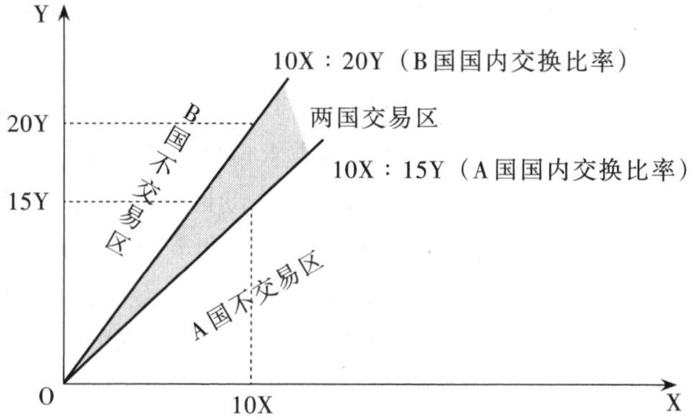


**图2-1 国际贸易的比较优势模型**

要确定这条价格线，需要用相互需求理论予以解释。与国内经济活动一样，国际经贸活动中的价格也由供求来决定，但这种供求与国内有很大的区别，如图2-2所示。

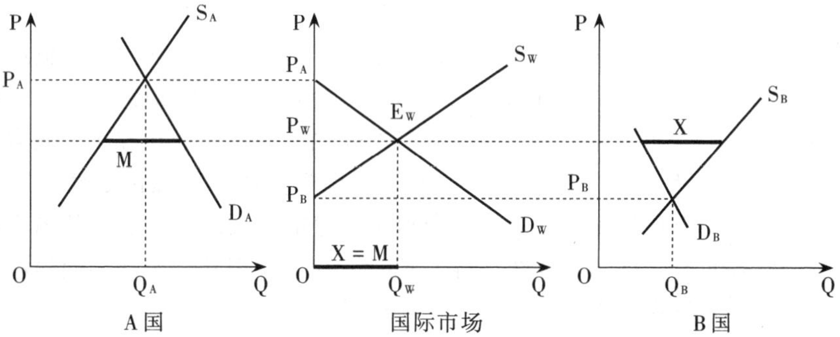


**图2-2 国际贸易的相互需求模型**

三个坐标系中，左图是A国的供求基本情况图，右图是B国的供求基本情况图，中图是国际市场的供求基本情况图。A国的这张图是一个局部均衡图，横轴是产品数量，纵轴是产品价格，在均衡点$E_A$上可找到相应的均衡数量和均衡价格。

$E_A$点是供给曲线$S_A$、需求曲线$D_A$的交点。同样，在B国的这张图中，也能找到相应的均衡点。从图上可看出，A国生产这种产品时，其单位产品的价格远高于B国。我们假设世界市场由A、B两国组成，即A国和B国构成整个国际市场。在这种情况下，产品就会从价格低的国家流向价格高的国家，当然有一个前提，即国与国之间没有贸易障碍。产品必然从价格低的国家流向价格高的国家，以获取更多的利润，这样的流动过程从中间那幅图中可以找到。

从图2-2中可以明显看出，A国制造产品的价格高于B国，因而B国的产品就会流入A国来获得更多的利润。

下面再从图例角度来分析这个过程。从A国产品的价格出发，向国际市场画一条平行虚线，在国际市场坐标图纵轴上找到一点$P_A$；同理，从右图中B国市场的均衡价格$P_B$引一条平行虚线，在国际市场坐标图纵轴上找到一点$P_B$，$P_A$与$P_B$分别是两个国家的均衡价格，也是国际市场上的价格上限与下限。要找到国际市场中的$P_W$，即国际市场价格的均衡点，我们需要找到一条平衡线，在这条平衡线水平上，右图中供给曲线与需求曲线中间的X段，其长度恰恰等于A国供给曲线与需求曲线之间的M段的长度。这样，国际市场上B国的出口供给刚好满足A国的进口需求，而$P_W$就是国际市场的均衡价格。如果两国市场供求发生变化，那么产品价格与均衡数量也会发生变化，此时国际市场上的均衡价格和均衡数量也会发生变化。如果不是需求偏好发生变化，而是产品价格产生波动，那么就会有一个自动调节机制，产品价格会自动回归到这个均衡点。从理论上说，国际市场中的产品价格就是由供求关系的不断变化来调节的。在现实生活中，除了供求关系外，还有许多其他因素也会影响价格，如双方的政治关系、经济实力、国内经济状况等。因此，A、B两国之间存在很大的产品价格差异。从长远的角度讲，产品价格停留在均衡点是必然的趋势，但双方谈判技巧的运用也有可能使现实的产品价格偏离均衡价格，即谈判双方在交易中获得的利益有大有小，这就是谈判的力量所在。

## 第二节 国际商务谈判中的心理学理论基础

心理学是研究人的心理现象及其规律的科学。心理学的产生和发展历史悠久，古代中国和古代希腊、罗马奴隶社会时期的哲学思想中蕴涵着心理学知识，欧洲中世纪的官能心理学和文艺复兴时期的经验心理学标志着唯物主义的认识论和方法论成为心理学的主要研究方法。到了近代，英国和法国的经验心理学，德国的理性心理学、实验心理学，以及美国的机能心理学和实用心理学获得了迅速的发展。近年来，英国心理学研究的主要趋势仍然是实验心理学，但在个性心理学、社会心理学、发展心理学和工程心理学方面也取得了很多研究成果。

**【案例2-1】**

一位年轻的谈判者因为失去了一笔大生意而垂头丧气。在向经理汇报时，经理批评了他，年轻人并不服气，小声嗫嚅道："我可以把马牵到河边，但没有办法强迫它喝水。"经理说："你的工作不是强迫它喝水，而是让它感觉到渴！"这就是谈判心理学。

资料来源：黄卫平，董丽丽．国际商务谈判［M］．北京：机械工业出版社，2018．

### 一、商务谈判心理的内涵及特点

#### （一）商务谈判心理的内涵

商务谈判心理是指商务谈判活动中谈判者的各种心理活动，是谈判者在谈判活动中对各种情况、条件等客观现实的主观能动的反映。谈判的早期社会心理学研究主要集中在谈判者的个体差异和情境特点上。简单的个体差异对谈判结果的预测作用是非常有限的，而且个体差异很难为谈判者所控制。谈判中的情境变量包括支持者在场、其他谈判参与者的鼓励、谈判各方力量对比、谈判各方的人数、谈判的最后期限和第三方在场等，往往也是个体谈判者所无法控制的。

### （二）商务谈判心理的特点

#### 1.内隐性

内隐性指谈判者心理藏之于脑、存之于心，别人无法直接观察到。但是人的心理会影响人的行为，行为与心理有密切的联系，通过外在行为可以推测出其内在心理。无论是语言还是行为等，在仔细认真观察和领悟后，都能洞察谈判对手的真实心理。

#### 2.相对稳定性

相对稳定性指人的某种谈判心理现象产生后，往往具有一定的稳定性。正是由于商务谈判心理具有相对稳定性，我们才可以通过观察分析去认识它，而且可以运用一定的心理方法和手段去改变它，使其利于商务谈判的开展。

#### 3.个体差异性

个体差异性指因谈判者个体的主客观情况的不同，谈判者个体之间的心理状态存在着一定的差异。商务谈判心理的个体差异性要求人们在研究商务谈判心理时，既要注重探索商务谈判心理的共同特点和规律，又要注意把握不同个体心理的独特之处，以有效地为商务谈判服务。

## 二、心理学理论的主要内容

### （一）行为心理学和认知心理学

#### 1.行为心理学

1913年，美国著名心理学家华生创立了行为主义心理学派，和研究意识等内部心理过程的科学家有所不同，华生更加注重用客观的研究方法研究人的外显行为。首先，他认为行为是刺激和反应联结的过程，其中联结的是外部条件而不是内部因素，也就是说人的一切行为都是以反射作为发生方式，人的意识或潜意识会在人处于特定环境时发生变化。表层现象会由于这些内在的意识及潜意识的变化发生反射并暴露出来。其次，行为心理学家认为学习是他们研究的核心内容，因为学习可以引起行为的变化，也可以塑造行为，同时将研究行为的实验结果和实验方法直接作用于学习理论之中。对于教学法而言，比较典型的如听说法和视听法就主张学生通过反复操练，形成语言习惯，并使用现代化教学手段（例如多媒体等）来加以强化。

#### 2.认知心理学

认知心理学于20世纪60年代在美国兴起，其标志是1967年出版的《认知心理学》一书，研究对象主要是人类心理现象中的认知过程。广义的认知心理学包括结构主义心理学、心理主义和信息加工心理学，核心是信息加工心理学，也就是狭义认知心理学。

认知心理学的基本观点可以概括为以下几点：首先，认知心理学承认人的意识存在和其他内部活动的存在，且认为意识和行为同等重要；其次，认知心理学强调人所掌握的知识对他心理活动和行为的决定作用，人可以和计算机一样加工信息，将信息从进入到解决问题的过程分解为一系列信息；最后，认知心理学强调实验室试验的重要性，常用的方法是自我观察法。

### （二）心理模型

#### 1.心理模型的起源

1943年苏格兰心理学家肯尼恩·克雷克首先提出心理模型，他认为人们能将错综复杂的外部事件转化为内部模型，同时能根据模型对未知事件进行解释、推论和预测。心理模型研究在之后的20世纪70年代末到80年代中期发展很快。

#### 2.心理模型的类型

（1）个体心理模型。对于在个体层面上的心理模型理论，一些学者认为外部世界的内容可以通过内部心理模型反映出来，他们更注重短时记忆，并且在工作记忆中形成一定的心理模型。在社会情境中遇到的多为此类心理模型，即人们在社会互动过程中通过对社会众多信息的感知与回忆，逐渐形成了知识系统。例如，管理者普遍拥有竞争的心理模型，这种心理模型建立在管理者具有的经验和对企业管理的预期基础之上，指引着管理者在社会中表现出感知和竞争行为。而另一些学者认为心理模型应该在长时记忆中形成，是人们与外界环境交互作用时形成的对各种物体和事件的感知。此类心理模型多应用在解决问题过程中，此时心理模型是认知内部因果关系所形成的，它有助于人们理解、预测和解决内部的问题，其准确性常与问题解决的质量有一定关系。

（2）团队心理模型。团队层面的心理模型也可称为团队共享心理模型，其最早在工业与组织心理学研究中出现，是指团队中成员对于情境和现象具有相似的认知，团队可以通过整合个体的技能，进行有效沟通与协作及高效的管理，这样有利于共同实现团队最终目标。根据研究发现，许多团队的成功得益于团队中具有的一种流畅、内隐的交互特征，团队成员使用共同语言，相互协调以满足完成任务的需要，并且团队绩效大小与团队成员对于任务具有相似预期的程度大小有很大的关系。根据胡琳丽的研究，团队共享心理模型一般可以分为三类：团队成员模型、团队任务模型、团队过程模型。团队成员模型是指成员对自己或其他成员所形成的共享心理模型，主要涉及成员的责任、能力、角色等内容；团队任务模型是指团队形成的关于团队任务知识的共享心理模型，涉及完成任务所需的知识、规则以及需要运用的策略等内容；团队过程模型是关于团队开展工作所涉及程序的一些知识，即团队工作的步骤、交流方式等。

## 三、心理学理论在国际商务谈判中的应用

国际商务谈判是一项艰难的任务，要求谈判人员具备广博的商务、法律、技术等专业知识，心理学知识就是其中一个重要的知识分支。要成为一个优秀的谈判人员，必须能够准确抓住对方人员的心理，正确运用谈判策略，从而达到双赢的效果。

从心理学原理来看，在个体心理模型层面，参与国际商务谈判的人员如何看待谈判情境决定了他们在谈判过程中将实施何种策略及如何实施该策略，而他们的心理模型又决定了如何理解谈判情境。所以，在国际商务谈判中，我们要充分理解和掌握谈判者的实际心理模型及内心偏好，然后正确判断谈判者对情境的理解，进而根据其所采取的谈判策略给出合理的谈判建议，这样才有利于谈判方达到预期的结果，即双赢协议。

在团队心理模型层面，国际商务谈判也存在共享心理模型。谈判前双方都有各自团队建立的共享心理模型，使得团队成员同心协力，为企业争取最大的利益。问题在于双

方的目标或者利益点可能不相同，所以各自建立的心理模型也不尽相同，甚至相互对立，但是这个问题会随着谈判的进行逐渐消失，因为双方对谈判情境、规则等会逐渐产生相似的理解，最终发展成为双方团队的共享心理模型。在这种模型下，谈判可以圆满结束，达成双赢的结果。所以，一个能够获得可观经济收益的谈判一般会伴随着较高水平共享心理模型的建立，而双方没有达成共享心理模型时，就容易导致谈判僵局的出现。

我们需要注意的是，首先，共享心理模型与双赢合作并不是绝对的正相关，也就是说并不是谈判双方达成共享心理模型就一定会实现“双赢”合作。其次，个体层次的心理模型是团队层次心理模型建立的基础，但后者不是前者的简单相加，我们可以看出，在国际商务谈判中，双方谈判者如果能够积极沟通，各自做出合理让步，最终能够形成有效的团队心理模型，达成“双赢”协议，这使各方获益之和远大于让步带来的损失，可见积极的沟通对国际商务谈判有着举足轻重的作用。

在实际的国际商务谈判中，心理学理论的应用很广泛，谈判人员的心理活动会通过他们的行为表现出来，而主要表现出来的心理模式有排斥心理、转移心理和文饰心理。

（1）排斥心理。排斥心理是人们与周围环境事物接触时产生不相容的心理倾向，下意识地拒绝使他们感到不舒适或者厌烦的事物。心理学家认为排斥心理是下意识控制思维而产生的行为，能够暂时回避本人厌烦的事情。排斥心理在国际商务谈判中的应用主要表现在谈判人员对于某些问题的回避态度。例如，我方人员说想去参观对方产品的生产线及生产车间环境时，对方却一直以各种原因婉拒，之后也不会主动提起，这时我们就要注意其产品是否在生产过程中有违法违规的行为，生产车间卫生情况是否达标或者产品是否有质量问题。

（2）转移心理。转移心理是将不满意的情绪发泄到危险较小的对象身上，其表现一般是从情绪产生的源头转移到另一事物上。如学生受了老师的批评或家长的指责后，容易把怒气发泄到其他同学身上，例如突然发火或者扔东西。这种心理是人们正常的发泄需要。在国际商务谈判中，有时谈判对方会莫名其妙地发火，甚至抓住一些鸡毛蒜皮的小事不放，通常又没有充分的理由，我们就要注意考虑下是不是所发生的一些事情影响了他们的心情，比如住宿条件不够优越、不适应当地饮食习惯等。如果我们可以观察到这些细微的事情，有可能会扭转谈判的局面，使原本可能搁浅的谈判顺利进行。

（3）文饰心理。文饰心理是人们为了维护个人尊严、掩饰自己的真实反应，用一些看似合乎逻辑的理由将自我从紧张的情绪中解脱，从而恢复心理平衡，达到自我慰藉的作用。文饰心理实际上是“自欺欺人”的编造，容易使人产生嫉妒之心，甚至诋毁他人。在国际商务谈判中，有些谈判人员对于他人获得成就只字不提，好像从来不知道似的，而对自己取得的微小成就进行夸张描述，吹嘘自己得到的利益何其多，结识了很多业务伙伴等。我们要注意防范这种“自欺欺人”的文饰心理，要正视己方的成就与失败之处，积极吸取经验教训，对于他人取得的成就加以赞赏，尽量杜绝文饰心理这种现象。

【小链接2-1】

**空城计**

空城计故事源自《三国演义》，三国时期，诸葛亮因错用马谡而失掉战略要地街亭，魏司马懿乘势引大军15万向诸葛亮所在的西城蜂拥而来。当时，诸葛亮身边没有大将，只有一班文官及老弱兵丁。危急时刻，诸葛亮自坐城头焚香饮酒抚琴，一副悠闲自在的样子。司马懿兵临城下，见城门大开，几个老兵在扫地，耳听诸葛亮琴声镇定不乱，心中疑惑，不敢贸然进城，自退二十里路观察。及至探明实情时，赵云已率大军回防，司马懿中了诸葛亮的“空城”之计。

以上几种心理模式只是比较常见的几类，实际的国际商务谈判很复杂，优秀的谈判人员应该根据自己积累的经验准确识别对方的心理，以便做出合理的判断，同时积极采取应对措施。内心的活动复杂又隐蔽，通常难以捉摸，在谈判中，谈判人员通过认真观察对方，能够在一定程度上明白行为背后的心理原因。这就要求谈判人员不仅要注意对手的言语、语气、表情等，更要注意观察对手的一举一动，因为细小的肢体语言往往能暴露出真实信息，如一个人在愤怒或沮丧时会习惯性地拉一拉衣领，让脖子透气。当谈判对手使用此动作时，可能意味着他对谈判过程的不满。此外，谈判人员如果能够运用行为心理学进行自我保护或刻意引导，锻炼自己的谈判能力，学会克制自己的情绪，减少易暴露自己情绪的行为，就能够有效地降低自身陷入被动的概率。

## 第三节 国际商务谈判中的博弈论

伴随着国际经济合作的日益加深，国际商务谈判起到的作用越来越重大，与之相关的谈判理论的研究也在不断地发展变化当中。博弈论融入经济学具有划时代的意义，那么博弈论应用到谈判理论当中，使得谈判各方更好地依据诚信的原则协调沟通，最大限度地节约成本、提高收益，无疑对谈判本身而言意义非凡。

现实生活中，我们会发现许多事情，从战争到打扑克、下棋等娱乐活动，都少不了策略、谋略的身影。这是因为，在事件本身的规则确定后，如何在过程中采取有效的策略方案实现最优的效果，达成最终目的，是参与事件各方都期望的收获。将博弈论应用于这些复杂的、具有不确定性的事件往往可以通过清晰简洁的分析规范化、科学化。因此，博弈论的作用得以显现。

### 一、博弈论的基本概念

博弈论是应用经济学的一个分支，也是经济学的重要分析工具之一。1944年，冯·纽曼和摩根斯坦正式提出将其作为一门独立的学科。

表2-2介绍了博弈论在谈判中最基本的应用模型——囚徒困境。

表2-2 **囚徒困境**

| | 甲坦白 | 甲抵赖 |
|---|---|---|
| 乙坦白 | 8，8 | 15，2 |
| 乙抵赖 | 2，15 | 4，4 |

有甲、乙两犯罪嫌疑人涉嫌一起案件，警方将两人隔离开进行审讯。两个犯罪嫌疑人都有坦白和抵赖两种选择。如果甲、乙两人都选择坦白，他们都将被判处有期徒刑8年；如果他们二人中有一人选择坦白，另外一人抵赖，那么坦白的一方将被判处有期徒刑2年，抵赖的一方将被判处有期徒刑15年；如果两人都抵赖，那么本案将因为证据不足而判处两名犯罪嫌疑人有期徒刑4年。我们将上述文字表达在矩阵当中，即如表2-2所示，每个框中有两个数字，左边的数字代表甲将被判处的年限，右边的数字代表乙将被判处的年限。

在上面囚徒困境的模型中，我们可以看到。如果乙选择坦白，那么甲选择坦白将被判8年，选择抵赖将被判15年，显然甲会选择坦白；如果乙选择抵赖，那么甲选择坦白将被判2年，选择抵赖将被判4年，甲必定会选择坦白。同理，如果甲选择坦白，乙选择坦白将被判8年，选择抵赖将被判15年；如果甲选择抵赖，乙选择坦白将被判2年，选择抵赖将被判4年。那么无论甲做什么样的选择，乙都会选择坦白。

从以上分析我们可以看到，不管对方做出什么样的选择，甲乙两方的最优选择都是坦白，也就是上述矩阵中左上方两人都会被判8年的这一结果。然而，在矩阵中也不难发现，右下方双方都抵赖比双方同时选择最优策略能达到更好的结果，即两人都被判4年有期徒刑。这正是“囚徒困境”这一最有代表性的博弈论非零和博弈的例子。

囚徒困境理论的意义在于体现了个体理性与群体理性之间的矛盾。上面的例子中，每个人对自身利益追求的利己行为最后导致了对各方都不利的结局，使得谈判达成了对群体而言非最优选择的纳什均衡。

作为经济学重要的假说之一，理性人假设提出的特征是每个人在经济活动的过程中都是利己的，都试图以最小的代价去获取最大的经济利益。亚当·斯密提出，个人在寻求自身利益最大化的过程当中，也会受到“无形的手”的影响，也就是《国富论》中所提到的“每个人都试图用他的资本来使其生产产品得到最大的价值。一般来说，他并不企图增进公共福利，也不清楚增进的公共福利有多少，他所追求的仅仅是他个人的安乐、个人的利益，但当他这样做的时候，就会有一双看不见的手引导他去达到另一个目标，而这个目标绝不是他所追求的东西。由于追逐他个人的利益，他经常促进了社会利益，其效果比他真正想促进社会效益时所得到的效果为大”。其中就包含了理性经济人的两个特质：自利和理性。然而，从上面囚徒困境的实例中我们可以看到理性人假说与“看不见的手”理论本身的局限性。

从对理论的分析中，我们可以看到，在市场竞争的过程中，保全对手在一定程度上就是在保全自己，一味追求自身利益最大化的结果往往是双方都不能实现合作中双方同时达到最大化收益的境况，而只能达到“纳什均衡”的次优化的结果。然而，正如囚徒困境中所看到的那样，在现实生活中，利益主体对自身利益最大化的追求往往使得商务活动进行过程中的不合作情况比合作情况更加普遍。在企业经营的过程中，如何有战略眼光地思考，在义和利之间做出最佳的选择与取舍，是考验一个企业家是否具有战略眼光的关键。

## 二、囚徒困境对商务谈判的启示

我们可以以上述囚徒困境的实例模拟一个实际中商务谈判的例子。例如，甲乙双方参加一场商务谈判，如果双方都采取诚信合作的策略，双方都将获得5个单位的收益；如果有一方诚信合作，另一方欺诈不合作，那么合作的一方就将遭受5个单位的损失，不合作的一方会获得10个单位的收益；如果双方都欺诈不合作，双方都将遭受3个单位的损失。表示在矩阵中如表2-3所示。

表2-3 **谈判中的囚徒困境**

| | 甲方诚信合作 | 甲方欺诈不合作 |
|---|---|---|
| 乙方诚信合作 | 5，5 | 10，-5 |
| 乙方欺诈不合作 | -5，10 | -3，-3 |

从矩阵中可以看到，双方从自身利益出发都会选择欺诈不合作，这样的结果就是双方最后达成纳什均衡，都会蒙受3个单位的损失。然而，在矩阵中，如果双方都诚信合作，双方都会获得5个单位的收益，那么双方为何都何乐而不为呢？因此，商务谈判的目的和基本意义就在于寻求有效的途径来达成对双方都有利的结果。

谈判本身就是一种合作性的博弈。谈判之初，双方缺少沟通与协调一致，可能达成对两方都不利的结果，但如果双方能拿出诚意，充分进行交流与沟通，交换信息，冲破囚徒困境，就能够达成从全局而言最有利的合作。

那么在现实中，商务谈判跟囚徒困境有什么区别？如何有效规避囚徒困境，实现双赢呢？我们先看一个例子。A公司与B公司是长期合作的商业伙伴，A公司作为生产者经常向B公司购买原材料。由于两家公司在不同的城市，因此通常都是经过谈判，之后签订买卖合同。通常情况下，A公司会在下个月的第一天将现金打入B公司的银行账户。B公司收到货款后发货到A公司，若违约则处以5~10倍的罚款。事实上，如果A公司与B公司都是理性人，它们之间的合作并不是一锤子买卖，而是一个有限次数重复博弈。在社会法律不健全的情况下，两家公司某一次交易中都有可能不遵守合同，逃款或逃货。然而，如果是长期进行合作，形成一种稳定的协作关系后，A公司和B公司的最佳策略都是竭诚合作，这样才能在保障双方利益的情况下最大限度地节省成本。试想如果与对方合作不成，寻找其他的合作对象会付出很大的寻找、接洽、谈判等成本；而违约后面临的法律诉讼等会极大地增加经济成本和公司经营的社会成本。

由此可见，如果双方能在合作过程中建立长期的合作关系，会有效地规避囚徒困境的现象，即所谓的重复博弈。重复博弈，顾名思义，是指同样结构的博弈重复许多次，那么其中的每次博弈被称为“阶段博弈”。重复博弈是动态博弈中的重要内容，是指同样结构的博弈重复许多次。如果博弈只进行一次，博弈各方都只关心对这次交易的一次性支付；如果博弈是重复多次的，博弈参与人可能会为了长远利益而对眼前利益做一些牺牲让步，从而选择不同的策略。

维持长期合作，考虑集体利益，最重要的品质就是要诚信。儒家代表人物之一荀子曾经说："言无常信，行无常贞，惟利所在，无所不倾，若是则可谓小人矣。"此句说的正是诚信在商业经营中至关重要，唯有诚信经营，与人建立长期的合作关系、供需关系、合作关系才能保证持续长久的经营。这些道理在很多著名的实业家身上都得到了践行。李嘉诚早年投身塑胶行业，正当春风得意之时，一家客户宣布他的塑胶制品质量粗劣，要求退货。他陷入了人生的重大磨难之中，产品积压，没有进账。在这样不利的环境下，他召开职工大会，坦陈自己的经营错误，其后又拜访了银行、原材料供应商、客户等，向他们一一道歉，祈求他们的原谅。正是这样诚实恳切的态度，使得大家看出他作为一个实业家的基本素质，愿意陪他一道渡过难关。诚实、信用使得李嘉诚不仅赢得了员工的支持，也得到了合作各方的肯定，最终摆脱了危机，柳暗花明。

**【小链接2-2】**

**智猪博弈**

智猪博弈是博弈论中一个著名的例子。假设猪圈里有一头大猪、一头小猪。猪圈的一头有猪食槽，另一头安装着控制猪食供应的按钮，按一下按钮会有10个单位的猪食进槽，但是谁按按钮就会首先付出2个单位的成本。按钮和猪食槽在相反位置，按按钮的猪要付出2个单位的成本，并且丧失了先到槽边进食的机会。

若小猪先到槽边进食，因为缺乏竞争，进食的速度一般，最终大小猪吃到食物的比率是6：4；若同时到槽边进食，大猪进食速度加快，最终大小猪收益比是7：3；若大猪先到槽边进食，大猪会霸占剩余所有猪食，最终大小猪收益比是9：1。

那么，在两头猪都有智慧的前提下，最终结果是：小猪选择等待，大猪去按按钮。

## 三、在博弈论的基础上建立谈判程序

谈判过程中的博弈是为谈判各方从谈判中获取己方预期实现的最小利益。在谈判过程中，依据博弈的特性确立适合的谈判程序，为实现目标利益服务具有很大的现实意义。通常情况下，在博弈论基础上建立的谈判程序分为三个步骤：第一，建立风险值；第二，确立合作的剩余；第三，达成分享剩余的协议。

### （一）建立风险值

现实生活中，由于人与人对风险的承受能力与对收益的预期不同，通常把参与到风险投资等活动中的人分为三类，即风险爱好者、风险中立者和风险回避者。

风险爱好者喜欢风险，多为消费者可能获得的确定性收入效用小于有风险条件下期望收入的效用，或者两者相等时，消费者偏爱风险收入所得到的效用。风险中立者亦称为风险中性者，一般出现在消费者在无风险确定收入的效用水平和有风险条件下期望收入效用水平相等时。风险回避者多为消费者可能获得的确定性收入效用大于有风险条件下的期望收入效用，或者两者相等时，消费者偏爱确定性收入所得效用。

在实际估计风险时，除了上述因素起作用外，还有一些其他因素也会对风险值的形成造成影响。例如，对投资的某事物做出评估的时候，考虑谈判各方的地位和性质，对各方的价值可能会有所差异。比如，一批供应的原料对不急需原料的供应商而言，效用就要比急需这批原料进行生产的厂家小得多。相对地，他们愿意出的价格，也就是他们愿意为之承担的代价也就不尽相同。又如，谈判各方的关系如何也决定了风险值的预估。如果谈判各方关系融洽，是长期的合作伙伴，谈判就比较容易进行，也易于取得比较好的结果。如果谈判的各方本来就存在着竞争关系，谈判火药味十足，甚至很难将谈判进行下去，那么出现可喜结果的可能性就比较小。

**（二）确立合作的剩余**

谈判开始之初，谈判各方都会对己方和对方的情况和砝码进行摸底。在确定了自己的底线之后提出合作的协议，双方再进行谈判磋商最终可能商定合作的基本意向。这也就是说，通常情况下，谈判各方开始时会高于自己能够承受的底线提出谈判的条件，然后随着谈判的进行，各方慢慢向对方靠近，也慢慢接近自己的底线。

跟我们平时购物的道理相同，如果可以讨价还价，我们会在心中根据物品本身和自己的偏好程度设定一个自己能够接受的价码，然后在讨价还价的过程中慢慢提高。同样，对于售货的人员来说，开始时会提出一个较高的价码，然后慢慢降低，双方共同向能够达成交易的价码进行靠拢。这样讨价还价的余地就是合作的剩余。剩余的分配是没有统一的标准而言的，一般要看谈判各方所处的地位实力以及谈判过程中对对方的掌握以及策略的应用情况。在通常的零和博弈的过程中，一方的收益往往是以另一方的损失为基础前提的，所以谈判过程中对自己利益的争取也就涉及了对对方利益的侵害，所以双方都会竭尽所能地追求自身利益的最大化。

然而，求同存异进行合作最期望看到的结果往往是非零和博弈，也就是合作的各方可以通过合作扩大没有合作情况下各方所能获得的利益的总和，而不是仅仅盯着一块既定的蛋糕想着怎么去分割。非零和博弈是通过不同的策略组合，使得博弈各方的所得利益之和增大，通过相互之间的协调配合，共同扩大利益，可以获得皆大欢喜的结果。

**（三）达成分享剩余的协议**

谈判本身的进行过程是不确定的，这也是谈判进行的基本前提。谈判的结果可能是达成谈判协议，也可能是谈判的破裂。谈判的各方是否能在谈判过程中对剩余的分配达成一致，是平均分配还是有所差异，都有很多因素左右。实际谈判时，谈判各方对对方的剩余是多少或者对方的底线是多少可能并不会有准确的把握，此时，本着合作的态度参加到谈判中，在可以协调一致的范围之内达成协议对各方都有益。协议本身既是分享合作剩余的标准，又可以成为联系谈判各方之间的纽带，为后续进一步的履行与合作奠定基础。

## 第四节 国际商务谈判中的其他理论

### 一、公平理论与国际商务谈判

1976年，美国心理学家约翰·斯塔西·亚当斯提出公平理论。公平理论认为公平其实是一种心理感觉，需要比较自己的付出和所得量与他人的付出和所得量，才能判断是否获得公平。在此基础上，亚当斯提出了公平理论的基本公式：$O_P/I_P=O_O/I_O$，$O_P/I_P<O_O/I_O$，$O_P/I_P>O_O/I_O$。其中，$O_P$和$O_O$分别代表了两人的所得量，$I_P$和$I_O$分别代表了两人的付出量。从公式可以看出，当一个人的所得和付出的比值等于比较对象的这一比值时，就会产生公平感；当这两者比值不相等时就容易出现不公平感。

公平理论在国际商务谈判中的应用主要表现在双方谈判人员有时会将己方获得的利益、付出的代价与对方的相应值进行比较。如果付出得多、得到得少，就会有“吃亏感”，此时谈判人员的积极性会大受影响；相反，如果付出得多、得到得多，就会有“满足感”，这种感觉可以有效促进谈判人员工作积极性。在这里我们需要注意的是，上文所说公平与否是心里的感觉，具有很强的主观性，事情发生在这个人身上是公平的，但发生在另外一个人身上可能会被认为是不公平的，也就是说，人们选择的角度和内心的判断标准不同，对于公平与否的看法就不同，我们要在谈判中说明应该采取何种分配方式才会对双方都公平。为了正确运用公平理论，我们应该一方面选取合适的比较对象，避免产生持续的不公平感；另一方面，要从长远角度看问题，当我们感到一时不公平时，应该先去考虑对方是否真的有很多付出我方没有注意到，因为人们总是会不自觉地高估自己的付出和过高估计对方的获得。此外，即便一次谈判获得较少的利益，可以尽量获得可持续性合作的方式，以便在以后的谈判中争取更多的利益，从而弥补之前合作的利益损失，最终使得合作过程中总利益较高。

【小链接 2-3】

公平理论是研究工资报酬分配的合理性、公平性对职工工作积极性影响的理论，由美国心理学家亚当斯于1965年提出。该理论认为：职工对收入的满意程度能够影响职工工作的积极性，而职工对收入的满意程度取决于一个社会比较过程，一个人不仅关心自己的绝对收入的多少，而且关心自己相对收入的多少。每个人会把自己付出的劳动和所得的报酬与他人付出的劳动和所得的报酬进行社会比较，也会把自己现在付出的劳动和所得的报酬与自己过去所付出的劳动和所得的报酬进行历史比较。职工个人需要保持一种分配上的公平感，当他发现自己的收支比例与他人的收支比例相等，或现在的收支比例与过去的收支比例相等时，他就会认为公平、合理，从而心情舒畅，努力工作；当他发现自己的收支比例与他人的收支比例不相等，或现在的收支比例与过去的收支比例不相等时，会产生不公平感，内心不满，工作积极性随之降低。在国外，企业依据公平理论的基本观点，采取种种措施，如单独秘密发放奖金等，努力使职工产生一种主观上的公平感，从而调动职工积极性。

## 二、信息论与国际商务谈判

信息是一种十分重要的资源，尤其是在统计、咨询、预测和决策等领域。它产生于人类互通情报的过程中，人通过获得、识别不同信息来辨别不同事物，借助信息认识和改造世界。在国际商务谈判中，信息的掌握与运用情况往往直接影响谈判的结果。

1948年美国科学家申农发表了文章《通信的数学理论》，标志着信息论的问世，其间他提出信息传递的模型。申农认为，一般信息传递的要素有三个；信源、信道和信宿。信源指发出信息的源头，即信息的发出者；信道指信息传送的通道；信宿指信息最终的接收者。信息从信源发出，经过信道传递到信宿，就完成了整个信息传输的过程，并且在此传输过程中不能改变信息内容。

信息是信息论中最基本、最重要的概念，而信息论是应用近代数理统计方法研究信息的传输、存储与处理的科学。它的基本任务是为设计有效而可靠的通信系统提供理论依据。根据美国心理学家海德的研究，客方与主方的关系能够直接影响到信息传递的效果，进而会影响谈判的进程，主要有以下几种情况：首先，谈判主方与客方建立在相互信赖的基础上，客方对主方的观点表示赞同，则信息的传递效果最佳，客方也会做出积极的响应，此时谈判双方彼此是友善合作的，对谈判目标认识接近甚至一致，谈判将顺利地进行。其次，谈判双方虽然相互信赖，但是客方对主方所传递的信息立场持否定态度。主方凭借其丰富的经验以及德高望重的地位，尽量说服客方改变立场，使双方谈判目标趋于一致或接近，以此促进所传递的信息发挥积极作用。再次，主方的信誉不高，甚至名声有污点，客方对主方也没有好感，但是客方对主方的观点表示赞同。在这种情况下，谈判人员可能会由于双方的关系并不融洽，谈判中容易感情用事，造成许多信息被误读或者曲解，因此冲突难以避免。最后，客方不信赖主方，对主方表达的观点持否定态度，此种情况下，双方由于信息传递严重受阻而根本无法沟通，最终导致双方谈判中断或终止，达不到“双赢”的目标，甚至有可能导致关系破裂，今后无法继续谈判。

## 三、谈判结构理论与国际商务谈判

谈判结构理论可以分为纵向谈判结构理论和横向谈判结构理论，分别由英国谈判学家P. D. V.马什和比尔·斯科特提出。其中马什认为一般的国际商务谈判由6个阶段构成，即谈判准备阶段、开始阶段、僵局阶段、实质性谈判阶段、交易明确阶段和谈判结束阶段。由于谈判是一个复杂的活动，谈判人员需要充分利用所掌握的知识，根据谈判前制订的谈判计划和目标采取相应的对策，进而达成合作协议。斯科特则认为每次谈判的每个阶段都需要谈判人员运用相应的策略或者技巧，显然每个阶段的策略是不同的，而这些技巧是在长期实践中形成的，通过每次谈判的积累，最终形成各方谈判的常规做法。

在实际的国际商务谈判中，许多谈判人员将两种理论结合起来，即将一个谈判活动划分为若干阶段，每个阶段运用相应的策略，通过各阶段目标的实现，最终达成合作协议，获得最终利益。例如，如果在谈判前的准备阶段能够充分了解谈判对手的真正目的及谈判目的地具体环境、人文习惯等相关信息，就可以为后面的谈判确定策略方向，并提前做好安全防护措施，以便发生危险时能够及时保障谈判人员的安全。在过渡阶段以何种方针进行谈判、如何正确打破僵局等，这些都会直接影响谈判目标的实现。

## 讨论与思考

1. 国际商务谈判中如何有效利用比较优势理论？
2. 与国际商务谈判有关的心理学知识主要有哪些？
3. 博弈论中的基本模型囚徒困境对国际商务谈判有哪些启示？
4. 公平理论在国际商务谈判中有哪些应用表现？

## 拓展阅读

### 中美贸易摩擦——从不可靠实体清单制度到阻断办法

2018年8月1日，美国商务部将44家中国机构列入实体清单（Entity List），包括大型国有企业及其子公司、半导体行业的高科技研究机构等。美国商务部产业和安全局（Bureau of Industry and Security，BIS）认为中国的上述机构非法采购商品和技术，未经授权用于中国的军事领域，危害美国国家安全和外交政策利益。2018年10月，因涉嫌窃取商业秘密并构成国家安全威胁，美国商务部禁止福建晋华集成电路有限公司购买美国公司零部件、软件和技术产品。2019年5月，BIS宣称华为技术有限公司（以下简称“华为”）参与危害美国国家安全和外交政策利益的活动，随后将华为及其68家非美国子公司列入2019年5月16日生效的实体清单。根据美国《出口管理条例》（Export Administration Regulations，EAR）的要求，企业向华为及其68家子公司出口、再出口和转运物品必须获得出口许可证。2019年6月21日，美国商务部又将中科曙光和江南计算技术研究所等5家中国实体列入实体清单，禁止其从美国供应商手中采购零部件。

在上述政策下，美国境外物品如果包含超过最低限度控制的美国原产地内容，或是美国原产技术的“直接产品”，那么也会受到限制。依据临时通用许可证出口、再出口和转运物品必须提交声明，解释其出口、再出口的许可证依据。许可证申请的审查是拒绝推定，未被列入实体清单的子公司不受管制。如果不遵守美国商务部的行政命令，企业将承担刑事或民事责任，失去出口的权利和采购美国货物的权利。

作为应对，2019年5月31日，中国商务部宣布中国将建立不可靠实体清单制度，将严重损害中国企业正当权益的外国企业、组织或个人，列入不可靠实体清单；2020年9月，中国商务部正式公布了《不可靠实体清单规定》。《不可靠实体清单规定》对不可靠实体清单制度的目的、列入标准和移出条件及程序，以及对被列入的外国实体可以采取的措施等做出了专门规定。

中美贸易摩擦有明暗两条主线。明线是两国政府就贸易摩擦所涉议题展开谈判，以期达成协议，解决贸易争端；暗线是中美之间就制裁和反制裁、遏制和反遏制展开的法律战。法律战是中美贸易摩擦所呈现的国家之间的法律和制度之争，是美国法律霸权主义背景下中国参与国际经济治理无法回避和必须回应的法律竞争和法律反遏制。法律战的工具具有多元性，这导致法律战呈现出复杂性。以长臂管辖和次级制裁为主要特征和核心的法律战对于中国完善国内法和参与国际法实践提出了更高的规则和制度要求。以不可靠实体清单制度和阻断办法为代表的法律战需要实体法、程序法、国内法、国际法多重要素的整体配合，才能达到政策目标。

我国既是贸易大国，也是主要的资本输入国和输出国，在国际经贸活动中难免经常受到政治性的干扰。尤其在中美贸易摩擦的背景下，美国在全球范围内建立了一种以经济（乃至军事和科技）霸权为物质基础的法律霸权和司法垄断，建构了一种独特的国内法-国际法二元合一的全球霸权主义法律秩序。特别是美国的国内法和规制体系的成熟度为其追求和落实国内法的（不当）域外效力提供了依据、经验和工具。

大国博弈不仅是被动跟进和临时应对他国制裁，而且应以主动和理性的法律手段与制度设计进行有效反制，把握国家在经济、政治等博弈中的大局和变局。我国应当以不可靠实体清单制度的建立为契机，进一步完善国内法，以应对国际贸易、投资、金融和经济摩擦，以主动的姿态通过各种法律制度应对各种不利情况，防止和制约其他国家的贸易保护主义、单边主义行为，这不仅可以对贸易保护主义势力产生威慑作用，而且可以增强我国对外贸易、投资、金融和经济谈判的实力和效果，有效提升我国在国际经济治理体系中的参与度和话语权，引导国际经济秩序向有利于我国国家利益和价值诉求的方向发展。

资料来源：沈伟. 中美贸易摩擦中的法律战——从不可靠实体清单制度到阻断办法［J］. 比较法研究，2021（1）：180-200.

# 第三章

# 国际商务谈判的组织与准备

## 学习目标

【知识目标】

了解谈判团队组织的相关内容，掌握国际谈判信息收集的内容、途径和方法，了解谈判环境因素、谈判对手调研及谈判者自我评估的内容，能结合实际进行商务谈判方案的策划和撰写，了解商务谈判管理及谈判物质条件的准备，掌握模拟谈判的形式和模拟谈判时应注意的问题。

【育人目标】

领悟准备的重要性，明白自身的社会责任及团队精神；深入了解国家经济形势、中国特色社会主义与中国现代化，培养吃苦耐劳、锲而不舍的精神，用求真务实的作风开展谈判准备工作；引导学生在准备过程中注重团队协作、职业道德意识的培育。

【导读】

**中国电热毯热销欧洲，媒体聚焦背后冷思考**

据报道，广东东莞一家电热毯工厂今年电热毯销量是去年同期的3倍，也是近5年来的最佳纪录。A股也闻风而动——9月21日、22日，电热毯龙头企业彩虹集团连续两日涨停，23日有所回调，还有很多上市公司因热泵、取暖器等产品受到市场关注。另有消息显示，欧洲人买爆中国电热毯，中国生产厂商不得不24小时满负荷生产，三班倒月卖10万条电热毯。

数据显示，今年1至7月，中国对欧洲出口的电热毯高达251万条，7月就出口了接近130万条，环比增速高达150%。7月是欧洲最热的时候，就从中国购买电热毯。深秋的欧洲，已经提前感受到了阵阵寒意，当地时间9月24日，德国柏林、荷兰阿姆斯特丹、丹麦哥本哈根等欧洲城市最低气温分别是9℃、12℃、11℃，与冰城哈尔滨相近。可以说，进入10月份，欧洲的寒冬已经来临。由此看欧洲人爆买中国生产的电热毯，不仅是未雨绸缪，还有现实带来的焦虑甚至恐慌。电热毯在中国已是过时的御寒商品，为何会突然受到发达国家居民的青睐？

欧洲人取暖基本靠天然气，但是随着近年来极寒天气的增加，加上欧洲天然气资源枯竭，所以主要依赖进口。今年2月份，乌克兰危机带来的蝴蝶效应，让欧洲的天然气价格一路高涨。2021年年初至2021年10月初，欧洲极端天气引发欧洲淡季的天然气价格出现逆规律上涨。

今年2月爆发乌克兰地缘政治冲突以来，俄欧关系恶化，“北溪1号”陷入检修关闭怪圈，“北溪2号”已经关停。严重依赖俄罗斯天然气的欧洲，进入能源紧缺状态。天然气供应不足，欧洲各国只能采取涨价和征收天然气附加税的措施，这使得欧洲家庭的生活成本高企。有机构测算，欧洲一个四口之家每年生活成本将增加480欧元。

天然气供应不足，木材价格也迅速攀升。从匈牙利到波兰，再到德国和奥地利，木材价格涨幅都在两倍以上。欧洲能源危机遭遇即将来临的凛冽寒冬，使得中国电热毯成了御寒爆款商品。

欧洲通胀依然维持在高位，预计今年欧盟通胀率维持在8.1%高位。欧洲央行追随美联储实施任性加息，但是效果寥寥。欧洲不仅面临“能源寒冬”，还有通胀带来的负面影响——天然气、木材和电价降不下来，其他民生商品也是价格高企。只要乌克兰危机还在，全球能源供给失衡和价格高企就会一直持续，美欧的高通胀也难缓解，而且美欧任性加息还会导致全球汇率市场的动荡不安。

欧洲地缘政治危机的黑蝴蝶，扇动的翅膀不仅严重影响全球能源供给平衡，也给深度介入其中的美欧两大经济体带来了不利影响。美欧高通胀和能源价格高企，都能从乌克兰危机的“罗生门”中找到答案。无情的战火不仅给当事国带来了灾难，也让全球面临能源危机和粮食危机。解铃还须系铃人，和平必须要靠当事双方坐下来通过谈判解决，外部势力的强力拱火只会让形势更糟。

中国电热毯成欧洲御寒爆品，既是欧洲的“无奈”选择，也凸显了全球化带给欧洲的机会。全球化已成大势，脱钩不得人心，还会伤人害己。值得一提的是，虽然中国出口欧盟那么多电热毯，但是平均下来一条价格只有90多元钱，这样算下来其实利润微薄。

在全球分工中，中国给全球尤其是发达市场提供着价廉物美的民生商品，除了给欧洲雪中送炭的电热毯，还包括欧盟市场圣诞节亟须的民生商品。而中国出口的这些商品，实际上也没有多少利润。就此而言，在全球国际分工中，全球各国还是要有开放思维和大局观。当然，中国电热毯热卖到欧洲市场却利润微薄的事实，也给中国市场提了醒——从制造到创造的转型升级之路依然漫长，中国企业还需继续努力。

资料来源：佚名. 中国电热毯热销欧洲的冷思考［N］. 北京青年报，2022-09-29.内容有改动。

## 第一节 国际商务谈判团队的组织

### 一、谈判团队的组成

谈判团队的组建关系到谈判的成败，必须给予高度重视。若要实现谈判预期目标、提高谈判的成功率，谈判团队的组建至关重要。

#### （一）谈判团队组成的原则

为了保证商务谈判取得预期效果，应根据以下原则来组织谈判团队：

**1. 结构合理**

商务谈判团队的人员结构主要是指年龄结构、知识结构和性格结构。要根据项目的大小和难易程度来确定谈判小组的阵容，做到年龄互补、知识结构互补和性格互补，这是商务谈判团队构成的基本原则。

**2. 规模适度**

商务谈判团队的构成要符合规模适度原则，要根据谈判对手的特点、项目的重要程度来配备谈判人员，这样在商务谈判的实践中，少而精的谈判团队就容易发挥每个成员的最大潜能，集中内部意见，随机应变，对外形成一致的攻势。

**3. 分工明确**

谈判团队的每一个成员都要有明确的分工，分担不同的角色，担负不同的任务。谈判时不能工作越位，角色混淆，这样才能为共同的谈判目标通力合作，协同作战。

### （二）谈判团队的人员组成及最佳规模

配备各类精通本专业的人员组成一个素质过硬、知识全面、配合默契的谈判队伍。每一个谈判成员不仅精通自己专业方面的知识，对其他领域的知识也比较熟悉，这样才能彼此密切配合。谈判团队可由首席代表、市场总监、财务总监、人力资源、技术总监、首席代表助理、法律顾问、翻译人员等组成。

英国著名谈判专家比尔·斯科特在长期谈判经验积累的基础上，提出谈判小组的最佳规模为4人左右的结论，其理由如下：

**1. 谈判小组的工作效率**

谈判是一种高度紧张、内容复杂多变的活动，要使谈判工作能够有效地进行，谈判小组的规模不宜过大。实践表明，工作效率较高的人员规模在4人左右。

**2. 有效的管理幅度**

现代管理理论认为，在复杂多变的环境中，管理的跨距不宜过宽。4人左右的管理跨距便于谈判团队领导人对谈判过程实施监督，既能发挥成员的独创性和独立应变能力，又便于内部协调沟通、一致对外。

**3. 谈判所需专业知识范围**

谈判经验告诉人们，即使是涉及专业知识很多的大型交易项目的谈判，也并不意味着谈判需要具备各种专业知识的人同时参加。因为在谈判的不同阶段，其所涉及的主要专业知识种类是有限的。

事实上，由于谈判的具体内容、范围、性质以及人员的经验、素质和能力不同，谈判团队的规模也会不同。但无论谈判团队的规模多大，必须符合能胜任谈判，又能实现高效和便于控制的要求。

## 二、谈判人员的分工

在挑选了合适的谈判人员，组成了谈判小团队之后，就要对其内部成员进行明确分工，就是要确定主谈人、辅谈人在谈判中的地位和职责。

### （一）主谈人与辅谈人

主谈人是指在谈判的全过程或某一阶段或某个方面的议题中，作为核心代表己方阐明立场和观点的人员。辅谈人是指主谈人以外、处于辅助配合位置的其他人员，是主谈人的助手和参谋。

主谈人的职责：全面负责谈判中的谈判事宜，本方的主讲人；负责向上级汇报谈判进程和存在的问题；善于团结谈判团队成员，形成合力一致对外；善于学习，虚心求教，以取长补短。

辅谈人的职责：参与制订及修改谈判方案；为主谈人提供所需要的补充；经主谈人同意，直接向谈判对手介绍或讨论某项具体内容。

### （二）不同类型谈判的人员分工

不同类型商务谈判的人员分工会有所不同。

#### 1.商务条款谈判时的人员分工

进行商务条款谈判时，应以商务人员作为主谈人，技术人员和法律人员处于辅谈人的地位。有关商务条件的提出或讨价还价应当由商务人员决定，而技术人员和法律人员应给予配合和支持。合同的商务条款在许多方面是以技术条款为基础的，或者是与技术条款紧密联系的，因此谈判时，往往需要技术人员从技术的角度给商务人员以有力的支持。

#### 2.技术条款谈判时的人员分工

进行技术条款谈判时，技术人员应处于主谈人的地位，商务人员和法律人员则处于辅谈人的地位。在谈判时，技术人员要对合同技术条款的完整性、准确性负责，不仅要关注有关技术方面的问题，还要放眼全局，从全局的角度来考虑技术问题，尽可能为后面的商务条款和法律条款的谈判创造条件。商务人员和法律人员则要从商务和法律的角度向技术人员提供咨询意见，并适时地回答谈判对手提到的商务和法律方面的问题，支持技术人员的意见和观点。

#### 3.法律条款谈判时的人员分工

事实上，合同中的任何一项条款都具有法律意义，只不过在某些条款上涉及的法律问题更多些、法律的规范性更强些而已。在对合同中的法律条款谈判时，法律人员处于主谈人的地位，技术人员和商务人员则处于辅谈人的地位。不过，为了保证整个合同条款的合法性和完整性，法律人员应参加谈判的全过程。

## 三、谈判人员的配合

配合是指谈判中成员之间的语言及动作相互协调、相互呼应。团队成员的相互配合主要表现在两个方面，即谈判团队领导人与其成员的配合、谈判团队成员的相互配合。

### （一）谈判团队首席代表与其成员的配合

团队的配合默契与否直接关系到谈判效果的好坏，因此谈判过程中要高度重视成员间的配合。

#### 1.团队领导人

谈判团队的领导人是谈判小组的领导与核心，在谈判桌上直接代表本方的利益，并负责向上级领导汇报谈判小组的进展情况，谈判团队领导人的选定将直接关系到谈判的成败。因此，谈判团队领导人必须具有坚定的自信心，较强的决策能力、观察判断能力、组织协调能力、应变能力、表达能力等。

**2.团队领导人与其他成员的配合**

谈判团队领导人在谈判时要能充分调动谈判人员的积极性、主动性、创造性，恰如其分地调动和使用各类人员，充分发挥其他人员的能力、作用，使谈判能够达到预期目标。

谈判团队的其他成员在谈判过程中要根据谈判的形势尽自己所能向领导提出建议，全力以赴地做好本职工作，最大限度地支持并配合领导的工作。这样谈判团队才能较好地协调沟通，发挥每个成员的能力与智慧，使谈判团队成为一个团结的坚强集体。

**（二）谈判团队成员的相互配合**

谈判团队成员之间的内部配合，不是一朝一夕就能够协调起来的，而是需要长期的磨合。磨合主要是在主谈人与辅谈人之间进行。

**1.主谈人与辅谈人**

主谈人是谈判工作能否达到预期目标的关键性人物，其主要职责是让已确定的谈判目标和谈判策略在谈判中得以实现。主谈人必须具有熟练的专业技术知识和较广泛的相关知识，有较丰富的商务谈判经验，思维敏捷，善于分析和决断，有较强的表达能力、驾驭谈判进程的能力和大将胸怀，能与谈判团队其他成员团结协作、默契配合。

辅谈人是协助主谈人实现谈判目标的，并针对谈判过程中涉及自己的内容进行补充。

主谈人与辅谈人的身份、地位、职能不能发生角色越位，否则就会自乱阵脚而陷于被动。

**2.主谈人与辅谈人的配合**

主谈人必须与辅谈人密切配合才能真正发挥主谈的作用。

在谈判中本方一切重要的观点和意见都应由主谈人表达，尤其是一些关键的评价和结论更得由主谈人表述，辅谈人绝不能随意谈论个人观点或与主谈人不一致的结论。

辅谈人要配合主谈人，要起到参谋和支持作用。如主谈人发言时，自始至终都应得到辅谈人的支持，既可以通过口头语言，也可以通过肢体语言来表示赞同，并随时拿出相关证据证明主谈人观点的正确性。当对方集中火力，多人多角度刁难主谈人时，辅谈人要善于使主谈人摆脱困境，从不同角度反驳对方的攻击，加强主谈人的谈判实力。当主谈人谈到辅谈人所熟知的专业问题时，辅谈人应给予主谈人更详尽、更充足的证据支持。

## 第二节　国际商务谈判前的信息准备

凡事预则立，不预则废。进行一场商务谈判，其能否取得成功，不仅取决于谈判桌上的唇枪舌剑、讨价还价，而且有赖于谈判前充分、细致的筹划和准备工作。所谓知己知彼，百战不殆，任何一项成功的谈判都是建立在良好的筹划准备工作的基础上的。谈判筹划和准备做得充分可靠，谈判者就会增强自信，从容应对谈判过程中的变化，处理好各种问题，在谈判中处于主动地位，为取得谈判成功奠定基础。

【案例3-1】

意大利与中国某公司谈判出售某项技术。谈判已进行了一周，仍进展不快，于是意方代表罗尼先生表示："我为表示诚意向中方拿出最后的价格，请中方考虑，最迟明天上午12点前告诉我是否接受，若不接受我就乘下午2点半的飞机回国。"说着把机票从包里抽出在中方代表面前晃了一下。中方代表一方面向领导汇报，与助手、项目单位商量对策，另一方面派人调查第二天下午2点半是否有飞往欧洲的航班。结果查无此航班，中方认为意方最后的还价、机票是演戏，还有谈判空间。于是在次日10点给意方去了电话，稍作让步。意方听到中方有改进的意见后，虽然还不满意，但是没有离开。这样，靠一条航班信息，中方摸清了意方态度，得以继续谈判。

资料来源：李志军. 商务谈判与礼仪［M］. 北京：中国纺织出版社，2018.

在当今的信息社会，信息既是商务活动的先导，也是影响商务谈判成败的决定性变量之一。作为商务谈判人员，了解商务谈判信息的价值，掌握信息收集的方式方法，并在此基础上进行周密的筹划，是做好商务谈判工作的最基本要求。

## 一、信息收集的内容

### （一）谈判环境信息

商务谈判是在一定的法律制度和在某一特定的政治、经济、文化影响下的社会环境中进行的。社会环境的各种因素，都会直接或间接地影响到谈判。因此，谈判的成功与否，在很大程度上受不同国家、不同地区的不同社会环境影响，谈判各方的意见分歧又往往产生于这些不同的社会环境。谈判人员必须对各种环境因素进行全面系统的调查和分析，才能因地制宜地制定出正确的谈判方针和策略。

#### 1.政治法律制度

政治和经济是紧密相连的，政治对于经济具有很强的制约力。因此，政治因素对商务谈判活动，特别是涉外商务谈判有着非常重要的影响。一个国家的政局稳定，政策符合本国国情，它的经济就会发展，就会吸引众多的外国投资者前往投资；否则，政局动荡，市场混乱，人心惶惶，就必然产生相反的结果。因此，必须详尽地了解谈判对方的政治环境信息，主要包括政局稳定与否、政府之间的关系、非政府机构对政策的影响程度、对方国家或地区政府与对方组织的关系等。

法律制度和政治制度一样，也对商务谈判有着无形的控制力。只有清楚地了解谈判对方所处的法律制度环境，才能减少商业风险。法律制度信息主要是了解与商务谈判活动有关的法律法规，例如，涉外谈判中就要了解对方的法律制度是否要求协议必须受到有关法律约束，对方执行法律裁决有什么制度，法律是否限制对方领导人的权力范围等。

#### 2.宗教信仰

宗教是社会文化的一个重要组成部分，当前在世界各地宗教问题不断渗透到社会的各个角落。宗教信仰影响着人们的生活方式、价值观念及消费行为，也影响着人们的商业交往。人们在很多情况下所面临的矛盾与冲突都源于宗教信仰，也就是因意识形态的不同而引起的。对于宗教的有关问题，商务谈判人员必须了解，如宗教的信仰和行为准则、宗教活动方式、宗教的禁忌等，这些都会对商务活动产生直接的影响，如果把握不当，就会给企业带来很大的负面影响。

3. 商业习惯

商业习惯是整体文化环境的组成部分，由于区域文化的支配作用，商务谈判在接触级别、语言使用、礼貌和效率及谈判重点等方面都存在较大的差异。因此，必须了解对方国家和地区经济组织的经营方式、谈判和签约的方式与习惯、商业间谍的活动状况、商务活动中是否存在行贿索贿情况等，否则就可能误入陷阱或造成误会。

4. 社会习俗

一个国家或地区有着不同的社会习俗，这些习俗会自然或不自然地影响业务洽谈活动，对此，谈判者必须加以了解和把握。

社会习俗包括符合社会规范的称呼方式、衣着款式及其他为社会公众所接受并约定俗成的行为方式。谈判人员必须尊重和适应这些社会习俗，并且善于利用社会习俗信息为己方服务，确保业务活动的正常开展。

【案例3-2】

在欧洲，谈判过程中寻求法律咨询甚至诉诸法律是很常见的，也是谈判过程的一部分，这是典型的西方思维。但是在中国，要是双方谈判，一方却把对方公司告上法庭，那就会被认为冒犯了对方。

法国达能公司和中国娃哈哈谈判时就犯了这个错误，没有意识到中法文化的差异，一边和娃哈哈谈未来彼此拥有多少股份，一边上诉至欧洲法庭寻求解决方案，导致谈判不能顺利进行。

同属法国企业的知名公司施耐德和中国的正泰集团谈收购计划时，也是一边准备谈合作，一边在法庭上和正泰"打知识产权官司"，这种思维是欧式商业文化，对欧洲人来说很正常，但是却让中国企业困惑不已，合作自然就没有很好地进行下去。

资料来源：杨杜泽，沈丽娟，王赛，等. 从对抗到共赢［M］. 北京：中信出版社，2019.

5. 财政金融状况

商务谈判活动，尤其是涉外商务谈判活动中，谈判的结果会使得资产形成跨国流动，这种流动与谈判方财政金融状况密切相关。谈判人员应随时了解各种主要货币的汇率及其浮动现状和变化趋势，了解国家的财税金融政策以及银行对开证、承兑、托收等方面的有关规定等情况。

6. 其他环境信息

其他环境信息，包括一个国家或地区的基础设施、后勤供应、气候等资料，这些因素都会直接或间接地对商务谈判活动产生影响。

（二）市场信息

商务谈判的市场信息是指与谈判有关的市场行情方面的信息，主要包括：

1. 市场分布

市场分布情况主要是指市场的地理分布、运输条件、市场潜力和容量、市场的配套设施和相关的政策法规、与其他市场的经济联系等。

2.市场供求

市场供求情况主要包括有关商品的生产状况、可供市场销售的商品量、商品的库存情况、运输能力及变化、商品的进出口情况、替代产品的情况等供给信息及商品消费者的数量和构成、消费的需求特点、需求的波动情况、商品的需求趋势、用户的要求等需求信息。

3.市场销售

市场销售情况包括有关商品的市场销售量、市场份额、销售价格、商品的寿命周期、经销途径、促销措施与效果等。

4.市场竞争

市场竞争情况包括主要竞争者和潜在竞争者是谁；其产品、价格、渠道、促销等方面的信息资料；其资信情况等。

(三) 有关自身的信息

1.了解本组织的情况

其内容包括本组织的社会地位、经济实力、人才力量、设备能力、管理水平、劳动效率、产品的优缺点等基本情况。通过对这些组织情况的了解和分析，谈判者可以明了与对方相比自己有哪些优势或劣势，从而充分掌握事实证据、辩论要点、合理建议等谈判的论据。明了自己的优势与劣势极为重要，它将决定己方的谈判目标和确定谈判的让步区间。例如，假设对方是我方唯一做某笔交易的伙伴，而且我方的产品也缺乏绝对的竞争力，则谈判中对方就处于优势。我方就应在满足对方需求的条件下寻求自己利益的实现，并适当地在价格等方面做出让步。

2.考察谈判者自身

正确地评价谈判者自身并不是件容易的事，要通过对有关信息的考察才能做好。除谈判者的自我认识、自我评价外，更需要本组织来客观地认识和评价。通过对谈判者的价值观、人生观、性格特征、情感类型和智力水平、能力水平的详细考察，谈判者可以排除影响谈判能力的精神特性与弱点，克服使己方陷于被动的假设，树立起取得谈判成功的信念。

(四) 有关对方的信息

谈判所应具备的最有价值的信息是关于对方的情报资料。只有摸清对方虚实，才能对症下药，制定相应的对策。

1.了解对方组织的情况

其内容包括对方组织的发展历史、社会地位、资信能力以及同其他组织的关系。如果对方是公司企业，则还应包括对方的产品性能与特点、市场占有率与市场半径、技术水平与工艺水平、价格水平等。要了解对方组织的情况，通常可以研究以下资料：

(1) 预算财务计划；

(2) 组织的出版物和报告；

(3) 新闻发布稿；

(4) 产品的详细说明书；

(5) 证券交易委员会或政府机构的报告书；

（6）领导者的公开谈话和公开声明。

要了解对方组织的情况，还可由谈判人员通过直接调查来实现。例如，向曾与对方有交往或交过手的组织或个人进行了解，通过函电方式直接同对方先行联系或直接询问等。另外，还可以从有关咨询机构取得所需的信息资料。

**2. 了解对方谈判人员的情况**

对方谈判人员的情况主要包括对方谈判班子的组成，成员各自的身份、地位、年龄、经历、爱好、性格、谈判经验以及谁是谈判中的首席代表，其能力、权限、特长及弱点如何，此人对该项谈判所抱态度、倾向性意见等，这些都是必不可少的情报资料。

**【案例3-3】**

中日两家公司在谈判开始之后，双方人员彼此做了介绍，并马上投入了技术性的谈判。中方商务人员利用谈判休息时间，对日方技术人员表示赞赏："技术熟悉，表述清楚，水平不一般，我们就欢迎这样的专家。"

该技术人员很高兴，表示他在公司的地位很重要，知道的事也多，中方商务人员顺势问道："贵方主谈人是你的朋友吗？"

"那还用问，我们常在一起喝酒，这次与他一起来中国，就是为了帮助他。"他回答得很干脆，中方又挑逗了一句："为什么非要你来帮助他，没有你就不行吗？"

日方技术人员迟疑了一下："那倒也不是，但这次他希望成功，这样他回去就可以升为部长了。"中方随口跟上："这么讲，我也得帮助他了，否则，我就不够朋友。"

在此番谈话后，中方认为对方主谈人为了晋升，一定会全力以赴以求谈判的结果——合同，于是，在谈判中巧妙地加大压力，谨慎地向前推进，成功地实现了目标，也使对方得到了合同和晋升的机会。

资料来源：龚荒. 商务谈判与沟通［M］. 2版. 北京：人民邮电出版社，2018.

## 二、信息收集的途径

### （一）互联网

互联网上可以非常方便迅捷地查阅国内外企业信息、市场行情信息及其他多种信息。通过这个途径获取的信息丰富，但对海量信息的真实性、有效性需要进一步鉴别。

### （二）专业报刊

查阅行业性的报纸、杂志、内部刊物及专业书籍等，从它们登载的消息、图表、数字等中进行信息资料的收集。城市图书馆、企业、高校及研究机构的资料室通常都保存这些印刷媒体，甚至存有电子文档形式的数据库。

### （三）大众传媒

大量的市场信息是通过电视、广播、报纸、杂志等大众传播媒介公开传播的。可以从大众传媒播发的有关新闻资料、经济资讯、经济动态、市场行情及各类广告中收集有关信息。

### （四）统计资料

统计资料主要是指各部门、各企业发布的公开资料，如各国政府或国际组织、各国地方政府及社会组织等的各类统计年鉴，各行业协会、金融机构、信息咨询公司的统计数据及各类报表，通过这种信息收集渠道可获得大量的原始数据，收集的数据资料相对准确。

（五）各种会议

通过参加各种会议，如商品交易会、订货会、博览会、企业界联谊会、行业协会组织的研讨会等来获取资料。这种信息收集渠道的特点是信息非常"新鲜"，可从中获取较为丰富的有价值的情报资料。

（六）专业机构

一些专业机构，如消费者组织、质量监督机构、股票交易所及研究院所也会定期或不定期发表有关的统计资料和分析报告。当然，谈判者也可以通过委托专业的咨询机构来帮助收集信息。

（七）知情人员

通过朋友、客户、公司的商务代理人、消费者、谈判对方的雇员等了解所需要的信息资料。

（八）驻外机构

在国际商务谈判中，可通过主管国内外贸易的官方机构、驻当地使/领馆、商务代办处、本公司在国外的分支机构等了解有关国际商务方面的信息资料。

【小链接3-1】

**收集国外谈判对手信息资料的渠道**

要明确哪些因素会对谈判产生影响，首先必须有大量的信息来源，这样才能从中筛选出那些对实际谈判有影响的客观因素。信息的来源大致有这样两条途径。

1.国内

(1) 商务部；

(2) 对外经济贸易促进机构及其各地的分支机构；

(3) 银行的咨询机构；

(4) 已在该谈判对手国建立业务联系的本国银行；

(5) 有关的报刊、新闻广播等。

2.国外

(1) 本国驻当地的大使馆、领事馆，特使等；

(2) 国内银行在当地的分行；

(3) 本公司或本行业集团在当地开设的营业机构；

(4) 国内其他公司在当地的办事处；

(5) 本公司的代理人；

(6) 当地的报刊。

其次在收集、整理这些信息资料的过程中，有一点必须注意，那就是由于任何文字或口头的信息资料都是主观意识的产物，因此，它难免带有一定的片面性。具体原因如下：

(1) 提供信息的人可能对你的谈判感兴趣，因此，他所提供的信息很大一部分都是有利于谈判的。至于不利因素他可能只字不提，以促成买卖双方达成协议。

（2）有些人为了讨好你，就专门给你提供符合你胃口的信息。

（3）有些人无法回答你的问题，但为了不失面子，就不懂装懂地回答你。

（4）有些人虽然从不说谎，但他的信息来源不可靠。这些人的信息来源往往是一些社会上的闲言碎语，因为他们的活动范围仅仅限于使馆等区域，没有深入到实际中去找事实根据。

（5）最坏的情况是，从表面上看，有些人是在为你提供信息，而实际上都在暗中支持你的竞争者。因为这样做他们可得到更多的报酬。

资料来源：马什．合同谈判手册［M］．章汝奭，主译．上海：上海翻译出版公司，1998．

## 三、信息收集的方法

商务谈判信息的内容涉及方方面面，其收集的方法途径必然多种多样，而且处于激烈竞争中的商务谈判各方，都想通过各种手段去收集尽可能多的、有用的信息，努力做到“知己知彼”，以取得预期中的利益。

### （一）文案调查法

文案调查法是一种间接的信息收集方法，主要是收集谈判对手的已经加工过的资料，以文献性信息为主，它具体表现为各种文献资料，如书籍、报纸、杂志上所提供的信息，谈判对手公司财务、统计报表所反映的信息。文案调查所收集的资料包括动态和静态两个方面，尤其偏重从动态角度收集各种与谈判对手相关的历史与现实信息资料。

**【思政案例3-1】**

1959年9月25日，我国石油勘探队在东北松辽盆地陆相沉积中找到了工业性油流。时值新中国成立10周年，所以这个油田以“大庆”命名。由于当时国际环境复杂多变，到20世纪60年代我国开始大庆油田的建设时，有关大庆的一切信息几乎还都是保密的。除了少数一些有关人员以外，一般人连大庆油田的具体位置都不知道。

由于中国开发石油需要大量的设备，精明的日本商人很早就深知这一点，并着手广泛收集了中国的有关报纸、杂志等资料，进行了一系列的分析和研究。

1964年4月20日，《人民日报》发表了一篇《大庆精神大庆人》的文章，肯定了中国有大油田。日本人把这一信息储存起来，但是大庆在哪里还是一个谜。

1966年7月的《中国画报》又刊登了“王铁人”（王进喜）的照片。日本人从王铁人戴的皮帽子及周围景象推断：大庆位于冬季零下30℃以下的我国东北，大致在哈尔滨和齐齐哈尔之间。但是，具体位置还是不清楚。

后来，他们从1966年10月的《人民中国》杂志第76页的一篇介绍王铁人的文章中，发现了“马家窑”这个地方，文章中还提到钻机是人推、肩扛弄到井场的。日本人由此断定，油田靠车站不远，并进一步推断就在安达车站附近。因为日本人对我国东北的地图清楚之至，从地图上，他们发现“马家窑”是黑龙江省海伦市东南的一个小村，这样他们就确定了大庆油田的位置。进而，日本人又从一篇报道王铁人1959年国庆节在天安门观礼的消息中分析出，1959年9月王铁人还在甘肃省玉门油田，以后便消失了，这就证明大庆油田的开发时间自1959年9月开始。

当1964年王进喜出席第三届全国人民代表大会的消息见报时，日本人肯定地得出结论：大庆油田出油了，不出油王进喜当不了人大代表。1966年7月，日本人又进一步对《中国画报》上刊登的一张炼油厂的照片进行研究，从钻台扶手栏杆等方面的信息推算出油井的直径，再根据油井直径和政府工作报告，用当时的石油产量减去原来的石油产量，估算出了平时大庆油田的石油产量。

这样，日本人开始准备和中国进行出售炼油设备的谈判。

到了20世纪70年代，随着我国对外关系的不断正常化，大庆油田向全世界征求石油设备的设计方案。日本商家期待已久的时机终于来了。当时，其他国家都没有准备，唯独日本人胸有成竹，早已准备好了与大庆油田现有情况完全吻合的设备方案，在与大庆油田的谈判中，一举中标。

资料来源：王宝山．商务谈判［M］．武汉：武汉理工大学出版社，2007.

文案调查可通过各种渠道较方便地获得谈判对手相关的信息资料。尤其在涉外商务谈判中，由于地域遥远、市场条件各异、语言障碍等原因，采用实地调查需要更多的时间和经费。相比之下，文案调查就显得方便多了。但是，由于所收集的资料大多是针对其他目的而形成的，因此，对于目前特定的目标就有一定的局限性，如能否适用于本次谈判所需，或多大程度上能适用，以及二手资料的准确性问题等。

### （二）访问调查法

访问调查法是调查者围绕调查的主题，选择访问对象进行访问以获取谈判所需信息资料的方法，可细分为面谈访问法、电话访问法、邮寄问卷访问法、留置问卷访问法、互联网调查法等。各种方法的比较见表3-1。

表3-1 **各种访问调查法的比较**

| 方法 | 面谈访问法 | 电话访问法 | 邮寄问卷访问法 | 留置问卷访问法 | 互联网调查法 |
| --- | --- | --- | --- | --- | --- |
| 回收率 | 高 | 较高 | 低 | 较高 | 一般 |
| 真实性 | 好 | 较好 | 好 | 好 | 一般 |
| 灵活性 | 强 | 较强 | 差 | 强 | 一般 |
| 费用 | 高 | 较低 | 低 | 高 | 低 |
| 速度 | 较快 | 快 | 一般 | 慢 | 快 |
| 收集大量信息的能力 | 很好 | 一般 | 较好 | 好 | 很好 |
| 处理复杂问题的能力 | 很好 | 差 | 一般 | 很好 | 一般 |
| 样本控制 | 很好 | 好 | 一般 | 很好 | 差 |
| 投入人力 | 较多 | 较少 | 少 | 较少 | 少 |

如表3-1所示，访问调查的各种方法各有所长，在商务谈判信息资料的收集过程中，通常只能采用一种或少数几种，究竟采用何种方法，信息收集人员应根据调查的需要和被调查对象的特点，合理评价和选择。

（三）观察法

观察法是指企业有关人员根据一定的观察目的，运用自己的感官直接了解谈判对手，以取得第一手感性资料的方法。观察法可分为直接观察和间接观察、隐蔽观察和非隐蔽观察、人工观察和机械观察等类型。其具体形式主要有以下几种：

（1）参观谈判对手的生产经营场地，以了解对方的实际情况。

（2）安排非正式的初步洽谈。通过各种预备性的接触，创造机会，当面了解谈判对手的态度，观察其意图。

（3）购买谈判对手的产品进行研究。将谈判对手的产品拆开后进行检验，分析其结构、工艺等，获取相关有价值的信息。

观察法收集信息的适用性强，并且其直接性和可靠性较大，但其也带有一定的局限性，如观察活动必须在现象发生的现场、受到时空限制等。

【思政案例3-2】

苏州某公司听说南非是一个诱人的市场，便希望自己的产品打入南非市场。为了摸清合作伙伴的情况，公司决定组团到南非进行实地考察。到达南非后对方立即安排他们与南非公司的总经理会面，会面地点被安排在一个富丽堂皇的大饭店里。考察团在电梯门口遇到一位满面笑容的女招待，她将考察团引入到一间装修豪华、配备有现代化装置的房间。坐在皮椅上的总经理身材肥胖，手中夹着雪茄，脸上一副自信的表情，谈话时充满了激情。他侃侃而谈公司的情况、经营方略以及公司未来的打算。总经理的介绍和他周围所有的一切都深深打动了考察团，他们深信这是一个可靠和财力雄厚的合作伙伴。考察团回国后，马上发去了第一批价值100多万美元的货物，然而，该批货物如同肉包子打狗再也没有了音信。公司只好再派人去调查，此时才发现他们掉进了一个精心设计的圈套里。那位肥胖的“总经理”原来是当地的一个演员，在电梯门口招呼他们的女招待才是真正的总经理，而陈设精良的接待室不过是临时租来的房间。待真相大白之后再寻找这家公司才知道它已宣告破产。

资料来源：白远．国际商务谈判：理论、案例分析与实践［M］．北京：中国人民大学出版社，2002.

## 第三节 国际商务谈判的可行性与方案制订

商务谈判的准备工作是一个复杂的系统工程，可行性研究是其中重要的一环。商务谈判可行性研究，是指在正式谈判前，对前期信息准备工作中收集到的谈判对手的相关信息资料进行分析，参照分析的结果衡量谈判是否可以进行，是否值得进行，并借以作为确定谈判目标和可供谈判的时间、地点，以及决定参与谈判的策略和方法的依据及基础。

### 一、国际商务谈判环境的分析

谈判环境的分析是商务谈判可行性研究的首要环节，其主要是在前期信息资料准备工作基础上，对谈判的客观环境条件进行审查，分析客观环境因素对某项商务活动的可行性所产生的影响，如分析政治法律环境、社会文化环境、经济技术环境等是否允许企业正常开展有关的商务活动，并能取得理想的效益。

有关谈判的政治法律环境、社会文化环境及市场环境对企业某项商务活动可行性的影响在上一节商务谈判“信息收集的内容”中已进行了相关阐述，这里不再赘述。在此主要分析技术环境对谈判可行性的影响。

技术可行性的研究旨在掌握技术现状、技术未来发展趋势的基础上，明确整个技术发展趋势对具体商务活动的技术要求，确定谈判中符合本企业利益的技术指标，从技术角度发掘企业在谈判中的优势和需要解决的问题。在一般货物买卖谈判中，虽不涉及十分复杂的技术问题，但某些技术指标的商定仍是必不可少的。而在技术较为复杂的商品交易和技术贸易中，围绕着技术问题展开的讨论往往是谈判的主题。但无论在何种类型的谈判中，结合各方面条件，对技术问题进行较为深入的研究都是必要的。缺乏必要的技术可行性研究，就可能导致不合理的交易行为。

对买方或技术的引进方而言，必须通过技术可行性研究，明确自身到底需要获得怎样的技术，需要购买的商品的技术水准是什么，有无特别的技术要求等。缺乏这些研究，就可能购买了技术指标不符合要求的商品，或是引进了与本企业现有及将来条件不相适应的技术，从而要么不能使用所购买的商品或技术，要么必须再花费较大的成本去对所引进的技术进行较大的改进。

对卖方或技术的转让方来说，必须明确自身到底能够提供怎样的技术，生产的商品能够达到怎样的技术水准，有无特别的技术优势等。缺乏足够的技术可行性研究，既可能导致所提供的技术不能适应市场技术的发展趋势，从而使卖方或转让方在谈判中处于十分被动的地位，也有可能因其没有充分认识到自身所具备的技术优势，从而在谈判中无法利用这种优势为实现谈判目标服务。

## 二、国际商务谈判对手的分析

### （一）谈判对手的实力和资信

谈判对手的经济实力和资信分析主要是针对对方的财务状况、流动资金状况、盈亏状况以及经营管理状况，产品的生产、销售、售后服务状况，合同的履约情况、收付款期限和方式，竞争对手的市场目标和竞争方式等的审查。只有掌握了对方的经济实力与资信信息，才能确定交易的可能规模，判定是否可与对方建立长期的商务关系。

### （二）谈判对手的需要和诚意

需要及对需要的满足是谈判进行的基础。对谈判对手的需要分析主要是为了获得其谈判的目的。要想把握谈判对手在谈判过程中的行为规律，就必须获得其真正的需要，包括谈判对手为什么要进行谈判，谈判对手的需要满足情况以及对不同层次、不同类型需要的重要程度的认识如何，等等。而判断谈判对手谈判的诚意主要是获得对方是否将我方视为唯一的谈判对手，对方对我方的评价和信任程度等。掌握这些信息可以更好地设计商务谈判方案，争取主动。

**【案例3-4】**

纽约有家著名的面包公司——迪巴诺公司，可是纽约的一家大饭店却一直未向它订购面包。4年来，迪巴诺每星期必去拜访大饭店经理一次，也参加他所举行的会议，甚至以客人的身份住进大饭店。不论迪巴诺采取正面攻势，还是旁敲侧击，这家大饭店仍是丝毫不为所动。这家饭店的行为，反倒激起了迪巴诺的斗志。他下定决心，一定要让这家饭店买自己的面包。他改变策略，开始调查这家饭店经理所感兴趣的事情。不久，他发现这位经理是美国饭店协会的会员，而且由于热心协会的事，还担任了国家饭店协会的会长。以后，凡协会召开的会议，不管在何地举行，迪巴诺都乘飞机赶去。

当迪巴诺再去拜访这位饭店经理时，就以协会为话题，果然引起了他的兴趣，他眼里发着光，和迪巴诺谈了半个多小时关于协会的事情，还口口声声说这个协会给他带来无穷的乐趣。他又极力邀请迪巴诺参加。整个谈话过程，迪巴诺丝毫没有提到面包的事情。几天后，饭店的采购部门来了一个电话，让迪巴诺立刻把面包样品和价格表送去。这样，迪巴诺做成了一笔大买卖。迪巴诺面包虽然是远近驰名的，但迪巴诺的长期攻势并未见成效，最后单凭与饭店经理闲聊对方有兴致的事，形势却大为改观。这就是投其所好的绝妙之处，在使自己被对方认同并喜爱后更容易达到目的。

资料来源：宫捷. 现代商务谈判［M］. 青岛：青岛出版社，2004.

**（三）谈判对手的权限和时限**

谈判的一个重要法则是不与没有决策权的人谈判。谈判对手的权限分析就是要弄清对方谈判人员的权限有多大。谈判者应当弄清对方的组织机构，弄清对方决策权限分配的状况，弄清具体对手的权利范围。错误地判断对手的权限，将没有足够决策权的人作为谈判对象，不仅是在浪费时间，甚至可能会错过更好的交易机会。

谈判时限与谈判任务量、谈判策略、谈判结果都有重要关系。谈判人员经常需要在一定的时间内完成特定的谈判任务，可供谈判的时间长短与谈判人员的技能发挥状况成正比。时间越短，谈判人员用以完成该项特定任务的选择就越少，谈判时限的压力常常迫使谈判者不得不采取快速行动，甚至立即做出决定，否则不能与对方达成协议，可能就意味着未在特定时间内完成任务。因此，在双方的谈判过程中，哪一方可供谈判的时间越长，就拥有较大的主动权。

**（四）谈判对手的出席代表**

谈判对手的出席代表分析主要是考察对手的资历、地位和谈判经历，分析其成败的记录，以便了解其思考方式和工作能力，从中寻找弱点。同时获取对手的心理类型，包括气质、性格、兴趣爱好、生活方式等，从而进一步确定对手将持有什么样的谈判态度和方式，以准备相应的对策。

## 三、谈判者的自我评估

**（一）谈判信心的确立**

谈判信心来自对自己实力和优势的了解，也来自谈判准备工作是否做得充分。谈判者应该了解自己是否准备好支持自己说服对方的足够的依据，是否对可能遇到的困难有充分的思想准备，一旦谈判破裂是否能找到新的途径实现自己的目标。如果对谈判成功缺乏足够的信心，是否需要寻找足够的信心确立条件。

### （二）自我需要的鉴定

自我需要的状况直接与谈判的实力相关联。自我需要的鉴定应仔细分析以下问题：己方希望借助谈判而得以满足的需要是什么，或希望借助谈判满足己方哪些需要；要清楚地知道哪些需要必须得到全部满足，哪些需要可以降低要求，哪些需要在必要的情况下可以不考虑，即各种需要的满足程度；需要满足的可替代性问题，即谈判对手的可选择性有多大，谈判内容可替代性有多大；己方能满足对方哪些需要，满足对方需要的能力有多大，即还要对满足对方需要的能力进行鉴定。

自身需要的不同状况意味着不同的谈判实力。一般来说，若要借助于一次谈判来满足的需要越多，现有的需要满足程度越低，需要满足的可替代性越差，满足对方需要的能力越差，则该谈判者的地位可能越不利，因此，在该次谈判的可行性上要慎重考虑。

## 四、成本与效益分析

商务活动的重要目标之一是利润的最大化，成本与效益分析就是在一个特定时期内，对新的商业机会所获得的利润是否会超过相关成本做出评估，分析实现这一目标的可行性。

针对某项特定商务谈判的成本效益分析，考虑的主要内容包括该项谈判人力、物力、财力、时间、成本的投入情况；谈判达成协议后，未来协议的履行能够为企业带来怎样的效益，企业形象的提升、市场占有率的提高、获利率的提升、市场版图的扩大等产出情况，以及确定为取得一定的效益，在谈判过程中，对有关交易条件（特别是价格），本企业应当坚持怎样的原则等。

对一项特定商务活动进行成本与效益分析的步骤如下：

（1）确定购买新产品或一个商业机会中的成本；

（2）确定额外收入的效益；

（3）确定可节省的费用；

（4）制定预期成本和预期收入的时间表；

（5）评估难以量化的效益和成本。

完成以上任务后，就可以进入评估阶段，可使用以下一种或多种工具进行分析：

（1）投资收益（ROI）；

（2）投资回收期；

（3）盈亏平衡分析；

（4）净现值（NPV）；

（5）敏感度分析。

成本与效益分析是商务谈判可行性研究中最后的关键环节，只有确实精算出效益后，方可从容接受谈判邀约。

**【案例3-5】**

中国F公司与法国G公司商谈一条计算机生产线的技术转让交易。G公司将其报价如期交给了F公司，报价包括装配线设置、检测实验室、软件、工程设计、技术指导、培训等。双方约定接到报价后两周内在中国北京开始谈判。F公司接到报价后即着手准备。

F公司首先将有关技术部分交专家组去分析，并提出了相关要求，而商务部分则由主谈负责分析，随后约定时间开会讨论。

专家组对技术资料反映的技术先进性、适用性、完整性进行了分析，对不清楚的部分列出清单，对国际市场的状况做了对比，对G公司的产品系列及特点做了说明，形成了书面协议。

主谈则将装配线设备、检测实验室设备等列出清单，标上报价，并列出对照分析价、交易目标价、分步实现的阶段价，形成了一份设备价格方案表；又照此法，将技术内容列出清单，分出各项价格并形成了一份技术价格方案表；将技术指导和人员培训费分列出人员专业、人数、时间、单价、比较价、目标价等并制定出一份技术服务价格方案表；将工程设计列出分工内容、工作量估算、单项价、比较价、目标价等并制定出工程设计价格方案表。在所有的价格方案表中，价格情况均以对应形式列出：G公司报价及可能的降价空间，F公司的还价及可能的还价幅度，并附上理由。

开会讨论时，专家组与主谈交换了各自的准备情况，同时分析了双方企业在面临的政治经济状况、市场竞争、各自需求及参加谈判的人员等各方面的有利与不利因素。经过讨论，主谈与专家组意见略有分歧：主谈认为这是我方第一次采购且G公司第一次进入中国市场，应有利于压价，谈判目标可以高些。专家组认为G公司技术较好，我方又急需，少压价能成交也可接受。这个分歧可能直接影响谈判条件以及谈判策略，于是，主谈决定请示领导。

主谈、专家组一起向项目委托谈判单位的领导汇报了情况及分歧。在领导的指导下，大家进一步分析利弊后达成了共识，形成了谈判预案。

资料来源：丁建忠. 商务谈判教学指引［M］. 北京：中国人民大学出版社，2003.

## 五、国际商务谈判方案及其执行计划

由于商务谈判过程的复杂性和不确定性，谈判人员组织好以后，在对所收集到的情报信息的分析研究基础上，结合谈判需要，必须对如何开展谈判以达到预期的结果做一个全面、系统的筹划，即商务谈判方案及其执行计划的制订。

### （一）商务谈判方案的制订

对大多数的中小型谈判来说，谈判方案与其执行计划往往是合二为一的，复杂的、涉及管理层较多的大型谈判则需要分开。

商务谈判方案一般是企业最高决策层或上级领导就某项谈判的内容所拟定的谈判主体目标、准则、具体要求和规定。根据商务谈判的规模、重要程度的不同，商务谈判方案的内容、形式可有所差别。内容可多可少，可以是书面形式，也可以是口头形式，但其要求都是一样的，都要求尽量做到简明扼要，同时要有一定的灵活性，以便谈判人员既能照章执行又能随机应变。商务谈判方案的拟订内容应包括以下几个方面：

#### 1.确定谈判的主体目标

明确主要交易条件的可接受范围，同时要考虑到可能发生的各种风险因素，列明各项主要交易条件中，己方可接受的最低限度。

**2.规定谈判期限**

由于市场价格、供求关系随时处在变化之中，而且谈判的时间越长，其人力、物力和财力的耗费也就越大，所以必须对谈判期限做出规定。

**3.明确规定谈判人员的分工及职责**

谈判过程中常常出现意料不到的情况，当这些情况的处理超出谈判小组负责人的权限时，就需要向上级请示；有时需要向总部索取资料、通报谈判进展，这些都需要在谈判方案中列明联络方式、联络人员和时间。

**（二）商务谈判执行计划的制订**

商务谈判执行计划是谈判小组为实施商务谈判方案而准备采取的一系列具体措施，也称工作计划，其制订过程主要包括以下几个阶段：

**1.调查研究阶段**

调查研究的范围和对象包括谈判环境、自身实力及谈判对手的各种情况等。在调查研究阶段所收集的信息及对这些信息的分析必须是客观的，从而使谈判小组摆正自己的位置，把握最新的情况以制订合适的执行计划。

**2.确定目标阶段**

谈判目标是谈判的起点，也是进行谈判执行计划制订的出发点。谈判目标是在谈判主题确定的基础上，在制订谈判执行计划时，对谈判所要达到结果的设定，是整个谈判的指导核心。

一般来说，谈判目标要有弹性。如果在谈判中缺乏回旋余地，那么稍遇分歧，就会使谈判破裂。因此，通常把商务谈判目标分为3个层次，即最低限度目标、可接受目标和最优期望目标。

（1）最低限度目标。谈判者期待通过谈判所要达成的下限目标，它对一方的利益具有实质性作用，是谈判的底线，是不能妥协的；否则，就失去谈判的意义，只好放弃谈判。

（2）可接受目标。它指谈判一方根据主客观因素，考虑到各方面情况，经过认真分析后纳入谈判计划的目标。这种目标能使谈判一方获得实际需要的利益，是一方希望达到的目标，谈判人员应努力争取实现。但它也具有一定的弹性，当争取该目标的谈判陷入僵局时也可以放弃。

（3）最优期望目标。谈判者希望通过谈判达成的上限目标，是对谈判一方最有利的理想目标，它能在满足一方的实际需求之外，使其获得额外的利益。这种目标带有很大的策略性，在谈判中一般很难实现，因为谈判是各方利益分配的过程，没有哪个谈判方甘愿将利益全部让给他人。尽管如此，不应忽略该目标的构建。一方面，它可以作为谈判的筹码，用以换取对己方有利的其他条件，起到交易作用；另一方面，它又有迷惑对手的烟幕弹作用，对己方的其他谈判目标起保护作用。

**3.制定策略阶段**

制定商务谈判的策略，就是要选择能够达到和实现己方谈判目标的基本途径和方法。在商务谈判策略的制定过程中要注意考虑下列影响因素：

（1）双方实力的大小；

（2）对方的谈判人员和主谈人员的性格特点；

（3）双方以往的关系；

（4）对方和己方的优势所在；

（5）交易本身的重要性；

（6）谈判时间限制；

（7）是否有建立持久、友好关系的必要性。

**4.确定谈判计划阶段**

确定谈判计划主要是商务谈判方案的确定以及谈判执行计划的最终拟订。

（1）确定谈判方案。应考虑谈判目标、最低限度量、期限、联络方式及汇报程序。

（2）制订谈判的执行计划。

**5.实施控制阶段**

实施控制阶段是计划过程的最后阶段。从管理的角度看，这是一个通过信息反馈不断调整、完善计划的阶段。

实施控制的具体做法就是在谈判方案（或执行计划）中制订应急预案，即预估谈判过程中可能出现的意外情况，给出相应的对策安排。

需要说明的是，商务谈判方案（或执行计划）没有固定的模板，可以根据谈判者自身的需要和方便来进行设计。

## 第四节　国际商务谈判的管理

充分的组织准备为商务谈判的成功奠定了基础，但仅止于此是远远不够的。在动态的谈判过程中，谈判者必须面对复杂多变的谈判环境，随时处理各种可能出现的问题，如果离开了严格的管理，谈判者的行为就可能偏离既定的计划和目标的要求，甚至蒙受巨大的损失。从某种意义上讲，商务谈判的管理，不仅关系到某一项交易的成败得失，还对以后的谈判工作产生潜在的影响。只有通过科学、严格的管理，才能有效地利用各项资源，把各个因素、各个方面的工作有机地结合起来，提高谈判活动的效率。商务谈判的管理一般包括谈判人员的行为管理、谈判信息的管理、谈判时间的管理及谈判后的管理等内容。

### 一、国际商务谈判过程中的管理

#### （一）谈判人员的行为管理

谈判活动是由谈判人员推动的，而且在多数谈判场合，谈判双方的合作是通过彼此选配的谈判小组来完成的。谈判过程的发展变化，不是取决于某一个谈判人员，而是谈判小组成员共同努力的结果。为了保证谈判小组的协调一致，谈判双方都必须对谈判人员的行为加以管理。

谈判人员行为管理的核心是制定严格的组织纪律，并在谈判过程中认真地予以执行。一个谈判班子的组织纪律应包括以下几个方面的内容：

1.坚持民主集中制的原则

一方面，在制定谈判的方针、方案时，必须充分地征求每一个谈判人员的意见，任何人都可以畅所欲言，不受约束，与谈判有关的信息应及时传达给每一个谈判人员，使他们都能对谈判的全局与细节有比较清楚的了解；另一方面，应由谈判小组的负责人集中大家的意见，做出最后的决策。决策确定以后，任何人都必须坚决地、不折不扣地服从，绝对不允许任何人把个人的见解和看法带到谈判桌上去。

2.不得越权

企业对谈判小组的授权是有限的，同样在谈判中，每个谈判人员的权力也是有限的。任何人都不得超越权限范围做出承诺或提出某些要求。原则上，是否让步或承诺某项义务，应由谈判领导人员做出决策。

3.分工负责、统一行动

在谈判中，谈判人员之间要进行明确的职责分工，每一个人要承担某一方面的工作，每位谈判人员都应把自己的工作严格控制在自己的职责范围之内，绝不可随便干预他人的工作；同时，每一个成员又都必须从谈判的全局出发，服从统一的调遣。除非允许，否则任何人都不得单独地与对方接触，商谈有关内容，以免在不了解全局、考虑不周的情况下盲目做出决定。

4.单线联系原则

谈判小组需要与企业主管部门联系时，特别是在客场谈判的情况下，必须实行单线联系的原则，即必须遵循只能由谈判小组的负责人与直接负责该谈判的上级领导人进行联系的原则。

谈判班子内其他成员就有关问题与企业相应的职能部门领导进行联系，原则上是不允许的。某个谈判成员如果在某一问题上需要请示，必须通过谈判小组的负责人来进行，由谈判小组的负责人与企业的主管取得联系，并由主管直接与有关人员协商，做出决策。这一程序看上去比较费力费时，但对谈判负责人有效地控制谈判的全过程是非常重要的。因为：首先，他必须审核这种联系的必要性，并检查其安全性；其次，任何一个职能部门的咨询意见，都难免带有一定的不完整性或片面性，比如，财务部门与制造部门对技术的评价往往侧重点不一样，结论也有差别；最后，从维护谈判小组负责人的权威角度，由谈判小组的成员自己向其部门主管汇报，并据以对抗谈判小组负责人的做法，对保证谈判小组内部领导的集中统一也是极为不利的。

（二）谈判信息的管理

信息在谈判中的作用是不言而喻的。谁掌握的信息越多，谁就能在谈判中占有主动和优势。对谈判信息的管理包括两个方面的内容：一是信息的收集与整理；二是信息的保密。信息的收集渠道非常广泛，接触过程中对方的语言、表情、手势乃至体态都蕴涵着一定的信息，谈判人员要善于获取这种信息。为保证信息的真实性和可靠性，还必须对信息进行分析、处理，去伪存真。在信息的保密方面，以下两种情况需要特别注意：

1.客场谈判的保密措施

涉外商务谈判在客场进行，在国外的谈判小组必须与国内的管理机构进行联系时，应该采取必要的保密措施。比如，凡发往国内的电报、电传一律自己亲手去发，不要轻信旅馆的服务员、电话总机员，避免因此而泄露机密。又如，对那些在政治上属于敏感性的问题，或者是商业上的机密内容，应该运用事先约定的密码暗语与国内进行通信联络。电报、电传有时会被其他竞争对手窃获。

2.谈判小组内部信息传递的保密

在谈判桌上，为了协调本方谈判小组各成员的意见和行动，或者为了对对方的某一提议做出反应而需商量对策时，谈判小组内部需要及时传递信息。由于这种传递本身就处于谈判对手的观察之中，保密就显得尤为重要。

有些人习惯于在谈判桌上或谈判室内把本方人员凑在一起商量，自以为声音很低，又是用本国语言或本地方言，对方不是听不见、听不清，就是听不懂。其实，这样做是很危险的。对方或许有人能听清、听懂你的语言，即使听不懂，但从你及你的同事的眼神、面部表情中就能判断出你们之间传递的信息内容。

因此，在谈判桌上如确有必要进行内部信息传递和交流，应尽可能采用暗语形式，或者通过事先约定的某些动作或姿态来进行，或者到谈判现场以外的地方去商量，以求保密。

除了上述两个方面应该注意以外，谈判人员还应注意培养自己良好的保密习惯。

第一，不要在公共场所，如车厢里、出租汽车内及旅馆过道等处讨论业务问题。

第二，在谈判休息时，不要将谈判文件留在洽谈室里，资料应随身携带。如果实在无法带走，就要保证自己第一个再度进入洽谈室。

第三，如果自己能够解决，那么最好不要叫对方复印文件、打字等。如果迫不得已，应在己方人员的监督下完成，而不要让对方单独去做。

第四，不要将自己的谈判方案敞露于谈判桌上，特别是印有数字的文件。因为对方可能是一个倒读能手。

第五，在谈判中用过而又废弃的文件、资料、纸片等不能随便丢弃，对方一旦得到，即可获得有价值的情报。

### （三）谈判时间的管理

时间的运用是谈判中一个非常重要的问题；忽视谈判时间的管理，不仅会影响到谈判工作的效率，耗时长久而收获甚微。更重要的是，它有可能使我们在时间的压力下做出错误的决策。因此，从某种意义上讲，掌握了时间，也就掌握了主动。

1.谈判日程的安排

在客场谈判的情况下，做客谈判的一方总会受到一定的时间限制，在安排谈判日程时，要尽可能在前期将活动排满，尽快进入实质性谈判，以防止因时间限制而匆忙做出决策。为此，在客场谈判时，一定要有强烈的时间意识和观念，不能被对方的盛情招待所迷惑。

如果在主场谈判，由于我方在时间安排方面比较宽裕，应想方设法推迟进入实质性谈判，以缩短双方讨价还价的时间。为此在谈判的前半段，要尽可能安排一些非谈判内容，如游览、酒宴等，从而在谈判时间上赢得主动。

2.对本方行程的保密

客方确定何时回返，这是做东谈判的一方最想知道的信息。因为一旦掌握了这个信息，就可以有针对性地调整和安排谈判日程与谈判策略。因此，客场谈判时绝对不要向对方透露本方准备何时回返，预订机票、车票等工作应回避对方。

**【案例3-6】**

一个美国代表被派往日本谈判，闲谈中日本人问他："你是要按时坐飞机回去吗？我们好安排车送你返回机场。"当时美国代表未意识到时间期限的重要作用，他心中暗想："考虑得多周到啊！"于是不假思索地伸手从口袋里拿出回程机票给日本人看，好让他们知道什么时候送他。可是，他当时并没有察觉到日本人已经知道了他的"死线"。

尽管只有两周的期限，日本人却不及时开始谈判，反而继续派人陪同他去"体验日本文化"。一个多星期的时间，让美国代表尽兴旅游了整个日本。每天晚宴及"余兴"节目，都在4小时以上。美国代表时常焦急地督促日方赶快谈判，日方却总是说："不忙，还有很多时间，时间足够用。"最后，到了第12天谈判才正式开始。这一天的下午，日本人有意拉他一起去打高尔夫球，使谈判早早休会。第13天谈判重新开始，但由于饯行晚宴的关系，谈判很早又结束了。最后到第14天，亦即按预期将离开东京的最后时间，这时仍在继续谈判。正当谈判进行到关键时刻，等候送美国代表去机场的轿车已停在门外。为了不耽误计划行程，美国代表只得同日本人草草讨论条件，并赶在轿车开动前完成了交易。

不言而喻，这一次谈判以日方获胜而结束。这给美国代表以极深刻的教训。

资料来源：吴湘频. 商务谈判［M］. 北京：北京大学出版社，2014.

## 二、国际商务谈判后的管理

谈判后的管理主要是对签约以后的有关工作进行管理。

### （一）谈判总结

合同签订后，本方谈判小组应对本项谈判进行总结。总结的内容主要包括以下两个方面：

第一，从总体上对本方谈判的组织准备工作、谈判的方针、策略和战术进行再评价，即事后检验。据此，可以发现哪些是成功的，哪些是失败的，哪些方面还有待改进。同时，每个谈判人员还应从个人的角度，对自己在谈判中的工作进行反思，总结经验和教训。通过上述总结，可以有效地培养和提高本方谈判人员的谈判能力。

第二，对签订的合同进行再审查。虽然合同已经签字生效，在一般情况下没有更改的可能。但是，如果能尽早地发现其中的不足，就可以主动地思考对策，采取弥补措施，早作防范。

### （二）保持与对方的关系

协议的达成并不意味着双方关系的了结；相反，它表明双方的关系进入了一个新的阶段。从近的方面来看，合同把双方的关系紧紧地连接在一起；从远的方面而言，本项交易又为以后的交易奠定了基础。因此，为了确保合同得到认真彻底的履行，以及维持今后双方的业务关系，应该安排专人负责与对方进行经常性的联系，以使双方的关系保持在良好的状态。

（三）资料的保存与保密

对本项谈判的资料，包括总结材料，应编制成客户档案，善加保存。这样，在以后再与对方进行交易时，上述材料即可成为非常有用的参考资料。

在保存资料的同时，还应就有关资料的保密工作进行恰当的安排。如果有关本项谈判的资料，特别是关于本方的谈判方针、策略和技巧方面的资料为对方所了解，那么，不仅为对方在今后的交易中把握我方的行动提供了方便，而且也可能直接损害目前合同的履行和双方的关系。比如，谈判中在某个方面本来对方是可以不让步的，或者是可以争取到我方让步的，结果因我方采取了某些策略和技巧而使对方作了让步，或者没有争取到我方的让步。这一信息如果为对方所了解，必然心生懊悔，甚至产生想重新将之争取回来的想法。这样，其履行合同的热情与诚意就可能大打折扣，甚至荡然无存。

对于客户的档案，非有关人员，未经许可不得调阅，这应成为企业的一项制度。

（四）对谈判人员的激励

行为科学揭示了人有自我实现的需要，谈判人员总是希望通过出色完成任务来证明自己的价值，这种自我“激励”往往影响程度深、持续时间长，对于焕发谈判人员的创造潜力具有重要的推动作用。因此，无论是企业领导人还是谈判小组负责人，都应高度重视下属人员的这种自我实现的需要，充分承认他们的工作成绩，不断给予各种挑战与机会，让下属在工作中得到满足。当然，如果将外在激励与自我激励相配合，效果就更为理想。如足够的薪金、津贴及额外的奖金不仅是对谈判人员艰苦工作的补偿，也是对他们工作成效的一种认可；再如经历高度紧张磋商的谈判人员，其疲乏与劳累是不言而喻的，若能给予他们必要的休假与调整的机会，不仅有利于他们恢复过度消耗的体力与精力，而且能使其在心理上得到满足，使他们体会到上级主管对其工作价值的充分认识和承认。

## 第五节　国际商务谈判的物质条件准备

物质条件的准备工作包括两个方面：谈判场所的选择及谈判人员的食宿安排。从表面上看，这同谈判内容本身关系不大，但事实上，不仅联系密切，甚至关系到整个谈判的发展前途。

### 一、国际商务谈判场所的选择

谈判专家对于谈判地点的选择有两种意见：一种意见认为谈判地点不论设在哪一方都各有利弊。如果谈判地点设在我方办公室或会议室，其优点是：①可避免由于环境生疏带来的心理上的障碍，而这些障碍很可能会影响谈判的结果。②获得额外的收获。我方可借“天时、地利、人和”的有利条件，向对方展开攻势，以求让步。③可以处理谈判以外的其他事情。④便于谈判人员请示、汇报、沟通联系。⑤节省旅途的时间和费用。综合上述优势，谈判地点争取在己方的最有利之处在于己方可自由发挥，就像体育比赛一样，在己方场地举行，获胜的可能性就会更大。一些谈判学家所做的研究也证明了这一点。美国专家泰勒尔的实验表明：多数人在自己家的客厅与人谈话，比在别人家的客厅里更能说服对方。这是因为人们一种常见的心理状态，就是在自己的所属领域里，能更好地释放能量与本领，所以，行为成功的概率就大。这种情况也适用于谈判。

如果谈判地点设在对方，也有其优越性：①可以排除多种干扰，全心全意地进行谈判；②在某些情况下，可以借口资料不在身边，拒绝提供不便泄露的情报；③可以越级与对方的上级洽谈，获得意外收获；④对方需要负担起准备场所和其他服务的责任。

正是由于上述原因，在多轮谈判中，谈判场所往往是交替更换，这已是不成文的惯例。当然，谈判地点在哪一方还取决于许多其他客观因素，如考察生产过程、施工基地、投资所在地的地理环境等。有时，中立地点也是谈判的合适地点。如果预料到谈判会紧张、激烈，分歧较大，或外界干扰太大，选择中立地点就是上策。

但是，不论哪一方做东道主，都不应忽视对谈判地点的选择和谈判场所的布置。在某种程度上，它直接影响谈判人员的情绪及会谈的效果。

首先，谈判场所不要过于嘈杂，场所的光线、温度也要适宜。当然，从谈判战术的角度讲，就更有艺术性。日本老资格政治家河野一郎在他的回忆录中清晰地描述了20世纪50年代他与苏联领导人布尔加宁的一次谈判，就是利用环境的优势轻取对手。当他来到谈判会议室准备就座时，苏联人按惯例让他先行选择，河野环视了一下，就近选了一把椅子说："我就坐在这儿吧。"布尔加宁说了声"好"，便在河野对面坐了下来。事后，河野讲，他选的椅子在方向上是背光线的，谈判中他很容易看到对方的表情，甚至布尔加宁流露出的倦容。河野曾宣称这是他多年外交谈判的一个秘诀。

## 二、通信设施的完备

谈判人员能够很方便地发电传、电报及打电话，要具备良好的灯光、通风和隔音条件。在举行会谈的会谈室旁边，最好备有一两个小房间，以利谈判人员协商机密事情。主要谈判场所也可以配备一些专门的设施，供谈判人员挂些图表或进行计算。除非双方都同意，否则不要配备录音设备。经验证明，录音设备有时对双方会起到负面作用，使人难以畅所欲言。

## 三、谈判房间的布置

谈判房间的布置也很重要，如选择什么形状的谈判桌，怎样安排谈判人员的座位等。一般来讲，比较大型、重要的谈判，可选择长方形谈判桌，双方代表各居一面。但如果谈判规模较小，或双方人员比较熟悉，则可以选择圆形谈判桌，这样可以消除长方形桌那种正规、不太活泼的感觉。双方团团坐定，会形成一个双方关系融洽、共同合作的印象，而且彼此交谈容易，气氛随便。有时，出于需要，还可以采用任意排位方法就座，它适合于小规模的、双方都比较熟悉的谈判，或是比较特殊的谈判。例如，以色列和中东国家的和平谈判，由于双方的立场极为对立，要有中间调解人，即第三方出席谈判，为此，专门发明了一种T形谈判桌。有些谈判，还可以不设谈判桌，但要事先确定一种有效的信号控制方法，以便随时根据情况发出指令，控制局面。

与谈判桌相配的是椅子，椅子要舒适，不舒适使人坐不住；但也不能过于舒适，太舒适使人易产生睡意，精神不振。此外，会议所需的其他设备和服务也应周到，如烟缸、纸篓、笔、记事本、文件夹、各种饮料等。

## 四、食宿安排

由于谈判是耗费体力、精力的一种交际活动，因此，用膳、住宿安排也是会谈的内容。东道国一方对来访人员的食宿安排应周到细致、方便舒适，但不一定要豪华、阔气，按照国内或当地的标准条件招待即可。要根据谈判人员的饮食习惯，尽量安排可口的饭菜。许多外国商人，特别是发达国家的客商，十分讲究时间、效率，反而不喜欢繁琐冗长的招待仪式，但适当组织客人参观游览、参加文体娱乐活动也是十分有益的。它不仅能很好地调节客人的旅行生活，也是增进双方私下接触、融洽双方关系的有利形式，有助于谈判的进行。

# 第六节　模拟谈判

在正式谈判开始之前，虽然我们尽力收集了与谈判有关的各方面信息资料，在此基础上制订了详细的谈判方案，并进行了人员的配备，选择了相关的谈判策略，但这还不够，因为计划不可能是尽善尽美的，其背后仍然隐藏着许多问题。要保证谈判成功，常常需要采取模拟谈判的方法来改进和完善谈判的准备工作，检查方案可能存在的漏洞。尤其对一些重要的、难度较大的谈判，模拟谈判更显得有必要。模拟谈判是商务谈判，尤其是大型商务谈判准备工作不可或缺的组成部分。

## 一、模拟谈判的重要性

模拟谈判是在谈判正式开始前，按照既定的谈判计划先进行预演，并对在谈判中可能遇到的问题提出各种设想，以总结经验、发现问题，以便在实战中取得更好的结果。在谈判之前，我们往往都会根据掌握的信息资料进行谨慎的决策，并事先制定谈判目标和计划。但是谈判的过程是动态的，影响谈判进程的因素有可能会发生变化。谈判对手的决策与行为有很大的不可预知性，同时谈判人员手头掌握的信息资料也不一定完全准确。没有经过实践检验的谈判计划也会存在一定的不确定性。因此，在进行大中型谈判之前，模拟谈判是十分必要的。

模拟谈判的作用主要表现在如下几个方面：

（1）模拟谈判能使谈判人员获得临场的操练与实践，达到磨合队伍、锻炼和提高本方人员协同作战能力的目的。

（2）在模拟谈判中，相互扮演角色会暴露本方的弱点和一些可能被忽略的问题，帮助谈判小组及时找到出现失误的环节及原因，使谈判的准备工作更具有针对性。

（3）在找到问题的基础上，谈判小组可及时修改和完善原定的方案，使其更具实用性和有效性。

（4）模拟谈判可使谈判人员在相互扮演中找到自己所充当角色的比较真实的感觉，可以训练和提高谈判人员的应变能力，为临场发挥做好心理准备。

总之，模拟谈判是一种无须担心失败的尝试，可以启发和开阔人们的视野，有可能将预演中的弱点变为真实谈判中的优势。通过总结，谈判人员不但可以完善本方的谈判方案，而且可以在无敌意心态的条件下，站在对方的角度进行一番思考，从而丰富本方在消除双方分歧方面的建设性思路，寻找到解决难题的途径。

## 二、模拟谈判的任务和过程

### （一）模拟谈判的主要任务

模拟谈判的主要任务包括如下几个方面：

（1）检验本方谈判的各项准备工作是否到位、是否妥当，谈判的计划方案是否合理。

（2）寻找本方忽略的环节，发现本方的优势和劣势，从而提出加强和发挥优势、弥补或掩盖劣势的策略。

（3）准备各种应变对策。在模拟谈判中，须对各种可能发生的变化进行预测，并在此基础上制定各种相应的对策。

（4）在以上工作的基础上，制定出谈判小组合作的最佳组合及其策略等。

### （二）模拟谈判的过程

#### 1.提出假设

提出假设就是针对我方谈判计划、战术中的某个具体问题提出各种假设。比如，我方原先的战术安排是设想如果我方提高订货的数量，对方就会相应地降低售价。那么这个设想是否站得住脚呢？我们可以通过提出假设来检验它，如对方的货源是否充足。如果对方货源紧张，我方提高订货数量，甚至有可能出现相反的情况。又比如，我方订货数量是否对对方构成吸引力？如果对方的“胃口”较大，那么不把订货数量提高数倍，对方是不会轻易降价的。再比如，我方提高订货数量是否能够完成销售任务，国内市场的销售状况如何？如果我方提高订货数量，国内市场出现滞销情况，那么对我方同样是不利的。我们可以通过上述类似的方法，针对谈判计划中的一些具体问题提出假设，再根据相关的信息资料对这些假设进行评判。如果假设能够成立，那么我们就有必要去修正原先的谈判计划。此外，还应当注意的是，在针对某个问题提出假设的时候要思路开阔、举一反三，这样才能够帮助我们发现原先计划中的疏漏之处。

#### 2.集体模拟

仅就谈判计划中的某些具体问题提出假设、进行探讨，只是一种局部性的行为。要从宏观角度考察本方的谈判计划是否恰当，还需要通过集体模拟来实现。集体模拟是把我方人员分成两组，分别扮演真实谈判中的我方与对方，按照事先制订的谈判计划进行模拟演练。集体模拟的情形接近于真实环境，能够更有效地检验谈判计划、战术中的不足。因为提出假设的环境与进行集体模拟谈判有较大的不同，集体模拟谈判更有利于我方人员开阔思路，针对谈判计划中的某些问题提出对抗性的措施。同时，战术实施也是一个动态的过程，仅凭假设和想象是无法预料真实的情况的。

此外，集体模拟还有助于我方谈判人员积累应用相关战术的经验，这主要是指集体模拟可以帮助我方谈判人员操练战术，使我方谈判人员在实际谈判中做到不慌不忙、心中有数。

### （三）模拟谈判时应注意的问题

模拟谈判的效果如何，直接关系到企业在谈判中的实际表现。要想使模拟谈判真正发挥作用，就必须注意下述问题：

#### 1.科学地提出假设

模拟谈判实际上就是提出各种假设，然后针对这些假设制定出一系列对策，采取一定的措施。因而，假设是模拟谈判的前提，又是模拟谈判的基础，它的作用是根本性的。

假设在模拟谈判中包含的内容可以分为三类：一是对客观环境的假设；二是对自身的假设；三是对对方的假设。

为了确保假设的科学性，首先，应该让具有丰富谈判经验的人提出假设，相对而言，这些人的假设在实际谈判中发生的概率大；其次，假设的情况必须以事实为基础，所依据的事实越多、越全面，假设的精度也越高，切忌主观臆造；最后，我们应该认识到，再高明的谈判也不是全部假设到谈判时都会出现，而且这种假设归根结底只是一种推测，带有偶然性，若把偶然奉为必然去指导行动，那就是“险棋”。有的谈判老手总是能抓住对手的“假设的必然性”，出其不意地变换套路，实现己方的预期目标。

#### 2.对参加模拟谈判的人员应有所选择

参加模拟谈判的人员应该是具备专门知识、经验和看法的人，而不是只有职务、地位或只会随声附和、举手赞成的“老好人”。

一般来说，模拟谈判需要下列三类人员：

（1）知识型人员。这类人员能够运用所掌握的知识触类旁通、举一反三，把握模拟谈判的方方面面。同时，他们能从科学的角度去研究谈判中的问题。

（2）预见型人员。这类人员对于模拟谈判是很重要的。他们能够根据事物的发展变化规律，加上自己的业务经验，准确地推断出事物发展的方向。他们对谈判中出现的问题相当敏感，往往能对谈判的进程提出独到的见解。

（3）求实型人员。这类人员有着脚踏实地的工作作风，考虑问题客观、周密，不凭主观印象代替客观事实，一切以事实为出发点。他们对模拟谈判中的各种假设条件都小心求证，力求准确。

#### 3.参加模拟谈判的人员应有较强的角色扮演能力

模拟谈判要求我方人员根据不同的情况扮演场上不同的人物，并从所扮演的人物心理出发，尽可能地模仿出其在某一特定场合下的所思所想、所作所为。

心理学研究表明，谈判者作为生活在特定的社会与文化环境中的人，由于周围环境对他的复杂影响以及其自身从历史的经验和过去的认知感受中获得的教训，必然对周围环境做出独特的反应，并形成自己的个性。而一旦要扮演另外一个社会角色，谈判者往往会发生内心的冲突。根据这一情况，一方面，企业在安排模拟谈判角色时，要根据我方人员的性格特征有针对性地让其扮演类似的对方人员；另一方面，要求我方人员具有善于克服在扮演特定谈判角色（特别是这一角色与自己差距很大）时所产生的心理障碍，要善于揣摩对方的行为模式，尽量从对方的角度来思考问题、做出决定。

**4.模拟谈判结束后要及时进行总结**

模拟谈判是为了总结经验，发现问题，弥补不足，完善谈判方案。所以，模拟谈判的总结是必不可少的。模拟谈判的总结应包括以下内容：

（1）对方的观点、风格、精神；

（2）对方的反对意见及解决办法；

（3）自己的有利条件及运用状况；

（4）自己的不足及改进措施；

（5）谈判所需情报资料是否完善；

（6）双方各自的妥协条件及可共同接受的条件；

（7）谈判破裂与否的界限。

谈判总结涉及各方面的内容，只有通过总结，才能积累经验、吸取教训，完善谈判的准备工作。

## 三、模拟谈判的形式

模拟谈判有多种形式，如全景模拟法、讨论会模拟法和列表模拟法等。

**1.全景模拟法**

这是指在想象谈判全过程的前提下，企业有关人员扮成不同的角色所进行的实战性的排练。这是最复杂、耗资最大但往往也是最有成效的模拟谈判方法。这种方法一般适用于大型的、复杂的、关系到企业重大利益的谈判。

在采用全景模拟法时，应注意以下两点：

（1）合理地想象谈判全过程。有效地想象要求谈判人员按照假设的谈判顺序展开充分的想象，不只是想象事情发生的结果，更重要的是想象事情发展的全过程，想象在谈判中双方可能发生的一切情形，并依照想象的情况和条件，演习双方交锋时可能出现的一切局面，如谈判的气氛、对方可能提出的问题、我方的答复、双方的策略和技巧等。合理的想象有助于谈判的准备更充分、更准确，所以，这是全景模拟法的基础。

（2）尽可能地扮演谈判中所有可能出现的人物。这有两层含义：一方面是指对谈判中可能出现的人物都有所考虑，要指派合适的人员对这些人物的行为和作用加以模仿；另一方面是指主谈人员（或其他在谈判小组中起重要作用的人员）扮演一下谈判中的每一个角色，包括自己、己方的顾问、对手和对手的顾问。这种对人物行为、决策、思考方法的模仿，能使我方对谈判中可能遇到的问题、人物有所预见，同时处在别人的地位上进行思考，有助于我方制定更加完善的策略。正如一位美国著名企业家所说的那样：“任何成功的谈判，从一开始就必须站在对方的立场和角度来看问题。”对不同人物的扮演，还可以帮助谈判者选择自己所充当的谈判角色，一旦谈判者发现自己不适合扮演在谈判方案中规定的角色时，可及时加以更换，以避免由角色的不适应所引起的谈判风险。

**2.讨论会模拟法**

这种方法类似于头脑风暴法。它分为两步：第一步，企业组织参加谈判的人员和一些其他相关人员召开讨论会，请他们根据自己的经验，对企业在本次谈判中谋求的利益、对方的基本目标、对方可能采取的策略、我方的对策等问题畅所欲言。不管这些观点、见解如何标新立异，都不会被人指责，有关人员只是忠实地记录，再把会议情况上报领导，作为决策的参考。第二步，请人将谈判中各种可能发生的情况、对方可能提出的问题等列出，由谈判组成员一一加以解答。

讨论会模拟法特别欢迎反对意见，这些意见有助于谈判小组重新审核、拟订谈判方案，从多个角度、用多重标准来评价方案的科学性和可行性，不断完善准备的内容，提高成功的概率。国外的模拟谈判对反对意见十分重视。然而，这个问题在我国企业中长期没有得到应有的重视，讨论会往往变成“一言堂”，领导往往难以容忍反对意见。当讨论不是为了使谈判方案更加完善，而是表示赞成的一种仪式时，就大大违背了讨论会模拟法的初衷。

**3.列表模拟法**

这是最简单的模拟方法，一般适用于小型的、常规性的谈判。具体操作过程如下：通过对应表格的形式，在表格的一边列出我方经济、科技、人员、策略等方面的优缺点和对方的目标及策略，在另一边则相应地罗列出我方针对这些问题在谈判中所应采取的措施。这种模拟方法最大的缺陷在于它实际上还是谈判人员的一种主观产物，它只是尽可能搜寻问题并列出对策，至于这些情况是否真的会在谈判中发生，这些对策是否能起到预期的作用，由于没有通过实践的检验，因此不能讲这些对策百分之百是切实可行的。

## 讨论与思考

1.怎样进行谈判人员的配备？

2.商务谈判信息收集的主要内容包括哪几个方面？

3.谈判方案拟订有哪些内容？如何制订谈判的执行计划？

4.模拟谈判有哪些作用？如何进行模拟谈判的假设条件拟定？

## 拓展阅读

### 关于全球抗疫医疗产品的贸易谈判

2020年1月30日，世界卫生组织（以下简称世卫组织）宣布新冠肺炎疫情为“国际关注的突发公共卫生事件”（PHEIC）。随着疫情不断蔓延，世卫组织总干事谭德塞3月10日宣布，新冠肺炎疫情构成全球性大流行。截至5月26日，全球确诊人数已经超过540万，而且还有递增趋势。从各国抗击疫情的情况来看，抗击疫情成效实际上是医用物资后勤保障的竞争和较量。各国采取各种措施，组织医用防护服、口罩等疫情防控急需医疗物资的生产，甚至以保护国家安全的名义，要求汽车、航空、卫妆等行业迅速转产和复工，以多种方式扩大防护物资和医疗产品的产能和增加产量，推进医药研发和临床应用。同时，增加对重要防护物资和医疗产品的进出口贸易，扩大跨境政府采购和商业采购，力争保障国内医用物资供应。由于全球抗疫医疗产品供给远远少于需求，年初以来一些世贸组织成员采取了不同形式的进出口贸易限制措施。截至3月21日，54个国家（地区）采取了46项出口贸易限制措施，其中仅3月份出台的贸易限制措施就有33项。与此同时，仅有26个国家（地区）有能力生产和出口医用呼吸机，这意味着大多数发展中国家（地区）需要依靠进口贸易提供医疗产品来抗击疫情。

贸易谈判不仅需要谈判官员保持良好沟通，而且需要领导人的政治指导和实质性参与。3月26日，二十国集团（G20）领导人应对新冠肺炎特别峰会召开。峰会声明专门提及“应对疫情对国际贸易造成的干扰”，要求旨在保护健康的应急措施是有针对性、适当、透明和临时的，确保重要医疗用品和服务的正常跨境流动，协调应对措施，避免对国际交通和贸易造成不必要的干扰，解决全球供应链中断问题，实现自由、公平、非歧视、透明、可预期和稳定的贸易投资环境以及保持市场开放的目标。二十国集团贸易部长应对新冠肺炎特别视频会议于3月30日和5月14日分别召开。两次会议声明均要求保持市场开放、全球物流网络顺畅和持续运作，确保最需要的地方以可负担的价格尽快获得必需的医疗用品和药品，不采取不必要的贸易壁垒，并向世贸组织通报采取的相关贸易措施，增强透明度。对受疫情影响的发展中国家（地区）、最不发达国家（地区）及脆弱群体表示关心和支持，帮助中小微企业，并加强国际投资合作，监测和评估疫情对贸易的冲击，呼吁国际组织深入分析新冠肺炎对世界贸易、投资和全球价值链的影响，促进必需的商品和服务的投资和流动。实现抗疫医疗产品国际贸易正常化是二十国集团领导人和贸易部长关注的优先内容。通过开展全球抗疫医疗产品贸易谈判，进一步推动抗疫医疗产品跨境流动的自由化和便利化，有助于缓解疫情大流行对国际贸易的冲击。

2019年12月，世贸组织争端解决机制上诉机构陷入瘫痪，不少学者将此等同于世贸组织停摆，对如何改进世贸组织贸易争端解决功能进行了多角度探讨，却忽视了世贸组织同样重要的贸易谈判、审议监督和能力建设功能。无论是关贸总协定时代，还是世贸组织成立以来的各个阶段，货物和服务的市场准入谈判一直是多边贸易体制的重要支柱。新冠肺炎疫情引致世贸组织第12届部长会议延迟举办，原有的货物、服务等领域的谈判议题被暂时搁置，可能会影响世贸组织制定多边贸易规则和维护国际贸易秩序的声誉。

随着新冠肺炎疫情的全球蔓延，启动全球抗疫医疗产品市场准入磋商和谈判，不仅可以减缓医疗产品供求不平衡的压力，为发展中成员抗击疫情提供必要的物质基础，也能充实世贸组织改革的新领域，更好地发挥世贸组织作为全球贸易治理平台的作用。任何一项多边或诸边贸易协定，在发起谈判前都有前期的学术研究和数据统计积淀，这是世贸组织秘书处经济研究统计司职员人数领先其他司局的原因之一。开展全球抗疫医疗产品贸易谈判具有一些技术困难和政治障碍，比如谈判产品范围、阶段性降税模式、原料药供应和仿制药生产、主要世贸组织成员能否发挥引领作用、协调医疗产品的产业利益和贸易利益等。同时，全球抗疫医疗产品供应链安全问题也引发了世贸组织成员的担忧，贸易保护主义和单边贸易措施对开展新的贸易谈判形成了干扰。因此，推动全球抗疫医疗产品贸易谈判（属于传统货物贸易议题谈判范畴）既具有可行性，也面临一定的挑战，特别是发达成员的谈判立场和谈判意愿，亟须对这些问题进行进一步的深化研究。

对于中国来说，抗疫医疗产品具有产业利益，引领该议题下的贸易谈判具有重要意义。如果世贸组织成员能在全球抗疫医疗产品贸易谈判中取得不同程度的谈判成果，那么该谈判成果的最终归途应是多边化，即纳入世贸组织规则框架，这应是中国作为世贸组织主要成员之一，积极参与世贸组织改革和维护多边贸易体制核心价值的基本主张。

资料来源：刘园. 国际商务谈判［M]. 北京：中国人民大学出版社，2022.

# 第四章
# 国际商务谈判人员的素质与情绪调节

## 学习目标

【知识目标】

了解国际商务谈判人员应该具备的各方面素质；理解国际商务谈判人员的追求和规则意识；了解并掌握谈判人员情绪调节与控制的基本方法和技巧。

【育人目标】

理解在国际商务谈判中个人素养、规则意识和情绪管理与组织、社会乃至国家目标和形象的重要关系；掌握国际规则，学会情绪管理，树立良好国际形象。

【导读】

**“不怕骂，骂不怕”的秘书**

原中国对外经济贸易合作部副部长、中国“入世”谈判首席代表龙永图在谈判最困难的时候选调了一位秘书，他当时选秘书的标准竟然不是大家公认的勤勉、谨慎、体贴，而是令人难以理解的两个字——经骂。

龙永图为什么以这样的标准来选秘书呢？他说，当时处于谈判最困难的时候，脾气变得很暴躁，这个秘书有很多优点：第一，有经骂的情绪素质，承受能力很强，不会因为龙永图骂他就有别的想法；第二，有宽以待人的品性素质，从不妄议是非；第三，有专注敬业的职业素质，对“世贸问题”非常关注，其他不相关的事不怎么理睬。中美谈判成功之后，龙永图的脾气变好了，他也不再是最适合的秘书了，后来去读了博士。

对于选择秘书的具体标准和选定的秘书人员，我们都应该用动态的眼光看待。一个人在某个时间、地点、条件下，做某件事情比较合适；但当时间、地点、条件变了，就另当别论了。龙永图在中美谈判成功之后便把他的秘书送走，送到了一个更适合发挥他专长的地方，可以说是一种“与时俱进”的用人之道。

一个结构合理、素质过硬、知识全面、配合默契、行动有力的谈判队伍是谈判取得成功的关键。但同时，谈判工作是一个漫长而复杂的过程，不同阶段对谈判人员的素质要求也有所不同，应根据工作需要对谈判人员进行恰当而有效的配置。

资料来源：黄越．“不怕骂，骂不怕”——龙永图说他的秘书［J］．秘书之友，2002（6）：18-19.

# 第一节 国际商务谈判人员的素质要求

素质，其狭义概念指人的神经系统和感觉器官的先天特点；从广义上理解，不仅包括生理、心理两个方面的基本特点，也包含了一个人的知识修养和实际能力等方面的内容。一个优秀的谈判人员应具备怎样的素质？弗雷斯·查尔斯·艾克尔在《国家如何进行谈判》一书中曾提出："一个完美的谈判家，应该心智机敏，而且有无限的耐心。能巧言，掩饰，但不欺诈行骗；能取信于人，而不轻信于人；能谦恭节制，但又刚毅果敢；能施展魅力，而不为他人所惑；能拥有巨富，藏娇妻，而不为钱财和女色所动。"[①]

对于谈判人员的必备素质，古今中外向来是仁者见仁、智者见智的。但是，对于一些基本的素质要求却存在共识，并历来为众多谈判者所尊奉，主要包括：身体素质、道德素质、业务素质、心理素质、语言素质、礼仪素质等。

## 一、身体素质

身体素质是指人体在活动中所表现出来的力量、速度、耐力、灵敏度、柔韧性等机能，是一个人体力、精力强弱的外在表现。谈判工作不仅消耗脑力，更消耗体力，所以健康的身体对谈判人员具有极其重要的意义。

### （一）体力

俗话说"身体是革命的本钱"，整个谈判过程可能会持续很长时间。如果谈判人员由于时差、水土不服等原因身体不适，那么在谈判过程中可能就无法充分发挥自己的潜能、展现自己的实力；在双方交锋的那一刻，不能沉着冷静地对待各种尴尬局面、化解每一次僵局。因此，在国际商务谈判中，拥有良好的身体素质是谈判成功的基础。撒切尔夫人的"铁娘子"风范不仅表现在她的政治手腕与处世态度上，也反映在她可以在十几小时内完成对几个国家旋风式的访问中。哈墨博士在耄耋之年依然周游世界，亲自出马洽谈生意，是他得以在世界商务领域稳坐一方、受人敬仰的重要原因。这些政界、商界谈判高手的成就显然离不开其强健的体魄。

谈判是一项牵涉面广、经历时间长、节奏紧张、压力大的工作，往往耗费谈判人员极大的体力和精力。即便是主场谈判，作为东道主，接待客商来访，也要尽地主之谊，承受迎送接待、安排活动之累。因此，谈判人员除了平时加强身体锻炼，还要考虑时差、适应环境等问题，预留充分的休息时间，以便在谈判时保持充沛的体力。

### （二）脑力

谈判是既消耗体力又消耗脑力的人类活动，很多谈判都是时间紧、任务急，谈判人员如果休息不好，往往会头疼、疲倦、精力不济，那么就会严重影响工作效率。

国际商务谈判中，一般要求谈判人员精力充沛、思路敏捷、反应迅速。根据上述要求，选择谈判人员应当考虑其年龄，一般在35~55岁之间最为恰当。这个年龄段的谈判人员已经积累了一定经验，而且事业心、责任心和进取心也比较强，能够较好地处理谈

① 吴宗辉. 银行商务谈判与定价策略［M］. 南京：河海大学出版社，2009.

判中的各种突发情况。当然，根据谈判内容、要求的不同，也可以灵活调整年龄结构。

## 二、道德素质

道德素质，指人在道德方面的内在基础，是人们道德认识和道德行为水平的综合反映，包含一个人的道德修养和道德情操，体现一个人的道德水平和道德风貌。在涉外谈判中，谈判者不仅代表国家、企业和个人的经济利益，同时也代表国家、企业和个人的形象。因此，谈判者必须具备良好的政治素质和道德品质，具体体现在思想意识和道德伦理两个方面。

### （一）思想意识方面

#### 1.高尚的爱国主义精神

谈判者必须能正确处理好国家、企业和个人利益之间的关系，任何时候都要把国家和企业利益放在首位。那些为一己之私，接受对方贿赂，出卖国家和企业利益的人是不适合参与谈判工作的。

**【思政案例4-1】**

**大陆暂停参加第56届金马影展**

中国台湾电影金马奖与中国电影金鸡奖、中国香港电影金像奖并称“华语三大电影奖”。官方信息显示，金马奖是华语影坛历史最悠久的电影奖项，自1962年创立以来已经举办了55届。

2018年第55届金马奖颁奖礼上，获得最佳纪录片的导演傅榆（中国台湾）公开发表“台独”言论，引起了大陆电影人及公众的愤怒。2019年8月7日，国家电影局发布声明，暂停大陆影片和人员参加2019年第56届台北金马影展。中国香港多家电影公司纷纷表态，取消参加金马奖。随后BBC中文网对傅榆专访中称，有人批评她打破了金马奖长期以来不谈政治的默契，可能会毁了金马奖。

国台办发言人马晓光也对此严肃表示，金马奖是两岸电影人展开交流的平台，两岸同胞应该共同珍惜。一些政治势力利用两岸电影交流活动发表“台独”言论，制造政治事端，这种行径不得人心，希望两岸影视界和相关人士共同抵制。

“一个中国”原则是我国政府开展外交、商务、文化活动的基本原则，也是实现和平统一的基础和前提。任何活动都必须坚持这一基本原则，商务活动也不能例外。

资料来源：陈芳. 国际商务谈判与礼仪［M］. 合肥：安徽大学出版社，2020.

#### 2.强烈的事业心

谈判者对待谈判工作既要有强烈的事业心，又要有高度的责任感，同时，在谈判中还要有诚心、耐心、信心和创新精神。商务谈判是一项既竞争又合作的活动，没有顽强的进取精神是难以使谈判取得成功的。

#### 3.崇高的责任感

谈判者要注意个人道德修养，在谈判过程中严格遵守团队纪律，注重个人操守，抵制住花花世界的诱惑，不做有损国格和团队形象的事情。同时，在谈判场合要举止优雅、谈吐大方、仪表端正、服饰得体，以赢得对方的尊重。

【思政案例 4-2】

### 谷歌与中国政府的谈判

尽管谷歌在世界许多国家和地区处于垄断地位，但在中国，它遇到了强有力的竞争对手——更具有本土化特点的百度。与此同时，谷歌在进入中国市场之后的几年间，不断挑衅中国法律和网络监管，风波不断。

2010 年 1 月 12 日，大卫·德拉蒙德在谷歌官方博客上发表了一篇题为《新的中国战略》的声明，拉开了谷歌与中国政府谈判的序幕，美国政府也对此事表达密切关注。刚开始，谷歌公司态度强硬，而中国政府也毫不让步。之后谷歌公司改变了态度，希望通过一系列温和的政策以示留在中国市场的决心。但随后，谷歌公司态度又出现了反复，再一次表达了强烈的利益诉求，中国政府不为所动，一直重申严肃监管的立场。同时，美国总统和美国国务卿均就此次事件表态。

2010 年 3 月 23 日，谷歌公司将搜索服务由中国内地转至中国香港，这一阶段的谈判告一段落，最终谷歌公司并未得到自身的利益诉求，退出了中国内地市场。美国国务院表示，谷歌的做法是商业决定，国务院并未介入，但重申了支持互联网言论自由的立场。

涉外谈判人员要坚决维护国家、民族和本企业利益，坚决维护国家和民族尊严。在谈判活动中，自觉遵守组织纪律，坚持原则，尽最大努力争取商贸谈判的成功。如果遇到损害本国利益的谈判条件，绝不能妥协。本案例中，中国政府不受谷歌的威胁，表明了自己坚定的立场。

资料来源：陈芳. 国际商务谈判与礼仪［M］. 合肥：安徽大学出版社，2020.

**（二）道德伦理方面**

俗话说“做事先做人”，双方谈判人员既然秉承诚心合作的意愿进行谈判，那么这时候首先应关注的是对方谈判人员能不能够让人信服，即关注的是对方的为人处世。在谈判过程中，谈判人员必须做到遵纪守法，不能用违法手段来达到谈判目的，如行贿、欺骗、使用暴力等，国际商务谈判人员还应具备良好的道德修养，体现在：

（1）信誉意识。信誉被视为商务活动的生命线，国际商务谈判人员应高度重视并维护企业良好形象，反对背信弃义谋取企业利益的做法。

（2）合作意识。谈判人员应自觉地将真诚合作看作一切谈判的基础，以互惠互利作为谈判原则，善于借助一切可借助的力量实现自身利益，将竞争与合作有机统一起来。

（3）团队意识。谈判人员应具备对本企业的认同感、归属感和荣誉感，谈判组织成员之间应具备向心力、凝聚力，团结一致、齐心协力。

【思政案例 4-3】

2009 年 7 月，世界三大铁矿石巨头之一澳大利亚力拓公司雇员胡士泰、王勇、葛民强、刘才魁被上海市国家安全部门实施刑事拘留。上海市安全部门称，胡士泰等 4 人采取不正当手段刺探窃取中国国家秘密，从力拓上海办事处电脑发现了我国宝钢、首钢等中国数十家公司的每月原料库存、生产安排、销售情况等详细技术分析和各生产流程的准确参数。据称，在“中国钢铁企业联盟”（简称“中钢协”）与代表西方钢铁业联盟的“力拓”公司的铁矿石贸易的谈判中，对方通过私下收买等方式大肆打探我矿石贸易价格底线等相关商业情报，致使我国在谈判中处于被动地位，使得国家经济利益遭受重大损失。据报道称，过去6年中“力拓”的商业间谍“迫使中国钢企在近乎讹诈的进口铁矿石价格上多付出7 000多亿元人民币的沉重代价”。2009年8月，胡士泰等4人被上海市检察院正式批捕时的罪名则降格为“涉嫌侵犯商业秘密罪和非国家工作人员受贿罪”。2010年2月10日，上海市人民检察院第一分院对胡士泰等4人涉嫌非国家工作人员受贿、侵犯商业秘密罪一案，向上海市第一中级人民法院提起公诉。2010年3月，上海市第一中级人民法院对力拓案做出一审判决，认定该案4人犯非国家工作人员受贿罪、侵犯商业秘密罪，分别判处其有期徒刑14年到7年不等。2010年5月，上海市高级人民法院经审理认定一审判决事实清楚，证据确实、充分，适用法律正确，量刑适当，审判程序合法，终审裁定驳回上诉，维持原判。

侵犯商业秘密以及进行商业贿赂是不正当的竞争行为。国际商务谈判应以合法为前提，不违背国际、国内法律法规，不违背公众道德伦理，以正当竞争的手段达到存异趋同的目标。

资料来源：康均心，虞文梁. 论企业在涉外经济活动中的商业秘密保护——以“力拓案”为视角[J]. 武汉公安干部学院学报，2015，29（1）：9-13.

（三）业务素质

业务素质是指相关业务人员在完成业务活动过程中所具备的综合能力，是客户对业务员的主客观认可。良好的业务素养可以促成业务、维系客户关系。

商务谈判人员需具备一定的基础知识和专业知识。基础知识是一个人智慧和才能的基石，专业知识则决定一个人知识的深度和从事本职工作的能力。作为国际商务谈判人员，知识面越宽，应变能力就越强，专业层次越深，就越能适应谈判的需求。

一个理想的商务谈判者除了必须掌握贸易理论、市场营销等必备知识，还要熟悉经营策略、商品运输、财务管理等知识，了解本专业范围内的产品性能、维修服务、成本核算等专业知识，熟悉各国文化习俗和谈判思维，善于化解谈判冲突。

1.外贸知识

每一场国际商务谈判的目的都是双赢，而双赢实现的途径就是交易的达成。商务谈判的核心是价格、支付方式以及交付货物的方式。所以，谈判人员必须掌握完整的外贸知识体系，也需要了解对外贸易政策与对外贸易实务，比如不同支付方式的风险和优点，各种价格条款下价格的核算，一般的保险费和运输费用等。谈判人员只有对这些知识掌握清楚，才能在谈判过程中应用自如，才能够清楚己方的让步程度以及实现自己的最大利益。一个成功的国际商务谈判者一定要有扎实的外贸专业知识。

2.产品知识

掌握产品知识是国际商务谈判人员谈判的前提。谈判是围绕产品展开的，所以每个谈判人员都应对谈判交易的产品了如指掌，如卖方产品在行业当中处于什么样的档次、竞争对手产品的优劣势等。俗话说：“王婆卖瓜，自卖自夸。”其实这是一种非常值得提倡的营销之道。谈判人员基于对产品的清晰理解，详尽展示产品具备的优势，才能使对方信服，顺利达成交易。

涉及产品的技术问题了解起来可能有一定困难，但关于产品的基本技术指标要能够阐述自如。谈判人员还要对行业内的质量标准、行业内部发展动态，特别是竞争对手的状况、竞争产品的特点有非常详细的了解，而非简单地否定别人的产品。只有这样，才能有理有据地说服谈判对手。

**3.文化知识**

不同于国内贸易，国际贸易会涉及不同国家的文化背景。以往的国际商务谈判表明，文化差异是决定谈判成败的关键因素之一。文化差异在国际商务谈判中主要体现在谈判方式、谈判风格、谈判决策过程、人际关系等方面。这些差异都是因为不同民族在思维方式、政治制度、风俗习惯、信仰、传统等方面的不同而形成的。例如在中东地区，有很多穆斯林，他们认为左手常接触污秽物，不干净，故在人际交往中，忌用左手传递物品。所以，一个成功的谈判者应充分了解对方国家文化与本国文化的差异，避免在谈判过程中因犯文化性错误而导致谈判失败。

在谈判过程中，为确保谈判取得成功，谈判人员要在坚持本国文化传统的同时，学会欣赏、尊重、顺应对方国家的文化，接受文化差异，抛弃文化偏见，避免文化冲突，例如，宽容有些国家商务谈判人员由于长期生活习惯所形成的迟到、散漫等现象。

**【思政案例4-4】**

**入乡随俗的翻译**

1954年，周恩来总理去参加日内瓦会议。他带去了国内新拍摄的影片《梁山伯与祝英台》，准备在会议间隙放映。当时负责新闻联络的熊向晖请英文翻译写了16页纸的说明书介绍剧情，并把片名译为《梁与祝的悲剧》，以期对外国人看懂这部影片有所帮助。说明书送到周总理那里，周总理说："只写一句：请您欣赏一部彩色歌剧影片——中国的《罗密欧与朱丽叶》。"结果放映时，座无虚席，连过道上都站满了人。第二天，各大报纸都报道了《梁山伯与祝英台》的放映情况。一位记者在文章中说："太美了，比莎士比亚的《罗密欧与朱丽叶》更感人！"还有一位记者说："简直忘了是在看电影，好像我也到了梁祝身边。"

资料来源：陈芳. 国际商务谈判与礼仪［M］. 合肥：安徽大学出版社，2020.

当然，对方也应该具有文化平等意识，理解和尊重我方文化，克服文化上的民族中心主义和种族主义。也就是说，谈判双方在文化方面要相互顺应，相互尊重，共同努力，在互利双赢的基础上达成协议。

**（四）综合知识**

在国际商务谈判过程中，双方谈判人员往往是第一次见面，就算有过交谈，也是在电话中或是网络上。因此，在谈判过程中，找到共同话题并营造轻松的谈判氛围是谈判成功的前提。知识面越宽，洞察力就越深，分析力就越强，找到共同话题的可能性就越大。如果谈判者孤陋寡闻、知识贫乏，即使他手中掌握着决策权，往往仍是事倍功半。而一个全能型的谈判者由于有知识的底蕴，就能在商务谈判活动中挥洒自如、游刃有余，在气质上、精神上就能引起谈判对手的敬重，博得对方的好感。这种综合知识的能力在谈判过程中就显得尤为重要。

## 三、心理素质

心理素质是人整体素质的组成部分，它以自然素质为基础，在后天环境、教育、实践活动等因素的影响下逐步发生、发展起来。心理素质是先天和后天的结合，情绪内核的外在表现。

在商务谈判过程中，谈判对手会设置很多障碍，也会有各种突发情况出现，在这种情况下，谈判人员需要具有良好的心理素质，能够在各种压力和挑战面前沉着冷静，从而在谈判中取得胜利。

### （一）积极乐观的态度

国际商务谈判充满了变数，常常谈了几天几夜，可临到最后却突然因为一个小小的问题而破裂，这就要求谈判人员拥有积极向上、不屈不挠的态度。举个简单的例子，同样是在沙漠中迷路走了几天几夜、弹尽粮绝的两个人，其中一个人叹了口气道："唉，我们只剩下半瓶水了。"然后颓然倒下，再也没有爬起来。而另一个人却高兴地说："哈，我们还有半瓶水。"然后继续前进，最后终于走出了沙漠。由此可见，谈判人员拥有积极乐观心态的重要性。

理想的谈判人员应具备良好的性格和气质，比如热情开朗、言谈风趣幽默、才思敏捷，能够克服困难、经得起挫折的考验。谈判人员经常面临一群陌生人在一起交谈的工作情景，气氛往往比较沉闷、拘谨。在这种情况下，人们的心态大多比较紧张、警惕。如果谈判人员具有开朗的性格，用言行冲淡这种压抑的气氛，使在场的每一个人放松下来，彼此渐渐融洽，就很容易让双方敞开心扉，争取主动。

### （二）自信心

谈判人员还应具备较强的自信心，即相信自己企业的实力和优势，相信集体的智慧和力量，相信谈判双方的合作意愿和光明前景，具有说服对方的自信和把握谈判的自信。没有自信心，就不可能在极其困难的条件下坚持不懈地努力，为企业争取最佳的谈判成果。当然，自信心的获得建立在充分调查研究的基础上，建立在对实力科学分析的基础上，而不是盲目的自信。

谈判是一项艰难的工作，缺乏自信的人是很难战胜对手的，除非对手比你弱很多，有时甚至要知其不可而为之。一旦展开，就要依照自己的标准与原则，勇往直前，全力以赴。

在谈判桌上，各方往往各抒己见、互不相让。若表现出充分的自信，会给对方很大的精神压力，对方会觉得你是难以战胜的，因而在希望成交的前提下主动做出让步。所以，在谈判中，不管遇到什么样的困难和压力，都要有坚持到底的决心和必胜的自信。即使想求和，也要不卑不亢。

不过自信的表露不是给人以自傲、自负、难以接近的感觉，而是在热情亲切、平易近人中体现出自信，显露出不可抗拒的力量，他人更信任、更敬佩你，这在谈判中是十分有利的。

### （三）耐心

商务谈判不仅是双方智谋的较量，同时也是双方耐心的较量过程。在国际商务谈判过程中，特别是到了僵持阶段，耐心成为考验谈判者的一项重要指标。很多谈判者往往会因为丧失耐心，急于求成，担心失去商机而放弃了进一步的争取，从而失去为己方争取进一步利益的可能性。

耐心体现的是一种心理素质，具体表现为不急于求成，能够很好地控制自己的情绪，从而掌握谈判的主动权；同时，耐心可以帮助我们较多地倾听对方的意见，从而了解、掌握更多的信息，特别是谈判中的隐性信息，并加以分析，从中得出对己方有价值的资料。

国际商务谈判中，有耐心的一方往往能够坚持到最后而获得较多的利益，而耐心较弱的一方往往会草率地做出决定，最终将自己的一部分利益拱手让给对方。耐心是谈判者心理成熟的标志，也是谈判者气质的体现，更是谈判者自信心的体现。在谈判过程中，偏激的语言、草率的态度都有失谈判者的风度。所以，谈判双方在遇到不同意见的时候，一定要表现出极大的耐心，必要的时候可以采取中场休息或转移话题的方式缓和紧张的气氛，之后再采取双方容易接受的方式扭转僵局。

需要指出的是，耐心不同于拖延。在谈判中，人们常常运用拖延战术打乱对方的计划，借以实施己方的策略。耐心则主要是指人的心理素质，从心理上战胜对方。

在谈判活动中，谈判人员只有自始至终保持耐心，才能应付各种艰难复杂的谈判情况。弗朗西斯·培根在《谈判论》一文中指出："于一切艰难的谈判之中，不可存在一蹴而就之想，唯徐而图之，以待瓜熟蒂落。"

### （四）洞察力和应变能力

洞察力指谈判人员在谈判过程中察言观色、审时度势、探究本质的能力，有助于正确把握和了解双方的谈判态势，从而采取相应的措施。尼伦伯格在《谈判艺术》一书中认为："老练的谈判家能把坐在谈判桌对面的人一眼望穿，断定他将采取什么行动和为什么行动。"

每个谈判人员都有自己的谈判风格。有的谈判人员喜欢果断干脆，不喜欢就一个问题花上过多的时间。如果面对这样的谈判人员，拖拖拉拉会招致对方反感，一定要根据对方的风格适时做些策略调整。有的谈判人员喜欢仔细斟酌才敲定一项条款，当遇到此类谈判人员时，就要对每个条款仔细研究后再作决定。

同时，谈判双方许多隐性的表现往往比语言文字更能传递谈判的气氛以及对手的心态。良好的洞察力会帮助谈判者准确捕捉这些稍纵即逝的信息，例如一个手势、一个眼神都有可能传递对方的心态，人们可以通过对方对回答的反应来判定对方的状态。当己方报出价格后，如果能够迅速捕捉到对方的反应，会非常有利于分析己方报价的成效，从而制定相应的还价与让步策略。一个有能力的谈判者，必定对他所听到的对方回复细致分析，提出疑问，并且能够根据已知的信息做出假设，以此确定对方说辞的真伪。在持久的谈判中，可多次问对方同一个问题，看是否会得到同一个答案。同时认真聆听对方的陈述，只有从细枝末节中仔细观察，才能了解对方的真实意图。

合格的谈判者要随时根据谈判中的情况变化及有关信息，透过复杂多变的现象，抓住问题的实质，迅速分析综合做出判断，并采取相应必要的措施，果断提出解决问题的具体方案。时间充裕的情况下，针对谈判内容的轻重缓急，做好方案设计，并随时做出必要的改变，以适应谈判场上形势的变化。时间紧迫的情况下，当机立断采取措施；否则可能因为优柔寡断、瞻前顾后导致错失良机。

当然，果断不等于武断。果断是一个优秀谈判者良好的心理素质、战略眼光、领导能力和专业知识等因素的综合反映，是建立在信息准确可靠、于己有利的基础之上的，为谈判双方节省了大量宝贵的时间和精力。

（五）冒险精神

著名的谈判专家亨利·基辛格说："在谈判桌上的结果取决于你的要求夸大了多少。"在谈判过程中，要大胆地表达自己的意愿，就算这个意愿对于对方来说是天方夜谭，谈判人员必须具备足够的勇气向对方提出尽可能多，甚至是苛刻的要求。因为当我们坐在谈判桌旁那一刻起，就是在为自己、为公司争取更多的利益。特别是对于一些实力相对较弱的谈判一方，害怕对方怀疑自己的想法，或者自己的实力，而被迫勉强接受一些条件是没有必要的。既然双方能够坐在一张谈判桌旁，就说明对方能从己方这里获得相应的利益，所以尽管提出己方需求及想法。

在市场经济快速发展的今天，决定企业命运的已不单是产品的数量，而主要是产品在市场上的综合竞争力。要使本企业的产品在市场上经久不衰，就必须做到"人无我有，人有我新，人新我优，人优我廉，人廉我转"。国际市场更是如此，激烈的竞争是造就当代经营者的巨大熔炉。它要求人们要敢于创新，勇于开拓，乐于冒险。

商务谈判中的风险无处不有，谈判人员无时无刻不在冒险。当谈判陷入僵局时，若妥协忍让，就在冒对方"得寸进尺"之险；若让步不大，又在冒达不成交易之险。谈判者一进入"角色"，就是一种冒险。这里的问题并不在于要不要冒险，而在于冒什么样的险和怎样去冒险。一个谈判高手在冒险时，总是注意三个问题：冒险不是铤而走险、冒险可以与人分担、冒险不会是稳操胜券。

## 四、语言素质

语言素质是指一个人掌握和运用语言的能力。谈判实质上是人与人之间思想观念、意愿感情的交流过程，是重要的社交活动。谈判人员应该善于与不同的人打交道，也要善于应对各种社交场合。这就要求谈判人员有较好的语言素质。

（一）谈判用语

商务谈判中的常见用语有5种，即礼节性的交际用语、专业性的交易用语、弹性用语、幽默用语以及诱导性用语。用语的基本要求是清晰、无太大歧义、充分、完整，能准确地表达意见和意思。

**1.礼节性的交际用语**

初次见面、故友重逢、分别辞行、祝贺或者慰问，通常会用到礼节性的交际用语。例如，"您好，很高兴见到您""请多指教""多多关照""希望保持联系"等。礼貌用语一般文明雅致、措辞恳切，使用时面带微笑。

**2.专业性的交易用语**

与交易有关的技术专业、价格条件、运输、保险、税收、产权、法律等行业习惯用语和条例法规的提法均属于专业性的交易用语。这是商务谈判者最基本的语言工具，一般起到明确义务、简化理解、提供交易手段等作用。专业用语一般是通用的，例如《国际贸易术语解释通则》下的11种贸易术语，每种贸易术语下的权利与义务都是确定的。商业用语充满了计算、风险与义务的划分，谈判人员应以严谨的态度使用该种语言。

**3.弹性用语**

说话委婉，留有余地，在适当的时候以暗示的方式表达自己的意思，往往能收到更好的效果。这一方面可以避免谈及一些不易说出口的请求，另一方面也能给自己留下较大的回旋余地。常见的弹性用语有“请恕我不能直接回答您的要求”“我们考虑一下，下次可以详谈”等。

**4.幽默用语**

幽默用语在国际商务谈判中用处极大，常用于调节气氛、化解尴尬与僵局，使谈判朝有利于自己的方向发展。例如，一个富翁请一位犹太画家为他画肖像，画好之后富翁却拒绝支付报酬，他的理由是：“你画的根本不是我。”画家说：“既然不是你，那我就给这幅画取名《贼》。”富翁没办法，只好付钱，并把这幅画改名为《慈善家》。

**5.诱导性的用语**

巧妙的诱导语，可激发需求，刺激消费。比如：“这种产品有大小两种，不知您愿意选择哪一种，不过我想是不是大的比较好呢?”或者“我觉得我们可以在未来的合作中加入这一点……”等。

### （二）语言能力

**1.语言表达能力**

美国企业管理学家哈里·西蒙说过：“成功的人都是出色的语言表达者。”谈判本身是一个交流信息和磋商的过程。如果谈判双方都能充分了解对方的意图，谈判就能顺利地进行。相反，如果双方不能相互理解甚至相互误解，就很难达成协议，即使达成协议，其效力也会大打折扣。因此，一个优秀的谈判人员必须具备高超的语言技能，从而可以有效地表达自己的思想和观点。

商务谈判中，准确、生动、幽默的语言可以缓和紧张的谈判气氛，化解矛盾，帮助谈判取得成功。具体地讲，谈判者必须能清楚、流利、准确地表达自己的意见，陈述磋商的条件和协议的内容。陈述时尽量不使用意义模糊、会引起误解的词语。谈判者最好具备一定的外语能力，这样在商务谈判时自己就能判断翻译人员是否准确地转述了对方或己方话语的含义，及时消除因翻译不当而引起的误解。

**2.语言理解能力**

除了语言表达能力，谈判者还应具备准确理解和分析对方话语意义的能力。及时、准确地了解对方的意图是采取相应对策的前提。

（1）认真倾听，准确理解。首先要做到认真倾听并理解对方的意思。集中注意力，了解对方观点，理解他们想要表达的意思，并不时地插一句：“如果我没有理解错的话，您的意思是不是……”对方会因为有人倾听并且听懂其意而感到满足。

（2）考虑对方需求。考虑对方需求，理解对方压力，但同时表达己方观点。态度积极，措辞明确，清楚表达对方观点中的长处。不妨说：“您的理由很充分。我表示理解，但是……”理解对方，但同时又绝不赞同对方的意见。只有让对方确信你领会了他们的意思，才可能向他们阐述自己的观点，大大增加双方根据实际情况进行调整的可能。

(3) 了解隐含之意。在国际商务谈判中，英语是通用语言，一些字面意思之外的隐含之意会以各种形式大量出现，生动形象地传达商务信息。如果我们能正确理解谈判对方话语的隐含之意，就能更好地沟通与合作。我们要理解英语语境中的隐喻可能会存在一定难度，这就需要平时在对外商务活动中多看、多记、多积累，提高对英语隐喻的敏感性和理解力。

#### (三) 交际能力

国际商务谈判中，有很多情况都是同一客户与自己多次打交道，或者对方是自己潜在的长期合作对象。这时候，双方建立互信互重的友谊对于谈判工作的顺利进行很有好处。因此，谈判人员要能够与不同类型的人友好相处，充分显示人格魅力，善于交朋友，让对方信任你。

商务谈判人员要善于赞美别人。称赞是对他人的肯定，交往中注重肯定对方的价值，有利于谈判双方建立融洽的关系。俗话说“良言一句三冬暖”，与客户见面时，简单几句赞美的话语能迅速拉近彼此距离，往往可以收到出其不意的效果。选择恰当的时机和适当的表达方式对对方进行赞许是增进彼此感情的催化剂。

谈判人员还要善于化解冲突。当谈判陷入僵局时，积极沟通、澄清误会、消除障碍，找到解决问题的方法，有效解决冲突，化解矛盾。

### 五、礼仪素质

除了身体素质、道德素质、业务素质、心理素质、语言素质之外，国际商务谈判人员还应具有稳定的礼仪素质。

礼仪素质指人在礼仪方面所具有的相对稳定的基本品质。《三字经》有云：“为人子，方少时。亲师友，习礼仪。”孔子也曾说过：“不知礼，无以立。”中国自古以来就是一个非常重视礼仪的国家。礼仪是一个人修养的反映，在商务谈判中，也是影响谈判气氛与进程的一个重要因素。

#### (一) 外塑形象

无论是在国际交往中，还是在国内交往中，员工的个人形象代表着组织的形象，代表产品和服务的形象，特别是国际商务谈判人员，一定要学会如何在不同场合展示自己以及维护自身的良好形象。

(1) 仪容端庄。仪容是个人形象的重要组成部分，是留给别人的第一印象，仪容端庄是个人礼仪的基础规范。

(2) 服饰得体。服饰穿戴应遵循国际通行的“TPO”(Time、Place、Object) 三原则，即穿着要应时、应地、应己。

(3) 仪态优雅。国际商务谈判人员的仪态举止应体现秀雅合适的行为美，即“站有站相、坐有坐相、行有行相”，工作紧张而不失措，休息时轻松而不懒散，与宾客接触时有礼而不自卑。

（二）内修涵养

除了外在形象，内涵修养也反映了一个人的综合素质，是优秀商务谈判人员的亮点。恰到好处地展示自身的内在素质对于国际商务谈判人员来说非常重要。谈判人员的内涵修养主要体现在言谈举止上。

言语体现谈判者的修养水平。说话时要注意对方的心态和时机，密切注意对方是否感兴趣、接受程度怎样，以便根据实际情况及时调整话题。在社交场合使用一些约定俗成的客套话，讲话要富有情感。与人交谈时，神情专注，态度诚恳。当对方说话时，认真倾听，并伴有一些交流的体态语，如点头等。说话要有角色意识，要注意自己和对方的身份，不能主次不分、没大没小。还要注意场合，考虑措辞。

谈判者的行为举止要注意情境、角色、距离等，应恰到好处。在办公室、谈判桌、宴会等不同场合表现出来的举止神态应符合情境，符合自身身份，有角色意识。尤其是特殊人物的举止更要格外关注。在社交活动中，距离的远近具有特定的含义，因此要注意保持合适的距离。

（三）社交规范

掌握规范的社交礼仪，能为谈判营造和谐融洽的气氛，进而建立、保持、改善人际关系。

会面时，得体、恰当的寒暄会使对方如沐春风，不仅反映出自身的修养，还能体现对对方的尊重，甚至影响双方关系的发展。寒暄有时需要行礼，行礼要符合国情，适合常规。

介绍要简单明了，内容规范，态度应自然友善，实事求是。介绍应选择合适的时机，还要掌握分寸，言语得当。

在谈判过程中，要遵守一些谈话礼仪准则，包括尊重他人、谈吐文明、话题适宜、善于倾听、以礼待人等。谈判过程中的用语是非常重要的，在恰当的时机选择适当的词语表明自己的立场、观点、态度，注意语速、语调和语气。

在谈判过程中，有时会通过宴请加强双方交流、增进彼此感情。宴请礼仪在国际商务礼仪中占有非常重要的地位。中餐和西餐的就餐礼仪有较大区别。

## 第二节　国际商务谈判人员的追求与规则意识

### 一、谈判者的追求

谈判者的追求指的也就是谈判目的，即谈判者在整个谈判过程中要实现的目标。这样，谈判者的追求目标会贯穿整个谈判过程的始终，直接影响谈判。因此，科学、合理地把握谈判者的追求，对于谈判有着巨大的意义，下面简单介绍几种谈判者的追求类型。

（一）可能的追求

从大量的谈判实务综合分析来看，谈判者的追求主要有以下5种可能的追求目标：

（1）为了企业和国家利益。谈判者追求在整个谈判过程中为自己所在的企业获得最大的经济效益或为国家和民族争取最大的利益。对自己的业务要求精益求精，思想作风要求谦虚谨慎，工作作风要求优质高效，对谈判伙伴要求集思广益，一切言论与行为全部围绕“追求企业与国家的最大利益”。

（2）为了完成工作。有的谈判人员，仅仅将自己所承担的谈判任务看成自己维持生存的工作。因此，他们追求的是“谈判的结束”，而不是谈判的效果，在谈判的整个过程中，他们按部就班，依作息时间表行动。只要完成工作，至于谈判对手的心理感受如何则不予考虑。

（3）为了客户。谈判者的目的是迎合客户的要求，客户同意就同意，客户反对就反对，至于客户的同意与反对是否客观、合理则是次要的。

（4）为了晋升。有的谈判者面临晋升的机会，可以去追求谈判成功以作为“晋见礼”，特别是该谈判者在企业中正处在提升的关口，接受了谈判任务时。如果谈判成功，就可以作为业绩示人，并在上司面前表功。因此，在谈判的过程中，更注意上级的态度、同事的反应、谈判的成功；至于谈判结果的公正性与合理性则是第二位的。

（5）为了钱财。有的谈判人员则是以谈判业务作为自己谋求利益的手段，追求个人经济利益的得失。因此，该种谈判人员关注的不是谈判结果对委托人如何，而是生意成交之后能够给自己带来多少利益。

### （二）不同追求心理的利用与防范

谈判者的各种追求可能给谈判带来消极或积极的影响。如何利用对手追求目标的积极因素，堵住自己的心理漏洞，是十分重要的。

（1）成功判断谈判对手的心理追求。判断对手追求的目标是利用心理追求的前提，要判定对手的心理追求，必须在谈判交锋一开始即注意对手的心理追求；除了观察之外，还应根据对方的言谈或其助手的言谈举止、自己有意识的旁敲侧击、非正式或正式的谈话等信息予以核实。

（2）不失时机地利用追求的心理。优秀的谈判者总是将对手的追求心理作为自己运用策略的依据，谈判实务证明效果良好，因为从谈判者的内心世界下手，自然容易动摇其谈判立场。所谓利用，主要是从两个角度而言：乘虚而入和借力而用。

（3）注意保护自己心理追求上的秘密。这里所谈的保护，主要指的是不要被对手利用，不要毫无顾忌地表现自己的心理追求。一般而言，谈判者的心理是个人的秘密。说到保护个人心理秘密，当然不是指保护追求个人私欲、财迷心窍的心理追求的秘密。由于时间的限制及各种复杂的因素，谈判者不可能在心理追求定位完美的情况下上阵，那么，消极的谈判心理追求一定存在。为了不被对手利用，就要保守秘密。所以，无论是消极的还是积极的心理追求，谈判者都要在谈判中注意保密。

### （三）谈判者追求心理阶段变化的对策

谈判者的追求变化较多，在阶段性的谈判中更可明显地看到这种变化。在谈到对策时，自然包括双方的追求心理。

#### 1.己方追求心理阶段变化的对策

对于己方，要注意3种可能的追求心理因素。

（1）饱而不贪。所谓饱而不贪，即谈判的基本目标已实现，可以扩大战果，但不可以“吃双份”。许多谈判者经过努力实现了自己的谈判目标，就加大谈判压力，试图争取更大的战果。从工作责任心的角度应该赞赏，但是从谈判规律的角度来看，应该分析评论。如果谈判双方势均力敌，你的条件所得也应包括对方的“努力”，对方的“努力”包括其“自卫与进攻”的行动。一般而言，该结果应该就是终局，若再任意加条件就可能起到反作用。

（2）饥而不急。所谓饥而不急，指的是在谈判的过程中得到的结果离己方的要求差距很远时，不能急躁。从谈判实务的角度来看，有时以硬派作风出现的谈判人员向对手施加压力，强迫对手做出让步，这时可能会使谈判氛围骤变，把对手吓跑。所以，谈判时单方不应该着急，着急对于谈判无益，并且谈判结果属双方共有而不是单方所有，所以应该是双方协商而不是单方的压迫可以解决问题的。

（3）荒而不慌。所谓荒而不慌，指的是当谈判的过程毫无进展时，或者谈判对手强硬的态度让自己感到无所适从时，不应该慌乱。

一旦出现这种情况，要冷静思考，分析出现这种情况的种种可能原因，然后根据谈判对手的各种现实表现来判断自己的分析是否正确，再根据分析的结论来采取不同的对策。

### 2.对手追求心理阶段变化的对策

对于谈判对手的可能追求，要密切注意两种可能的追求心理因素。

（1）予之不松。所谓予之不松，指的是在谈判各阶段的变化中，对手可能因为谈判的进展而产生更大的欲望，使得谈判更难达成一致协议。具体做法是：要对手说明道理，给予对手让步的时机，控制每次让步的分量。因此，在每个阶段让步的过程中，要尽力扼制对手追求更大利益的欲望，扼制的手法是让对方说出理由并针对这些理由做出有力的反驳。另外，在谈判的途中，也要控制住让步的时机，不能让对手感觉获得这些利益很容易。

（2）紧之有望。所谓紧之有望，指的是在谈判的各阶段中，对手久攻不下，感觉非常沮丧时，要给对手一种希望，支持对手将谈判继续下去。具体做法是：在强硬时，不讲绝话，要留有活口——希望。例如，不讲“这是绝对不可能的……”，同时配上“对贵方的要求我们需要请示研究”“若在贵方立场会接受这样的条件吗”等说法。此外，还应该掌握紧的节奏。紧之有望，就是紧一紧，松一松；打一下，再摸一摸的做法。因此，在每个谈判阶段，要注意卡住紧的节奏。另外，在谈判的过程中语言的表达也非常重要，不要使用“绝”语，要让对手感到既有回旋的余地，但是想达到希望目标又有一定的困难。

## 二、谈判者的规则意识

从事商务谈判的人员，在商务活动中应该有坚定的商业规则意识，即商务谈判工作者在处理自己与谈判对象的关系、个人同企业和国家的关系时应遵守的行为规范和准则。

### 1.树立自己的商业信誉

一名成功的商务谈判者必须树立自己的商业信誉和谈判信誉。你可以不在乎外界对你的争议，甚至你也可以制造争议，但你不能失去信誉，否则就不是一个合格的商务谈判者，而是一个骗子。

商业信誉反映多层次多要素对企业声誉所产生的影响力，其内涵极其丰富，并且随着经济的发展和社会的进步，商业信誉的内涵也在不断扩展。西方制度经济学派认为商业信誉是指企业“已经建立起的惯例的业务联系，诚实可信的名声、商标、牌记、专利权、版权、法律保障或者保密的特别方法的专用权、特殊原材料来源的独家控制”。在现代，商业信誉已经扩大到产品质量、广告宣传、品牌策划、售后服务等多个方面，既包括企业有形资产的建设，也包括无形文化的发展。归纳起来，商务谈判者首先要树立的商业规则意识就是要注意自己的商品信誉和企业信誉。

**2.注意谈判分寸**

古语有云“毋以善小而不为，毋以恶小而为之”，说的是做人的道理；而商务谈判也是如此，不要因为利润少就不去谈判，也不要因为风险小就放松警惕，否则就会因小失大。

**3.慎重选择谈判搭档**

无论是团队还是个人，我们都渴望有商务谈判的黄金搭档，但无论是朋友、同事，抑或亲人，不一定是谈判搭档的最佳选择。你选择的谈判搭档一定是和你有一年以上合作经历的人，他必须是个实在而且能踏实干事的人，他考虑更多的是你们之间共同的利益，而这个共同利益高于个人利益。

**4.不要用黑白道的规则去解决谈判冲突**

商业有商业自身的游戏规则，如果商务谈判者不是专业的商业人员，也不能随便利用黑道规则去解决商业冲突和谈判冲突；同样，即使商务谈判者有很好的社会背景与资源，也不能轻易利用这些资源来解决商务谈判中的僵局。因此，商务谈判者就必须遵守商业中的一切游戏规则，合理利用市场规则去解决谈判冲突。

## 第三节 国际商务谈判人员的情绪调节与控制

在谈判活动中，商务谈判人员的情绪会随着需要和期望满足的情况而千变万化。在错综复杂的商务谈判中，免不了会出现情绪的变化和波动。当异常的情绪波动出现时，要善于采用适当的策略办法对情绪进行调控，而不能让情绪对谈判产生负面影响。本节将重点探讨谈判人员情绪的调节和控制。

### 一、商务谈判人员情绪概述

情绪是人脑对客观事物能否满足自己的需要而产生的一定态度体验。人的情绪对人的活动有着相当重要的影响。对于人来说，能够敏锐地知觉他人的情绪，善于控制自己的情绪，巧于处理人际关系的人，才更容易取得事业的成功。

谈判人员的情绪是指谈判的行为主体对谈判关系、谈判对象和整个过程的情感心态的外在表现。

如前所述，谈判行为是谈判人员在一定的谈判环境中，为改变谈判客体而进行的有目的的活动。谈判人员之间在谈判活动中形成了相互作用、相互牵制、相互影响的关系，这种关系反过来又必然会作用于谈判者，引发相应的心理反应，产生并且外化为一定的情绪和态度，表现出谈判者肯定或否定、赞成或反对的态度和轻松或紧张、愉快或烦闷的情绪。这种谈判者主体的心理感应与外在表现，就是谈判者的情绪。

### （一）谈判人员情绪和谈判活动的相互影响

商务谈判者情绪的优劣会直接影响谈判者的行为效果，关系谈判的得失。良好、健康的谈判情绪，会使谈判双方精神愉快、心情舒畅，形成友好、和谐的谈判氛围，双方的立场就容易接近，分歧也容易化解，而不佳的谈判情绪会使谈判各方精神压抑、心情苦闷，形成僵持、冷漠的谈判氛围，导致各方互为抵制、对抗。

#### 1.影响谈判人员情绪的因素

如果谈判者之间利益差异不大，谈判中的冲突就较少，谈判的氛围就比较轻松，谈判的情绪也比较稳定。谈判者的情绪稳定，反过来又促进谈判者之间的关系融洽，谈判起来就愉快、友好。

正面情绪会提高我们喜欢别人的程度，改进我们对人类本性的看法和善解人意的能力，同时减少我们的侵略性和敌意。例如，让谈判者在谈判前收到一份小礼物，那么，这份礼物就会营造出“好心情”来。结果显示：这些心情好的谈判者在接下来的谈判中，能够达成有创意和整合式的协议，不仅如此，他们也比较不愿意使用高度竞争性的战略。

如果谈判者之间的利益差异较大，谈判中的冲突也相对明显，谈判的氛围就比较紧张，谈判者的心理压力情绪变化也较大。如果谈判者不能加以控制，这种情绪就会作用于谈判，导致谈判者之间的关系对立，谈判难度就加大。

负面情绪对谈判结果的影响作用表现在：一是己方的负面情绪会给对方施加压力；二是己方的负面情绪极易刺激对方，引起对方的强烈反应。如果各方当事人均充满了强烈的斗志，根本没有共同协调以解决问题的心情，那么，谈判很容易陷入僵局，甚至可能破裂。

#### 2.谈判人员情绪对谈判活动的影响

谈判者的情绪对谈判活动的影响，具体表现在以下3个方面：

（1）情绪影响谈判者的双方关系。谈判者的情绪状态影响谈判中的双方关系。感受好的情绪状态，常常以亲切、友善、温和、乐观的言行表现出来，给对方传递相互肯定、相互信赖的信息，有利于建立合作性的相互关系；反之，不佳的情绪状态会令对方失望、沮丧，使彼此的关系变得冷漠、疏远、相互猜疑，缺乏信任感。

（2）情绪影响谈判氛围。情绪不仅影响谈判的相互关系，而且直接给谈判氛围带来影响。良好的情绪状态会使谈判氛围轻松、愉快、和谐、活跃，形成友好协商的氛围；而不佳的情绪状态，会给谈判氛围带来阴影，形成压力，制造紧张空气，妨碍谈判进行。

（3）情绪影响谈判者的正确判断。谈判者的情绪状态，会严重影响谈判者的行为选择，当谈判者情绪好的时候就可以提高兴趣，增强信心，以积极的情绪力量，转化为积极的行为选择，以提高行为的效果；当谈判者情绪恶劣时，就可能干扰理性决策，以消极的情绪力量转化为外在的行为，进而降低谈判者的正确决策水平，最终影响谈判的整体效果。

### （二）谈判人员情绪的分类

从不同的角度进行划分，谈判者情绪的类型各有不同。这里我们主要从谈判者的情绪性质和情绪状态两个层面来加以说明。

#### 1.从谈判者的情绪性质上分类

从谈判者的情绪性质上可以分为欢愉情绪、失望情绪、愤懑情绪、恐惧情绪。

（1）欢愉情绪。欢愉情绪一般是指谈判者对谈判的结果乐观，对自己的能力自信，并在实践中得到体验的一种谈判情绪。谈判者的这种情绪，一般是基于对谈判结果自信，需要已经得到满足或将要得到满足的一种积极情绪状态。这种情绪可以提高工作效率，对谈判有积极的推动作用。

（2）失望情绪。失望情绪多指谈判者对谈判的结果悲观，对自己的能力缺乏自信，并在实践中体验的一种谈判情绪。谈判者的这种情绪，多是预感谈判结果对己不利，需求无法得到完全或部分满足的一种消极情绪状态。这种状态会降低工作效率，甚至会给谈判带来损害。

（3）愤懑情绪。谈判者由于对谈判结果失望，对对方不满和需求无法得到满足的心情沉积在实践中体验的一种沮丧情绪。这种情绪常常表现为迁怒对方，立场对抗，对谈判具有破坏性，往往会导致谈判陷于僵局，甚至造成谈判破裂。

（4）恐惧情绪。它是指谈判者对谈判结果和对手以及对自己能力怀疑而形成害怕的心理压力在实践中的一种情绪体验。恐惧情绪一般是由于谈判难度较大，对手强硬难以应付，自己准备不足，又缺乏能力而产生的焦虑心理的沉积。这种消极情绪会严重影响自己谈判能力的发挥和谈判活动的健康发展，给己方带来不利的后果。

#### 2.从谈判者情绪状态上分类

谈判者情绪从状态上可以分为常态情绪、热态情绪、激奋情绪和应激情绪。

（1）常态情绪。谈判者的常态情绪是指谈判者在通常情势下所持有的较持久、稳定的一种通常心态情绪体验。谈判者的常态情绪也可表现为乐观、苦闷、焦虑等，但其体验较弱，仅仅是一种倾向，并不会引起情绪的较大波动。注入谈判者不同常态情绪倾向的因素有很多，如对谈判的态度、谈判者的关系、谈判环境、谈判者的性格修养，都可能影响谈判者的心境，使之表现出某种倾向性。

谈判者常态情绪是影响谈判行为、谈判氛围的重要因素。良好的谈判者常态情绪，可以为谈判的顺利进行提供情绪上的保障，而不好的常态情绪会影响谈判的健康发展。

（2）热态情绪。谈判者的热态情绪是指谈判者在谈判过程中所表现出来的感情浓烈、深厚和相对稳定的情绪体验。这种情绪的形成，一般是由于谈判者受到来自外部的刺激，对谈判议题或谈判对方产生兴趣，对谈判前景看好的心境外化。这种热态情绪是常态中的倾向性发展，而且往往是与谈判对手的情绪状态相呼应的。

谈判者的热态情绪，会促进谈判进程，消化谈判矛盾，有益于谈判成果的取得。因此，谈判者最好能把情绪调适至热态，保持对谈判的兴趣，以感召或呼应谈判对手的情绪，为谈判的成功提供良好的氛围。

（3）激奋情绪。谈判者的激奋情绪是指谈判者在谈判活动中偶然产生的一种暂时性激烈的情感体验。激奋情绪既可表现为极度高兴，也可表现为极度痛苦、悲伤、愤怒和恐惧。谈判者激奋情绪一般是指由于外部的强烈刺激而导致的情绪波动，如兴高采烈、暴跳如雷、惊恐不已、呆若木鸡等，都是一种激奋感情心态的外化。

当谈判者受到某种刺激而导致心理上的异常反应时，认识问题、思考问题的能力就会降低，往往会受情绪操纵，做出不良反应。但是激奋情绪也不都是消极的，有的激奋情绪有益于加大工作强度，推动谈判发展。例如，当谈判桌上传来某种有利谈判的喜讯时，就会激发谈判热情，推动谈判的进展。

（4）应激情绪。谈判者的应激情绪是指谈判者在谈判活动中由于情势突然发生变化而产生的极度紧张的情绪状态。这种情绪状态较之激奋情绪更具突发性和剧变性。根据实验证明，应激状态会改变人体内部的激活水平，使心率、血压、内分泌、肌肉等紧张程度发生明显变化，有时还会伴有额头冒汗、浑身冒汗、双手颤抖等。在应激状态下，常常能使一些人手足无措，难以自持。

总之，谈判者各种情绪都会对谈判工作有直接影响，谈判者要想维持良好的谈判氛围，确保谈判成功，就要力避消极情绪状态对人的理智与行为的不良影响，保持或调节到最佳情绪状态，以使谈判效率最大化，取得最佳的谈判成果。

## 二、谈判人员情绪的调节和控制

在错综复杂的商务谈判中，免不了会出现各种情绪的变化和波动。当异常的情绪波动出现时，要善于采用适当的策略办法对情绪进行调控，而不能让情绪对谈判产生负面影响。

### （一）了解、掌握对方的情绪状态

#### 1.让对方的情绪公开表现出来

有时，谈判双方具有针锋相对的情绪时，会使双方的精神处于亢奋状态，容易使双方丧失理智，忘记自己的实质利益所在，往往会使谈判双方越走越远，无法达成共识。这时，不妨坦诚地道出自己所判断出的情绪问题，引导对方也认识到这个问题，从而把双方的情绪公开化，增进双方对这个问题的了解，把双方拉回到理性磋商的层面上来。

把自己和对方的情绪问题坦诚地都拿出来，放到桌面上加以考虑和讨论，不但能够强调这个问题的严重性和强度，而且，能够削减谈判时的“针锋相对力度”，进而促使谈判走向积极的一面。通过双方情绪的公开化，会使双方压抑的情绪得到疏解，使双方的注意力重新回到实质问题上来。这时，双方在实质问题上的合作就可能取得进展。

#### 2.容许对方发泄情绪

一般来说，人一旦把自己的不满说出来，就会有一种解脱感。因此，要想巧妙地应付对方的愤怒、沮丧和其他负面的情绪，最好的方法是给对方一个能够发泄情绪的机会。容许对方发泄情绪，会使对方压抑的心情疏解过来，对于这个道理，人们在日常生活中也会有所体会。

谈判者如果能耐心地容许对方发泄情绪，那么，当对方把自己心中的郁闷情绪发泄完时，必然能够非常理性地投入谈判。在这个过程中，谈判者应该默默地倾听，让对方把想说的话说完。当然，如果谈判者偶尔说一句："请你继续说下去！"则效果会非常好。在对方发泄完以后，谈判者不必对对方的不满发表评论，更不必去承认对方的不满是多么有理由，只要让对方把话说完，他心中就不会再有负面情绪了。

**3.不要反击对方爆发的情绪**

当对方宣泄情绪时，极易引起自己情绪性的反应，因此，一定要注意保持自己平静的心态，控制好自己的情绪，有时甚至得压抑自己。为了掌握对方的情绪，控制谈判的进程，有时压抑自己也是必不可少的。因为在这种情形下，只有压抑、控制自己，才能有效地影响对方，使谈判朝着正确的方向前进。

**【小链接4-1】**

1950年，美国钢铁业界为防患于未然，组织了一个调停委员会来缓和劳资双方的强烈对立。他们创造了一个压制情绪问题的特殊方法：在同一时间，只允许一个人发怒，其他人都必须对此保持沉默。这样，就避免了强烈的情绪性反应，使说话者能"顺利地"发泄完情绪。

资料来源：马克态．商务谈判［M］．北京：中国国际广播出版社，2004.

**4.缓和对方的情绪**

谈过恋爱的人会知道：要使恋爱中的男女停止争吵，男方应主动向女方馈赠能表达爱情的小礼物（如红玫瑰等）。在谈判中有些方法也与此类似，代价很小，功效却很大。例如，主动与对方握手，邀请对方聚餐，说一段略表歉意的话，带一份小礼物给对方的孩子等，这些办法都不需要付出很大代价，都能有效地消除对方的敌意和对抗情绪。

**（二）如何使谈判人员的情绪达到最佳状态**

谈判活动是一种高度理性的智力竞争活动，谈判者始终应以理性的、平和的心态和积极的情绪状态，来保证谈判工作的效率。那么怎样保持谈判者的最佳情绪状态呢？首先要了解谈判者的积极情绪与消极情绪的不同表现。

**1.谈判的积极情绪表现**

谈判者的积极情绪主要表现在以下几个方面：

（1）谈判开局时，谈判者精神状态饱满，在谈判桌上给人留下的"第一印象"是主动、热情、友好、大度。

（2）谈判开始后，谈判者言谈举止坚定自信、潇洒自如、情感真诚、态度和蔼。

（3）在双方协商问题时宽厚、礼让、和气、风趣，特别是认真倾听，保持相互交谈的兴趣。

（4）把友谊作为谈判的纽带，"买卖不成仁义在"。

（5）遇到意见分歧时，心平气和，耐心劝说，与人为善，尽快消解矛盾。

（6）尽量避免无休止的论争，善于灵活、巧妙地打破僵局。

（7）主动让步，善于用妥协赢得双方需要的结果。

（8）善始善终，情绪稳定，给人留下"建设性的合作伙伴"的总体印象。

**2.谈判的消极情绪表现**

在谈判的过程中，常见的消极情绪主要有以下几种：

（1）谈判开局亮相状态不佳，缺乏热情、主动、坦率、友好的表现。

（2）情绪低落、反应冷漠。

（3）磋商问题时精力不集中，谈论议题难以深入。

（4）遇到意见分歧时易于激动，常常感情用事。

（5）性情急躁，缺乏耐心和谅解精神。

（6）遇到谈判僵局时常常滋生对抗情绪。

（7）不善于用妥协寻求和解。

（8）情绪极不稳定、反差很大，令对方无法信任。

谈判者保持什么样的情绪状态，对谈判的效率会有很大的影响。心理学家赫布的研究成果告诉我们：当谈判者的情绪激活水平极低，如萎靡不振、昏昏欲睡、打不起精神时，谈判的效率非常低。随着谈判者情绪激活水平不断提高，如精神振奋、积极思考、精力专注、研究对策时，谈判者的效率也就随之不断提高。当谈判者的情绪激活水平调整到一个最佳状态时（如积极思考、研究对策、精神饱满、思维活跃就是最佳状态的标志），谈判的效率也就最高。这时，如果谈判者的情绪激活水平再提高的话（如过于兴奋、过于紧张），谈判的效率反而会随之下降。这表明，这时的情绪对谈判者造成了负面影响，干扰了谈判工作。因此，谈判者在谈判中应注意自己的情绪状态，调适自己的情绪水平，力争把自己的情绪调整到最佳状态，使自己在谈判效率上的活力充分发挥出来。

**3.增强双方的情感交流**

情感是谈判者对谈判对手能否满足自己需要的态度体验，谈判者的情感始终处于对其意识的支配地位，它常常以内隐的形式出现。情感是情绪的内在依据，因此，加强与谈判对手的情感沟通，是影响对方的情绪进而控制谈判进程的重要手段。

（1）满足对方自尊和被人尊重的需要。

自尊就是谈判者能维护自己的尊严，既不向对方卑躬屈膝，也不受对方侮辱。自尊是谈判者的一种情感需要。在谈判中，不能侮辱对方的人格，要以礼待人，不要把双方在实质利益上的对立演变成“个人恩怨”。应“强硬对事、温和对人”。要尊重对方，注意顾及对方的颜面，把谈判导向“对事不对人”的氛围，满足对方尊重上的需要，这是双方建立起私人情感的前提和基础。

（2）满足对方友谊的需要。

对方也许想通过谈判找到一个能长期真诚合作的伙伴，建立互惠互利的关系，也就是说，谈判对方可能会希望与自己建立起真挚的友谊。谈判者应注意判断对方是否怀有这种期望，即判断对方是否怀有“既做生意，也做朋友”的愿望。如果对方这种愿望很强烈，则己方可以采取合作的态度，致力于长期友好合作关系的建立，同时也可以发展起私人间的友谊。如果对方只想做“一锤子买卖”，对方在谈判中的进攻性会很明显，这时若想建立起长期合作的友谊，则比较困难。

（3）利用情绪增强谈判力量。

前面几点讲的是一般情况下谈判者在情绪上应采取的策略。有时，谈判者也可以有意识地采取一些非常规的情绪手段，来有效地影响对手，达到自己的目的。把情绪作为一种武器，它既可能滋生力量，也可能把谈判搞砸。从这个意义上讲，非常规的情绪手段是一把“双刃剑”。它既可能“伤着”对方，增加己方的相对实力，也可能“伤着”自己，使自己处于不利境地。因此，谈判者在考虑采用非常规的情绪手段时，一定要认真掂量，仔细权衡，切不可犯“冒进”的错误。

情绪手段运用得好，的确可以滋生力量。很多谈判者在谈判实践中运用了这一规律。尼克松在回忆与赫鲁晓夫的“厨房辩论”时说：“有的时候他会吵吵嚷嚷、兴高采烈、豁达开朗，表现出友好和几乎是迷人的魅力……可是他的情绪又有好几次似乎已经到了失去控制的地步……他用大拇指按住我的胸口大声叫嚷。后来我发现，他从来不发脾气，而是故意利用这种脾气……他是脾气的主人，而不是脾气的奴仆。”可见，赫鲁晓夫是运用情绪手段的高手。

“厨房辩论”指的是1959年7月24日在莫斯科举行的美国国家博览会（American National Exhibition）开幕式上，时任美国副总统理查德·尼克松与苏联部长会议主席尼基塔·赫鲁晓夫之间展开的一场关于东西方意识形态和核战争的论战（两人之间的辩论均通过他们的口译员传达）。辩论是在厨房用具展台前进行的，故称“厨房辩论”。

### （三）平息谈判对手愤怒的方法

一般来说，谈判对手的感情冲动往往有三种目的：一是为了从气势上压倒你；二是为了激怒你；三是为了尽快发泄心中的怨恨之气。在谈判过程中，当对手感情冲动时，首先要明白，冲突不是目的，获得收益才是目的。这时候可以运用各种方法缓解对手的感情冲动。

（1）让座。感情冲动者基本上都是站立着的。为了缓解对方的冲动，最好请他们坐下来说话，最好坐在较矮的沙发上，坐着的人是很难发怒的，坐的姿势会大大限制胸部扩张，使其怒气不足。

（2）拖延。较为激烈的情绪状态，一般均不能长时间维持，过上一段时间自然就会平缓得多。因此，时间是抹平感情冲动的良药。拖延，也就是利用时间来缓解感情的冲动，待其平静后再进行正式的谈判。可以用请喝茶、请抽烟、请吃饭、休会、出去打打球等方法，使对方平静下来。

（3）换环境。对方感情冲动时，可以通过换环境来缓解对方冲动的感情。

（4）漠视。对于暴怒者争论，可以尽可能漠视它，要么装作没听见，要么不发表任何意见，要么绕过去，要么要求对方“再说一遍”。

## 讨论与思考

1.商务谈判人员应具备哪几个方面的素质？

2.国际商务谈判人员应如何提高个人素质？

3.国际商务谈判人员应具有怎样的规则意识？

4.国际商务谈判人员在谈判过程中如何管控好情绪？

## 拓展阅读

### 中荷就精密仪器的谈判

荷兰某精密仪器生产厂家与中国某企业拟签订某种精密仪器的购销合同，但双方在仪器的价格条款上还未达成一致。因此，双方在上海就此问题专门进行了谈判。谈判一开始，荷方代表就将其产品的性能、优势以及目前在国际上的知名度作了一番细致的介绍，同时说明还有许多国家的有关企业欲购买他们的产品。最后，荷方代表带着自信的微笑对中方代表人员说：根据我方产品所具有的以上优势，我们认为一台仪器的售价应该在4 000美元。

中方代表听后十分生气，因为据中方人员掌握的有关资料，目前在国际上此种产品的最高售价仅为3 000美元。于是，中方代表毫不客气地将目前国际上生产这种产品的十几家厂商的生产情况、技术水平及产品售价向荷方代表全盘托出。

荷方代表十分震惊，根据他们所掌握的情况，中方是第一次进口这种具有世界一流技术水平的仪器，因而认为中方对有关情况还缺乏细致入微的了解，没想到中方人员准备如此充分。荷方人员无话可说，立刻降低标准，将价格调到3 000美元，并坚持说，他们的产品是世界一流水平的，是物有所值的。

事实上，中方人员在谈判前就了解到，荷兰这家厂商目前经营遇到了一定的困难，陷入了巨额债务的泥潭，对他们来说，回收资金是当务之急，他们正四处寻找其产品的买主，而目前也只有中国对其发出了购买信号。于是，中方代表从容地回答荷方："我们也绝不怀疑贵方产品的优质性，只是由于我国政府对本企业的用汇额度有一定的限制。因此，我方只能接受2 500美元的价格。"荷方代表听后十分不悦，他们说："我方已经说过，我们的产品是物有所值的，而且需求者也不仅仅是你们一家企业，如果贵方这样没有诚意的话，我们宁可终止谈判。"中方代表依然神色从容："既然如此，我们很遗憾。"中方人员根据已经掌握的资料，相信荷方一定不会真的终止谈判，一定会再来找中方。果然，没过多久，荷方就主动找到中方，表示价格可以再谈。在新的谈判中，双方又都作了一定的让步，最终以2 700美元成交。

"展现自信"是一种令客户顺利接受己方条件的交际方式，使用这种方式进行谈判，可以更加顺利、高效地完成工作。在国际商务谈判中，这种自信往往源于事先所做的充分准备。正是由于调查深入、准备充足，谈判人员才能对谈判充满信心，做到"不卑不亢、有理有据"。

资料来源：陈芳. 国际商务谈判与礼仪［M］. 合肥：安徽大学出版社，2020.

# 第五章

## 国际商务谈判开局阶段策略

### 学习目标

【知识目标】

了解营造国际商务谈判开局气氛的方法，掌握国际商务谈判开场陈述的主要内容，掌握谈判开局策略的运用与实施。

【育人目标】

创造和谐、友善的开局氛围，在开局中时刻谨记家国情怀、和谐共赢、诚信友善等素养，培养良好的职业道德和品德；讲文明、讲礼仪，做到大国自信。

【导读】

**营造开局谈判氛围**

郭为作为神州数码最大的个人股东、CEO兼执行董事，他将联想汉卡已经评下来的国家科技进步二等奖通过复议变成了中国计算机领域第一个国家科技进步一等奖，在这个过程中，他就特别善于营造有利于自己的谈判氛围。

当时，联想高层认为联想汉卡应该被评为一等奖，于是决定启动复议，通过谈判打动和说服评委们。这项重任就落在了郭为的身上。但是，评委们都是各个领域里一流的专家，无论如何也不会轻易被郭为他们的意见所左右。在50位评委中获得10位评委支持都很难，要获得2/3的专家同意更是难上加难。而且国家科技奖励办公室的一位主任干脆让手下的工作人员传来一句话："我们还没干过把二等奖改为一等奖的事。"在这种情况下，很多专家也有顾虑，甚至直接表示怕产生不必要的"麻烦"，根本不愿意见郭为。

怎样才能完成领导交给的重任呢？郭为首先开始营造有利于自己的谈判氛围。他精心策划了媒体攻势，首先几家有影响的重量级的报纸，开始连篇累牍地宣传联想汉卡。这些大报的观点和呼声都是为联想汉卡第二"鸣冤叫屈"。读者也对评委的意见纷纷发出质疑。几周的攻势下来，专家们也有些疑惑："是不是我原来看得有点问题？"在媒体的声势见效之后，郭为一家家去拜访专家。他压根不谈改判的事情，恭敬地对他们说："我只是请您到我们公司来，再一次给您展示联想汉卡。"就这样，郭为把专家们一个个请过来。自然，先前的媒体宣传已经在他们的头脑中先入为主了。在友好沟通的氛围中，联想汉卡最终拿下了国家科技进步一等奖。

资料来源：李爽. 商务谈判［M］. 北京：人民邮电出版社，2017.

# 第一节 国际商务谈判开局气氛的营造

国际商务谈判的开局阶段可以理解为谈判的起始阶段，这是一个关键的阶段。只有在开局阶段处理好双方的利益关系，初步了解对方谈判人员的脾气、爱好等各种特征，以及对方企业的基本情况，才能为下一步谈判做好准备工作。

## 一、国际商务谈判开局的内涵

所谓开局，就是指一场谈判开始时，谈判双方的寒暄和表态以及对谈判对手的底细进行试探，为影响、控制谈判进程奠定基础。谈判的开局是整个国际商务谈判的前提和基础，它关系着谈判双方的谈判诚意和积极性，关系着谈判的基本格调和发展趋势，是双方为实现各自的目标而做的前期准备。它是谈判双方会面后，在讨论具体、实质性的内容前进行相互介绍、相互了解的阶段。开局阶段的具体目标是在轻松、诚挚的基础上，力争继续巩固和发展已经建立起来的和谐气氛，并在进入实质性谈判前，双方就谈判程序及态度、意图等取得一致或交换一下意见。此外，还要摸清对方的真正需要，尽快掌握对方有关谈判经验、技巧、谈判风格等方面的信息，以及使用的谈判谋略等，应特别注意摸清对方交易期望值的大致范围，做到心中有数。

谈判开始时，双方为了实现各自的目标，都将较快地进入各自的角色。俗话说，“万事开头难”，谈判的开局是一个非常重要的阶段，其难度也较大。因此，我们必须对开局阶段予以足够的重视，其理由有以下几个：

（1）开局阶段决定了双方的态度。人们对任何事物的肯定与否定的评价都会带有一定的倾向性，我们从开局阶段就能了解到谈判对方的态度，进而采用相应的谈判策略与技巧，以使谈判顺利进行，并朝着有利于本方的方向发展。如果谈判开局顺利，那么整个谈判也会比较容易进行下去。

（2）开局阶段基本确定了正式谈判的方式。开局的话题及形式为正式会谈做了铺垫，对谈判的步骤、内容、要求也进行了界定。所以，整个谈判的方式在开局阶段就已确定。

（3）在开局阶段，双方谈判人员的各自位置都被相应确定下来，这会影响不同谈判人员的作用的发挥，进而影响整个谈判过程。

（4）谈判人员在开局阶段精神高度集中，注意力、听力、理解能力都处于最佳状态，但是这种状态持续的时间很短，因而充分利用好谈判的开局会使谈判收效甚佳。

## 二、谈判气氛的营造

谈判气氛是谈判对手之间的相互态度，它能够影响谈判人员的心理、情绪和感觉，从而引起相应的反应。谈判气氛通常是在双方谈判之初的很短时间内形成的，但谈判气氛对整个谈判过程具有重要的影响，其发展变化直接影响整个谈判的前途。

**【案例 5-1】**

东南亚某国的一家华人企业想成为日本一著名电子公司在当地的代理商。双方经过几次严肃的磋商均未达成协议。在最后一次谈判中，开局阶段华人企业的谈判代表发现对方代表喝茶及拿放茶杯的姿势十分特别，于是他就说："从A君（日方谈判代表）喝茶的姿势来看，您十分精通茶道，能否给我们介绍一下？"这句话正好点中了日方谈判代表的兴趣所在，于是他滔滔不绝地讲述起来。结果，谈判在积极、和谐和融洽的气氛中顺利进行，那家华人企业终于拿到了地区代理权。

资料来源：徐文，谷泓，陈洁. 商务谈判［M］. 北京：中国人民大学出版社，2018.

可见，国际商务谈判中一方如果控制了谈判开局的气氛，那么，在某种程度上就等于控制住了谈判对手。一般来说，每一次国际商务谈判都有独特的谈判气氛，所有谈判人员应清醒地意识到这一点。

### （一）国际商务谈判气氛的类型

#### 1.冷淡、对立、紧张的谈判气氛

在冷淡、对立、紧张的谈判气氛下，谈判双方见面互相不关心、不热情；目光不相遇；相见不抬头；相近不握手；在衣着、言语等方面企图压倒对方；交谈时语带双关，甚至带讥讽口吻等；双方有明显的戒备及不信任的心理，处于对立情绪之中，整个开局呈剑拔弩张的局面。这种谈判气氛会给整个开局蒙上一层阴影。这一谈判气氛类型通常在法院调解、双方利益对立的情况下发生。

#### 2.松弛、缓慢、旷日持久的谈判气氛

国际商务谈判中不乏持续性、阶段性的洽谈。在松弛、缓慢、旷日持久的谈判气氛下，双方谈判人员容易厌倦，谈判人员谈判时姗姗来迟、衣冠不整、精神不振，相见时握手例行公事、不紧不慢；入座时左顾右盼，显出一种可谈可不谈的无所谓的态度。双方对谈判的目标缺乏信心，对对方的谈话不认真倾听，甚至以轻视的口吻发问。谈判中双方不断转换话题，处于一种打持久战的气氛之中。

#### 3热烈、积极、友好的谈判气氛

在热烈、积极、友好的谈判气氛下，谈判双方态度诚恳、真挚，彼此适应对方需要；见面时话题活跃，口气轻松。双方显得精力充沛，兴致勃勃；谈判人员服装整洁、举止大方、目光和善。双方对谈判的成功充满热情和信心，把谈判成功看成友谊的象征。这样一种谈判气氛无疑对谈判的顺利开展会起到促进的作用。

#### 4.平静、严肃、严谨的谈判气氛

在这一类型的谈判气氛下，通常谈判双方已不是谈判生手，也不是初次见面，而是处于一定的形势中并受到一定条件的制约。因此，谈判双方见面时并不热情，握手一触即弃，入座并不相让，喝茶并不互请。双方谈话时语句简练、音质清晰、语速适中。双方目光对视，面带微笑但只是一闪而过。双方自信而检点，进入谈判场所速度适中，默默缓缓而行。

谈判气氛在谈判一开始就已形成，但它必须在整个谈判过程中都得到保持，这就需要谈判人员的共同努力。谈判双方见面后的短暂接触对谈判气氛的形成具有关键性的作用。谈判双方人员的目光、动作、姿态、表情、气质、谈话内容及语调、语速等，会形成不同的谈判气氛。

### （二）影响谈判气氛的因素

#### 1.双方谈判人员个人之间的关系

谈判是人们相互之间交流思想的一种行为。谈判就是双向沟通，就是互动。人的理性是有限的，人的情感往往在很大程度上起主导作用。因而，谈判人员个人之间的感情会对谈判的过程和效果产生很大的影响。如果双方谈判人员有过交往接触，并且还结下了一定的友谊，那么，在开局阶段可以畅谈友谊。可以回忆过去交往的情景，也可以讲述离别后的经历，还可以询问对方家庭的情况，以增进双方之间的感情。如果双方谈判人员之间发展了良好的私人感情，那么，提出要求、做出让步、达成协议就较为容易。通常还可以降低谈判成本、提高谈判效率。

#### 2.谈判双方的关系

谈判双方的业务关系，主要有以下几种情况：

（1）双方在过去有过业务往来，且关系很好，那么这种友好的关系应作为双方谈判的基础，在这种情况下，开局阶段的气氛应是热烈、真诚、友好和轻松愉快的。开局时，我方谈判人员在语言上应是热情洋溢的，态度上应该比较自由、放松、亲切。双方可以畅谈过去的友好合作关系，亦可适当地称赞对方企业的进步与发展。

（2）双方有过业务往来，但关系一般，那么开局的目标是要争取营造一个比较友好、和谐的气氛。此时，谈判人员应在语言的热情程度上有所控制；在姿态上，可以随和自然，双方可以简单聊一聊过去的业务往来及人员交往，亦可说一说双方谈判人员在日常生活中的兴趣和爱好。

（3）双方过去有过一定的业务往来，但我方对对方的印象不好，那么开局阶段谈判气氛应是严肃、凝重的，我方应与对方保持一定的距离。我方谈判人员在开局时，语言上应礼貌、严谨。

（4）双方过去并没有业务往来，此次是第一次交往，那么开局应力争营造出真诚、友好的气氛；我方谈判人员在语言上应该礼貌、友好，态度上应不卑不亢，沉稳中不失热情，自信但不傲气。开局双方可多聊一些天气情况、途中见闻、个人爱好等比较轻松的话题。

#### 3.谈判双方的实力对比

当我方谈判实力弱于谈判对手时，在开局阶段的语言和姿态上，我方一方面要表示出友好、积极的合作；另一方面也要充满自信、举止沉稳、谈吐大方，使对方不至于轻视我们，同时不让对方在谈判一开始就在气势上占据上风，从而影响后面的实质性谈判。

（1）正确估计自己的实力。

谈判人员常犯的错误之一就是不能正确地估计自己的实力。这些错误常常会一再地发生，并首先危及合理开局的建立。下述8点经验教训有助于纠正这一错误：

①不要低估自己的能力。大多数人实际拥有的能力要比他们所想象的强。只有经过系统分析，才能了解自己的能力。能力源于坚定的个性、激烈的竞争、奖励或惩罚、冒险精神、知识以及勤奋的工作。

②不要以为对方了解你的弱点。要假设对方不知道你的弱点，再试探这种假设的对

错，因为你的处境往往比自己想象的要好些。

③不要被身份地位吓倒。人们常常习惯于划分等级，并把这种习惯带到谈判桌上。要记住：有的权威是假的，行政等级并不与知识和能力成正比。一个专家可能过于专精，而不知道本行以外的事情。有学识的人能举一反三，而某些具有很高地位和权力的人，却缺少或根本就没有勇气证实自己的信念。对于这些小人物和大人物的复杂情况，不认识清楚是很危险的。

④不要被数字、先例、原则或规定吓住。有的决定是根据先例或陈旧的原则做出的，因此，要保持怀疑的态度，敢于向它们挑战。

⑤不要被无理或粗野的态度吓住。如果允许对方把你当作没有价值的人来辱骂，那他是会这样做的。要把对方所表现的无理视为一种狐性的狡猾。或许对方的人员中也有人一样被他的无理所困扰，所以不妨大声地当面斥责对方。

⑥不要过早泄露你的全部实力。慢慢显示自己的力量，比马上暴露出全部力量更有效。因为慢慢显示会加强对对方的了解，增加改变意见的可能性，使对方有适当的时间来适应和接受你的观念。

⑦不要过分计较可能遭到的损失和过分强调自己的困难。要重视对方存在的问题，这才是你可以利用的机会。

⑧不要认为你已经了解对方的要求。要审慎地假设你不了解对方的要求，然后耐心地试探和发现事情的真相。如果你根据自己未经证实的估计进行深入洽谈，就犯了严重的错误。

（2）对方的实力。

它包括公司的历史，社会影响，资本积累与投资状况，技术装备水平，产品的品种、质量、数量等。要警惕的是有些商人利用己方商务合作的经验不足，急于寻求合作伙伴，进行欺诈和浑水摸鱼的情况。这种例子时有所闻，在商务谈判中尤其需要警惕。有一句警句可以告诫所有的商务谈判人员："天下没有免费的午餐（There is no free lunch）。"贪图小便宜终究是要上大当的。

（3）谈判双方的实力情况。

①谈判双方实力相当。为了防止一开始就强化对手的戒备心理和激起对方的对立情绪，以致影响实质性谈判，在开局阶段，谈判者仍然要力求创造一个友好、轻松、和谐的气氛。我方谈判人员在语言和姿态上要做到轻松而不失严谨、礼貌而不失自信、热情而不失沉稳。

②我方实力明显强于对方。在这种情况下，为了使对方在谈判中不抱过高的期望值，但又不至于被吓跑，我方谈判人员在语言和姿态上既要表现得礼貌友好，又要充分显示出本方的自信和气势。

③我方实力弱于对方。在此种情形下，在语言和姿态上，我方一方面要表现出友好，另一方面也要充满自信、举止沉稳、谈吐大方，使对方不至于轻视我们。

## 三、国际商务谈判开局的主要环节

### （一）开局的导入

开局的导入从双方会见开始到寒暄结束。导入的时间虽然很短，但作用明显。为使谈判双方更好地接触，会谈以站立为宜。开局的导入形式多样，但总体需要把握以下几个重点环节：

（1）入场。在会场中应以友好的态度出现，表情自然、开诚布公，充分表现自己的诚意。

（2）握手。应该注意握手时的力度大小、时间长短与方式，以表现谈判者的亲切、郑重。

（3）介绍。介绍言简意赅，切中要害，不可长篇累牍。可以自我介绍，也可由双方的主谈人向对方介绍。

（4）问候。要做到语言亲切、语气和蔼，营造轻松自如的谈话环境。可适当引入双方感兴趣的中性话题，不可过分提及私人问题。

（5）落座。安排谈判人员落座时应注意排座、距离与面向。落座应注意使主谈人居中，其他人依职务高低向两边依次落座。双方主谈人入座宜正面相对，不宜斜对。座位朝向的原则是有利于集中注意力。

### （二）营造适宜的谈判气氛

为谈判营造一个适宜的气氛是开局谈判的重要内容。谈判者的言行以及谈判的空间、时间和地点等都是形成谈判气氛的因素，谈判的目的和内容决定了具体的谈判气氛。要想形成一个适宜的谈判气氛，要把这些因素结合起来考虑。下面阐述各种具体气氛的营造方法。

#### 1.营造高调气氛

高调气氛一般在以下情况下营造：己方占有较大优势，价格等主要条款对自己极为有利，己方希望尽早达成协议与对方签订合同。营造高调气氛通常采取以下4种方法：

（1）感情渲染法。它是指通过某一特殊事件来引发存在于人们心中的感情因素，并使这种感情迸发出来，从而达到营造高调气氛的目的。

（2）称赞法。它是指通过称赞对方来削弱对方的心理防线，从而激发对方的谈判热情，调动对方的情绪，营造高调气氛。采用称赞法要选择恰当的称赞目标、恰当的称赞时机和恰当的称赞方式。

（3）幽默法。它是指用幽默的方式来消除对方的戒备心理，使其积极参与到谈判中来，从而营造高调气氛。恩格斯说："幽默是具有智慧、教养和道德上优越感的表现。"采用幽默法要选择恰当的时机、采取适当的方式，做到收发有度。

（4）诱导法。它是指投其所好，利用对方感兴趣或值得骄傲的一些话题来调动对方的谈判情绪与欲望，从而营造高调气氛。

#### 2.营造低调气氛

低调气氛一般在以下情况下营造：己方有讨价还价的筹码，但是并不占有绝对优势；合同中某些条款并未达到己方的要求，如果己方施加压力，对方会在某些问题上做出让步。营造低调气氛通常采取以下4种方法：

（1）感情攻击法。它是指诱发对方产生消极情感，致使一种低沉、严肃的气氛笼罩在谈判开始阶段。

（2）沉默法。它是指以沉默的方式来使谈判气氛降温，从而达到向对方施加心理压力的目的。需要指出的是，沉默并非一言不发，而是己方尽量避免对谈判的实质问题发表议论。采用这种方法要有恰当的沉默理由，沉默要有度，并适时进行反击，迫使对方让步。

（3）疲劳战术法。它是指使对方对某一个问题或某几个问题反复进行陈述，从生理和心理上使对方疲劳，降低对方的热情，从而控制对方并迫使其让步。采用疲劳战术打法要求多准备一些问题，而且问题要合理，每个问题都能起到使对方疲劳的作用；要求认真倾听对方的每一句话，抓住错误，记录下来，作为迫使对方让步的筹码。

（4）指责法。它是指对对方的某项错误或礼仪失误严加指责，使其感到内疚，从而达到营造低调气氛，迫使对方让步的目的。

### 3.营造自然气氛

许多谈判都是在自然气氛中开始的。谈判双方在自然气氛中传达的信息往往比在高调气氛和低调气氛中传送的信息要准确、真实。当谈判一方对另一方的情况了解很少，对方的谈判态度不明朗时，在自然气氛中开始对话是比较有利的。营造自然气氛要注意自己的行为、礼仪；要多听、多记、多问；询问方式要自然；对对方的提问，能正面回答的一定要正面回答，不能回答的，要采用恰当方式回避。

总而言之，谈判人员可以根据需要来营造适于自己的谈判气氛。同时，在营造谈判气氛时，一定要注意外界客观因素的影响，如节假日、天气情况、突发事件等，它们对谈判气氛有重要影响。

## 四、国际商务谈判开局应注意的问题

谈判开局是谈判进入开始阶段的过渡时间，谈判双方的见面、寒暄、握手、笑谈等都是由此开始的，它的关键作用是消除双方的心理压力，营造轻松、和谐的气氛，为后续工作的展开做铺垫。在这个阶段，我们要注意下述几个问题：

### （一）有底线、有原则

在谈判的开局阶段，谈判人员要尽力争取营造和谐、相互尊重、互利共赢的开局氛围，但是这并不意味着一味迁就、刻意奉承，否则可能会引起对方的反感，有时甚至会助长另一方的嚣张气焰，破坏谈判的气氛。在谈判过程中，谈判人员要有自己的底线，该争取则争取，该让步则让步，如果对方毫无谈判诚意，见利忘义，就必须据理力争，尤其是在原则性的问题上更要慎重，必要时考虑退出谈判，这样才能真正做到相互信任，赢得对方的尊重。

### （二）控制好开场白的节奏

开局阶段意味着正式的谈判即将到来，谈判双方都难免紧张，容易出现冷场与尴尬，一段轻松适宜的开场白，可以舒缓谈判人员的神经，营造出融洽和谐的气氛，为谈判正题的提出做好铺垫。在开场白阶段，要从两方面控制节奏：一是在内容上，选择的话题应该是积极向上的，讲述开场白过程中要自然大方，语速适中，切忌慌慌张张或滔滔不绝的现象，破坏对方对己方的印象。二是在时间上，开场白的时间要有所控制，根据谈判总时间做出相适应的安排。一般来说，如果谈判时间比较长、持续多天，那么双方可以专门组织一个接风宴会，充分了解对方、交流感情，营造友好热烈的谈判气氛；

如果谈判总体时间不超过一天，那么开场白的时间最好不要超过总时间的5%。

（三）观察谈判对手的谈判风格

国际商务谈判的一大特点就在于谈判参与人员的多国性、多民族性。谈判人员在文化背景、价值观念、风俗习惯等方面有很大差异，加上个人的谈判经验、性格特点上的不同，每个谈判人员的谈判风格各具特色。开局阶段，要想赢得对方的尊重，创造轻松和谐的气氛，高明的谈判者会在开局阶段观察分析谈判对手的行为举止，比如态度、表情、性格等，结合对方一贯的谈判风格，因势利导，化解矛盾。

## 第二节　国际商务谈判开场陈述

### 一、开场陈述的任务

开场陈述，也称开局陈述，是谈判双方在开局阶段就谈判内容分别阐明各自的观点、立场、原则和建议。由于是在报价和实质性的磋商之前，应将强调己方利益作为重点，简明扼要地谈出所涉及的议题即可。开场陈述的任务有以下3点：

（1）双方要把本次谈判所涉及的内容全部揭示出来，使双方彼此了解对方对本次谈判内容所持有的立场与观点，并在此基础上，就一些分歧分别发表建设性意见或倡议。

（2）要通过开场陈述消除对方的心理压力，调动其谈判热情。这是因为在谈判开始时，双方的注意力会十分集中，压力也很大，并通过“高度戒备”心理状态审视对方提出的条件，谈判的氛围比较紧张。

（3）营造轻松和谐的谈判气氛。

### 二、开场陈述的内容

开场陈述的内容主要包括谈判双方在开始阶段理应表明的观点、立场、计划和建议。

（1）己方的原则，即己方为实现双方共同的利益可向对方做出的最大让步，是己方在谈判过程中始终要坚持的底线。

（2）己方的立场，即表明己方在未来合作中出现机会或阻挠时，对待问题的态度和方式。

（3）己方的利益，即己方以明确的态度表明希望通过本次谈判获得的利益。特别是对于至关重要的首要利益，要重点阐明其不可更改性。

（4）己方对问题的理解，即己方认为本次谈判可能涉及的所有问题。

（5）己方对对方陈述的建议，在对方陈述完其原则、立场和利益等问题后，对其中涉及原则的问题，一定要提出己方的疑问和看法。

### 三、开场陈述的方式

在实践中，谈判开场陈述的方式可以有以下3种：

### （一）提交书面材料，不作口头陈述

这是一种局限性很大的陈述方式，一般只在两种情况下运用：一种情况是己方在谈判规则的束缚下不可能有别的选择方式。比如在招标与投标活动中，双方人员不见面、不磋商，只是通过文件传递信息。另一种情况是己方准备把提交的书面材料作为最后的交易条件。此时双方已没有商谈的必要，也无须对交易条件再进行任何解释，书面材料中呈现的条件为终局条件，对方要么全盘接受，要么全盘拒绝。

### （二）提交书面材料，并作口头陈述

在会谈前将书面材料提交给对方，在对方提出问题后，给予适当的解答。

这种方法有很多优点：书面交易条件内容完整，能把复杂的内容用详细的文字表达出来，对方可一读再读，全面理解。

提交书面交易条件也有缺点：毕竟写上去的东西难以更改，这会对自己形成一种约束。另外，文字形式的条款不如口语带有感情色彩，显得比较生硬。

### （三）口头提出交易条件

这种形式是在事先双方不提交任何书面文件的条件下，仅仅在会谈时口头提出交易条件。

这种方法的优点是：可以见机行事，有很大的灵活性；先磋商后承担义务；可充分利用感情因素建立个人关系、缓解谈判气氛等。

这种方法的缺点是：容易受到对方的反击；阐述复杂的统计数字与图表时相当困难；语言的不同可能会造成误会。

## 四、开场陈述应注意的问题

（1）态度友好礼貌，表达严谨，给对方信任感和尊重感，营造良好的氛围，避免以势压人，更不能故意挑衅。

（2）专心倾听对方陈述，以便清楚无误地了解对方观点。遇到不明白的地方，要及时提问，并且随时纠正对方的概念性错误，尤其要注意对方的陈述中，是否有触及己方底线的问题，若有，要及时提出，要求合理的解释和答案。

（3）表达观点要重点突出、简明扼要、紧扣主题，明确无误地向对方阐述己方的立场和观点，避免没有重点的长篇大论。

（4）合理安排陈述时间，避免出现独霸会场的局面。尽量使谈判双方的陈述时间相当，维持双方平衡。

**【案例5-2】**

我国某出口公司的一位经理在同东南亚某国商人洽谈大米出口交易时开场陈述是这样表达的："诸位先生，首先让我向几位介绍一下我方对这笔大米交易的看法。我们对这笔出口买卖很感兴趣，我们希望贵方能够现汇支付。不瞒贵方说，我方已收到了某国其他几位买方的递盘。因此，现在的问题只是时间，我们希望贵方能认真考虑我方的要求，尽快决定这笔买卖的取舍。当然我们双方是老朋友了，彼此有着很愉快的合作经历，希望这次洽谈会进一步加深双方的友谊。这就是我方的基本想法。"

资料来源：汤秀莲. 国际商务谈判［M］. 北京：清华大学出版社，2009.

# 第三节 国际商务谈判开局策略

## 一、制定开局策略的目的

国际商务谈判开局策略是谈判人员为谋求和实现对谈判开局的控制而采取的行动或手段。为保证国际商务谈判能够顺利进行下去，开局策略应能够实现以下3个目的：

### （一）确定正确的开局方式

开局的方式是制定开局策略的核心问题。谈判人员的所作所为是左右谈判开局的重要因素，包括谈判人员之间相互作用的方式、谈判人员的各自性格融合或冲突的方式、谈判人员影响谈判的方式以及谈判一方对另一方影响的措施等。因此，积极主动地调节自己和对方的所作所为，创造良好的谈判气氛，是顺利开局的核心。

最为理想的开局方式是以轻松、愉快的语气先谈一些双方容易达成一致意见的话题。比如，“咱们先确定一下今天的议题，如何?”“先商量一下今天的大致安排，怎么样?”这些话从表面上看好像无足轻重，但这些要求往往最容易引起对方肯定的答复，因此比较容易创造一种“一致”的感觉，如果能够在此基础上悉心培养这种感觉，就可以创造出一种“谈判就是要达成一致意见”的气氛，有了这种气氛，双方就能比较容易地达成互利互惠的协议。可见，良好的开局方式是成功的一半。

### （二）探求对方的实际需求

需求是引发行为的动因。国际商务谈判人员在谈判开局中要注重研究谈判对手的需求、动机心理，把握其行为的规律性，就能够掌握谈判的主动权。

有经验的谈判人员在谈判交锋之前不仅对自己一方的需求有深入的了解，而且对对方的需求也会进行认真的分析揣摩。一般来说，谈判者当前的主导需求、需求急切程度、需求满足的可替代性等因素都影响着谈判者的行为。分析谈判者需求特别是对手需求时要考虑到这些因素，要根据具体情况采取相应的谈判策略。

### （三）激发对方的谈判欲望

欲望是成功的原动力，欲望越强烈，谋求目标的动机就越强烈。开局策略应该根据对手的特点来制定，有针对性地刺激其欲望。比如说开场陈述要能够吸引对方的注意力，引起对方对谈判的兴趣，让对方深切感受到这个谈判项目对其发展有多么重要，从而激发对方的谈判和成交的欲望。

有经验的谈判人员就像棋手一样，对谈判过程的每一步都进行布局，以消除意见分歧对谈判可能产生的不良影响，保证谈判能够顺利进行下去，实现自己的谈判目标。

## 二、开局策略的实施

### （一）一致式开局策略

所谓一致式开局策略，是指在谈判开始时，为使对方对自己产生好感，以“协商”“肯定”的方式，创造或建立起对谈判的“一致”的感觉，从而使谈判双方在愉快友好的气氛中不断将谈判引向深入的一种开局策略。

【案例5-3】

1972年2月，美国总统尼克松访华，中美双方将要展开一场具有重大历史意义的国际谈判。为了创造一种融洽和谐的谈判环境和气氛，中国方面在周恩来总理的亲自领导下，对谈判过程中的各种环境都做了精心而又周密的准备和安排，甚至对宴会上要演奏的中美两国民间乐曲都进行了精心挑选。在欢迎尼克松一行的国宴上，当军乐队熟练地演奏起由周总理亲自选定的《美丽的亚美利加》时，尼克松总统简直听呆了，他绝没有想到能在中国的北京听到他如此熟悉的乐曲，因为，这是他平生最喜爱的并且指定在他的就职典礼上演奏的家乡乐曲。敬酒时，他特地到乐队前表示感谢，此时，国宴达到了高潮，而一种融洽而热烈的气氛也同时感染了美国客人。一个小小的精心安排，赢得了和谐融洽的谈判气氛，这不能不说是一种高超的谈判艺术。

资料来源：马克态. 商务谈判理论与实务［M］. 北京：中国国际广播出版社，2004.

一致式开局策略的目的在于创造取得谈判胜利的条件。现代心理学研究表明，人们通常会对那些与其想法一致的人产生好感，并愿意将自己的想法按照那些人的观点进行调整。这一研究结论正是一致式开局策略的心理学基础。运用一致式开局策略的具体方式如下：

1.协商式开局

协商式开局也称问询式开局，是指将答案设计成问题，以协商的口吻来征求谈判对手的意见。例如："你看我们把价格及付款方式问题放到后面讨论怎么样？"

运用这种方式时应该注意的是，拿来征求对手意见的问题应是无关紧要的问题，即对手对该问题的意见不会影响到本方的具体利益。

2.补充式开局

补充式开局也称赞同式开局，是指借对对方意见进行补充或赞同之机，使自己的意见变成对方的意见，从而在双方之间达成一致和共识。

需要注意的是，在赞成对方意见时态度不要过于谄媚，要让对方感觉到自己是出于尊重，而不是奉承。

一致式开局策略可以在高调气氛和自然气氛中运用，但尽量不要在低调气氛中运用。因为，在低调气氛中运用这种策略容易使自己陷入被动。一致式开局策略如果运用得好，可以将自然气氛转变为高调气氛。

（二）保留式开局策略

保留式开局策略是指在谈判开局时，对谈判对手提出的关键性问题不做彻底、确切的回答，而是有所保留，从而给对手造成神秘感，以吸引对手步入谈判。

【思政案例5-1】

江西省某工艺雕刻厂被誉为"天下第一雕刻"。有一年，日本三家株式会社的老板同一天到该厂订货。其中一家资本雄厚的大商社要求原价包销该厂的佛坛产品，这应该说是好消息。但该厂想，这几家原来都是经销韩国、中国台湾地区产品的商社，为什么争先恐后、不约而同到本厂订货？他们查阅了日本市场的资料，得出的结论是本厂的木材质量上乘、制作工艺高超是吸引外商订货的主要原因。于是该厂采用了"待价而沽""欲擒故纵"的谈判策略，先不回应那家大商社，而是积极抓住两家小商社求货心切的心理，把佛坛的梁、榴、柱分别与其他国家的产品做比较。在此基础上，该厂将产品当金条一样争价钱、论成色，使其价格达到理想的高度。首先与小商社拍板成交，造成那家大客商产生失去货源的危机感。这样那家大客商不但更急于订货，而且想垄断货源，于是大批订货，以致订货数量超过该厂现有生产能力的好几倍。

该厂谋略成功的关键在于其策略不是盲目的、消极的。首先，该厂产品确实好，而几家客商求货心切，在货比货后让客商折服。其次，巧于审势布阵。先与小客商商谈，并非疏远大客商，而是牵制大客商，促其产生失去货源的危机感，这样订货数量和价格才可能大幅增加。

资料来源：聂元昆．商务谈判学［M］．北京：高等教育出版社，2016．

采用保留式开局策略时不要违反国际商务谈判的道德原则，即以诚信为本，向对方传递的信息可以是模糊信息，但不能是虚假信息，否则，会使自己陷入非常难堪的局面之中。

保留式开局策略适用于低调气氛和自然气氛，而不适用于高调气氛。保留式开局策略还可以将其他的谈判气氛转变为低调气氛。

### （三）坦诚式开局策略

坦诚式开局策略是指在向谈判对手表明自己的观点、立场和建议时，选择开诚布公的、坦诚直接的方式。这种策略比较适用于过去已经有过多次商务往来，信任度较高的双方。以这种方式开局，可以省去不必要的外交辞令，以双方密切的合作关系为基础，直接提出己方对谈判的期望和要求，让对方感觉到己方的坦率真诚。

在己方实力明显弱于对方时，没有必要对既有事实进行过多的遮掩，因此坦诚式开局策略也可用于实力明显较弱的谈判者。选择坦率地向对方承认己方的弱点，既是对谈判对手的尊重，又是对己方能力和信心的肯定。有助于对谈判的关键问题进行清晰的解释，展示出坦率和真诚的态度，进而有利于建立彼此间的信任，推动谈判顺利进行。

**【案例5-4】**

北京某区一位党委书记在同外商谈判时，发现对方对自己的身份持有强烈的戒备心理。这种状态妨碍了谈判的进行。于是，这位党委书记当机立断，站起来对对方说道："我是党委书记，但也懂经济、搞经济，并且拥有决策权。我们摊子小、实力不强，但人实在，愿意真诚与贵方合作。咱们谈得成也好，谈不成也好，至少你这个外来的'洋'先生可以交一个我这样的'土'朋友。"寥寥几句肺腑之言，一下子就打消了对方的疑虑，使谈判顺利地向纵深发展。

资料来源：卞桂英，刘金波．国际商务谈判［M］．北京：北京大学出版社，2008．

### （四）挑剔式开局策略

挑剔式开局策略是指开局时对对手的某项错误或礼仪失误严加指责，使其感到内疚，从而达到营造低调气氛，迫使对手让步的目的。

**【案例5-5】**

中国一家公司到美国采购一套大型设备。中方谈判人员因交通堵塞耽误了时间，当他们赶到谈判会场时，比预定时间晚了将近半个小时。美方谈判代表对此大为不满，花了很长时间来指责中方代表的这一错误，中方代表感到很难为情，频频向美方代表道歉。谈判开始以后，美方代表似乎还对中方代表的错误耿耿于怀，一时间弄得中方代表手足无措，无心与美方讨价还价。等到合同签订以后，中方代表才发现自己吃了一个大亏。

本案例中美国谈判代表成功地使用挑剔式开局策略，迫使中国谈判代表自觉理亏，在来不及认真思考的情况而匆忙签下对美方有利的合同。

资料来源：蒋小华. 商务谈判［M］. 重庆：重庆大学出版社，2019.

挑剔式开局的应对技巧：

（1）只要有耐心，那些虚张声势的问题及要求自然会慢慢淡化，而且会失去影响力。

（2）遇到实际问题时，要能够直击要害，开门见山地和对方商谈。

（3）对于某些暂时无法或无须解决的问题和要求，要能避重就轻。

（4）及时地提出抗议。

（5）不要轻易让步。

### （五）进攻式开局策略

进攻式开局策略是指通过语言或行为来表达己方强硬的态度，从而获得谈判对手必要的尊重，并借以制造心理优势，使得谈判顺利地进行下去。

**【案例5-6】**

日本丰田汽车公司最初进入美国时，由于不了解市场状况，很想找一家美国代理商帮助推销自己的产品。当日方谈判代表前往一家美国汽车经销商约定的谈判地点时，突遇路上堵塞，结果迟到了，美方代表对此大发雷霆，想以此为手段获得更高比例的代理佣金及其他优惠条件。日方代表被逼得无路可退，于是站起身来（进攻的姿态）冷冷地说："很抱歉因为我们的迟到耽误了您的时间。不过，这绝非我们有意这样做的。我们本以为美国的交通条件要比日本好得多，没想到今天所遇到的状况超乎我们的想象（贬低对方），所以才导致这个不愉快的结果发生。我希望我们不会再因为这个问题而耽误宝贵的时间了。如果您因为这件事而对我方的合作诚意表示怀疑的话，那么，我们只好结束这次谈判（发起攻势），不过，按我方所给出的优惠条件，是不难在美国找到其他合作伙伴的（威胁对方）。"

日方代表的一席话顿时让美方代表傻了眼。其实，这家美国经销商并不想失去这个赚钱机会，只是想借机吓唬吓唬日方，没想到人家不吃这一套。于是，赶紧收敛了怒气，心平气和地与日方开始了谈判。

资料来源：卞桂英，刘金波. 国际商务谈判［M］. 北京：北京大学出版社，2008.

采用进攻式开局策略一定要谨慎，因为在谈判开局阶段就设法显示自己的实力，会使谈判开局就处于剑拔弩张的气氛中，对谈判的进一步发展极为不利。

进攻式开局策略通常只在这种情况下使用：发现谈判对手在刻意制造低调气氛，这种气氛对本方的讨价还价十分不利，如果不把这种气氛扭转过来，将损害本方的切实利益。进攻式开局策略可以扭转不利于己方的低调气氛，使之走向自然气氛或高调气氛。但是，进攻式开局策略也可能使谈判陷入僵局。

## 三、开局策略的调整

开局策略是谈判双方在会谈之前根据谈判的目标、计划、进度和人员特征等进行的预测性安排。随着开局会谈的逐步展开，双方有了进一步的接触，彼此的谈判目标、意图和策略方法也就渐露端倪，双方对彼此的基本情况会有一些了解，为了能够使谈判顺利进行下去，就要根据谈判情形对既定的策略进行调整和完善，实现双方的一致目标。

谈判中最重要的一点是弄清对方的意图。开局策略的调整就是分析对方在开局阶段所表现出来的行为，判断对方的谈判目标和真实意图。具体来说，策略的调整要围绕两个方面进行分析：一是要分析对方是否在谈判开始时就持有合作、诚挚的态度；二是要分析在我方提出的谈判方案中，哪些是对方可能接受的，哪些是对方不易接受的。

如果对方在确定谈判目标和谈判议程等小问题上都不肯合作，那么他对谈判毫无诚意或妄自尊大就是确定无疑的了。对此，我方应调整策略，让对方对自己有个正确的认识。如果对方只是关心他自己的利益，那就必须采取相应策略，放弃互惠的想法，努力争取自己的利益，这样，对方也许会及时醒悟，放弃其自私的要求。

谈判开局的过程中，谈判双方要不断回顾一下已取得了哪些共识，并对己方提出的谈判方案和所制定的策略进行评估，无论对方如何反应，都应对对方的行为和态度进行分析，并拟定恰当的应对策略。

## 讨论与思考

1. 国际商务谈判开局的主要任务有哪些？
2. 确定恰当的开局策略需要考虑哪些因素？
3. 国际商务谈判开场陈述的主要内容有哪些？
4. 国际商务谈判的开局策略有哪些？

## 拓展阅读

### 良好的开局是成功的一半

美国著名的柯达公司创始人乔治·伊斯曼成为美国巨富之后，不忘社会公益事业，捐赠巨款建造一座音乐厅、一座纪念馆和一座戏院。为承接这批建筑物内的座椅，许多建造商展开了激烈的竞争。找伊斯曼谈生意的商人无不乘兴而来，败兴而归，毫无所获。

正是在这种情况下，美国优美座位公司的经理亚当森前来会见伊斯曼，希望能够得到这笔价值9万美元的生意。伊斯曼的秘书在引见亚当森前，就对亚当森说："我知道您急于想得到这批订货，但我现在可以告诉您，如果您占用了伊斯曼先生5分钟以上的时间，您就完了。他是一个很严厉的大忙人，所以您进去以后要快快地讲。"

亚当森被引进伊斯曼的办公室后，看见伊斯曼正埋头于桌上的一堆文件，于是他静静地站在那里仔细地打量起这间办公室来。

过了一会儿，伊斯曼抬起头来，发现了亚当森，便问道："先生有何见教？"

秘书把亚当森做了简单的介绍后，便退了出去。这时亚当森没有谈生意，而是说：

“伊斯曼先生，我在等您的时候，仔细地观察了您的这间办公室。我本人长期从事室内的木工装修，但从来没见过装修得这么精致的办公室。”

伊斯曼回答说：“哎呀！您提醒了我差不多忘记了的事情。这间办公室是我亲自设计的，当初刚建好的时候，我喜欢极了。但是后来一忙，一连几个星期都没有机会仔细欣赏一下这个房间。”

亚当森走到墙边，用手在木板上一擦，说：“我想这是英国橡木，是不是？意大利的橡木质地不是这样的。”

“是的，”伊斯曼高兴地站起身来回答说，“那是从英国进口的橡木，是我的一位专门研究室内橡木的朋友专程去英国为我订的货。”

伊斯曼心情极好，便带着亚当森仔细地参观他的办公室，他把办公室内所有的装饰一件件地向亚当森做介绍，从木质谈到比例，又从比例扯到颜色，从手艺谈到价格，然后又详细介绍了他的设计经过。亚当森微笑着聆听，饶有兴致。

亚当森看到伊斯曼谈兴正浓，便好奇地问起他的经历。伊斯曼便向他讲述了自己苦难的青少年时代的生活，母子俩如何在贫困中挣扎的情景，自己发明柯达相机的经过，以及自己打算为社会所做的巨额的捐赠……

亚当森由衷地赞扬他的公德心。本来秘书警告过亚当森，会谈不要超过5分钟，结果亚当森和伊斯曼谈了一个小时又一个小时，一直谈到中午。

最后，伊斯曼对亚当森说：“上次我在日本买了几张椅子，放在我家的走廊里，由于日晒，都脱了漆。昨天我上街买了油漆，打算由我自己把它们重新油好。您有兴趣看看我的油漆表演吗？好了，到我家里和我一起吃午饭，然后再看看我的手艺吧！”

午饭以后伊斯曼便动手把椅子一一漆好，并深感自豪。第二天，便开始了这场在别人看来十分艰难而他们却显得十分轻松和友好的实质性谈判。亚当森不但得到了大量订单，而且和伊斯曼结下了终生的友谊。

资料来源：龚荒．商务谈判与沟通［M］．北京：人民邮电出版社，2022.

# 第六章
# 国际商务谈判磋商策略

## 学习目标

【知识目标】

了解商务谈判的报价原则、报价方式，掌握商务谈判的报价策略；了解还价前的准备、还价原则，掌握还价的方法及策略；了解让步的原则、步骤和方式，掌握让步策略、促使对方让步的策略以及阻止对方进攻的策略。

【育人目标】

践行实践出真知的思想理念，理论联系实际，用实践来检验谈判理论；在磋商中树立正确的人生观、价值观、法治观、消费观，树立正确的沟通、交流、团结、合作共赢意识。

【导读】

**谈判中的磋商**

中国某电子产品进出口公司与日本的NEC公司进行洽谈，准备订购其一批产品投放市场。当时我国消费者对日本NEC公司的产品知之甚少，尽管它在世界市场上占有一定的市场份额，但在中国市场上还是一片空白。在谈判中，双方对产品价格的设定产生分歧。

日方代表坚持以国际市场的价格报价，而我方则要求其降低售价。双方各执一词，相持不下。日方认为他们的报价是国际市场的价格，不能让步。

我方代表则十分诚恳地说："不错，你们的报价确实是国际市场的价格。但你们是否考虑过，虽然你们的产品在国际市场上已经有了不错的成绩，但目前中国市场上还没有你们的产品，中国消费者还不了解你们产品的优点。所以，我方进口你们的产品后，要先进行一系列的广告宣传，使中国消费者了解你们的产品。一旦宣传成功，中国市场的潜力是非常大的，到那时，NEC产品的需求量将会迅速上升，而作为中国最具实力的电子产品进出口公司，我们也肯定会给贵公司带来大量订单。""而眼下你们提出的价格肯定会影响该产品在中国市场上的竞争力。""因为我们要进行大规模的广告宣传，如果按你们的产品价格来定价，那么产品价格就会高于其他同类产品，而中国消费者对这个产品的优点还不够了解，这样很可能会导致试销失败。如果我们试销失败了，其他公司也不会轻易再做尝试，这个产品在中国市场上相当长的一段时间将会是个空白。希望你们慎重考虑怎样做才比较合适。”

日方听了我方有理有据且十分诚恳的阐述后，意识到这次洽谈并不仅仅是一次普通的商品交易，而是关系到开拓中国市场、长期发展合作的大事。牺牲眼前利益，降低产品售价，做出小的让步，会赢得与日俱增的广阔市场，孰重孰轻，一目了然。日方当即表示：为了配合开拓中国市场，可以先以成本价小批量供应一批产品，以后再逐步向国际市场靠拢。为了帮助中方进行产品宣传，日方还愿意提供一笔无息贷款，以解决广告费用问题。

后来，经我方公司的大力宣传，加上NEC的产品性能优良，产品引进中国市场后，在很短的时间内就得到了中国消费者的认可，NEC公司也获得了丰厚的回报。

磋商阶段是国际商务谈判的核心环节，磋商的过程及其结果直接关系到谈判双方所获利益的大小，决定着双方各自需要的满足程度。因而，选择恰当的策略来规划这一阶段的谈判行为，无疑有着特殊重要的意义。磋商既是双方求同存异、协商确定交易条件的过程，又是双方斗智斗勇，在谈判实力、经验和智力等诸多方面展开全面较量的过程，磋商阶段的谈判策略多种多样。

资料来源：徐文，谷泓，陈洁．商务谈判［M］．北京：中国人民大学出版社，2018.

## 第一节　报价策略

报价是国际商务谈判的一个重要阶段，交易条件的确立是以报价为前提的。报价不仅表明了谈判者对有关交易条件的具体要求，集中反映着谈判者的需要与利益。而且，谈判者可以通过报价进一步分析、把握彼此的意愿和目标，以便有效地引导谈判行为。这里所谓的报价，不仅是指在价格方面的要求，还包括价格在内的整个交易的各项条件。在报价阶段，谈判者的根本任务是正确表明己方的立场和利益。

### 一、报价的原则

报价并非就是简单地提出己方的交易条件，这一过程实际上是非常复杂的，稍有不慎就有可能陷自己于不利的境地。大量的谈判实践告诉我们，在报价过程中是否遵循以下几条原则，对报价的成败有着决定性的影响：

#### （一）报价的首要原则

对卖方而言，开盘价必须是最高的；相应地，对买方而言，开盘价必须是最低的。这是报价的首要原则。对此我们可以从几个方面进行分析。

（1）对卖方来说，最初的报价也即开盘价，实际上为谈判的最终结果确定了一个最高限度。因为在买方看来，卖方报出的开盘价无疑表明了他们追求的最高目标，买方将以此为基准要求卖方做出让步。在一般情况下，买方不可能接受卖方更高的要价，买方最终的成交价将肯定在开盘价以下。

（2）开盘价的高低会影响对方对本方的评价，从而影响对方的期望水平。比如卖方产品价格的高低，不仅反映着产品的质量水平，还与市场竞争地位及销售前景等直接相关，买方会由此而对卖方形成一个整体印象，并据此来调整或确定己方的期望值。一般来说，开盘价越高，对方对我方的评价越高，其期望水平可能就越低。

（3）开盘价越高，让步的余地就越大。在谈判过程中，双方都必须做出一定的让步。如果在一开始就能为以后的让步预留足够的回旋余地，在面对可能出现的意外情况，或对方提出的各种要求时，就可以做出更为积极有效的反应。

（4）开盘价高，最终成交价的水平也就比较高。或者说，最初的报价越高，最终所能得到的往往就越多。因为要价越高，就越有可能与对方在较高的价格水平上达成一致。

### （二）开盘价必须合乎情理

开盘价必须是最高的，但这并不意味着可以漫天要价，相反，报价应该控制在合理的界限内。如果本方报价过高，对方必然会认为你缺乏谈判的诚意，可能立即终止谈判；也可能针锋相对地提出一个令你根本无法认可的报价水平；或者对本方报价中不合理的成分一一质疑，迫使你不得不很快做出让步。在这种情况下，即使你已将交易条件降至比较合理的水平，但这一合理的条件在对方看来仍然可能是极不合理的。

因此，本方提出的开盘价，既应服从于本方寻求最高利益的需要，又要兼顾对方能够接受的可能性。开盘价虽然不是最终的成交价，但如果报价高到被对方认为是荒谬的程度，从一开始就彻底否定我方报价的合理性，双方的磋商是很难顺利进行下去的。在确定报价水平时，一个普遍认可的做法是：只要能够找到足够的理由证明你方报价的合理性，报出的价格就应尽量提高。换句话说，报价应该高到你难以找到理由再为提高价格辩护的程度。

### （三）报价应该坚定、明确、清楚

谈判者首先必须对己方报价的合理性抱有充分的自信，然后才可望得到对方的认可。在提出本方的报价时应该坚决而果断，在言谈举止上表现出任何的犹豫和迟疑，都有可能引起对方的怀疑，并相应增强对方进攻的信心。报价还应该非常明确、清楚，报价时所运用的概念的内涵、外延要准确无误，言辞应恰如其分，不能含混模糊，以免对方产生误解。为确保报价的明确、清楚，可以预先备好印刷成文的报价单。如果是口头报价，也可适当地辅以某些书面手段，帮助对方正确理解我方的报价内容。

### （四）不对报价做主动的解释、说明

谈判人员对己方的报价一般不应附带任何解释或说明。如果对方提出问题，也只宜做简明的答复。在对方提出问题之前，如果我方主动进行解释，不仅无助于增加我方报价的可信度，反而会使对方意识到我方最关心的问题是什么，这无异于主动泄密。有时候，过多的说明或辩解，还容易使对方从中发现我方的破绽和弱点，让对方寻找到新的进攻点和突破口。

## 二、报价的方式

所谓的报价方式，就是指报价的方法及其形式，包括交易条件的构成、提出条件的程序以及核心内容的处理等。简单地说，报价方式解决的就是如何报价的问题。

前面我们分析的几项报价原则，对现实谈判中的报价有着非常重要的指导意义。但在涉及某项具体的国际商务谈判时，还必须结合当时的实际情况，尤其是特定的谈判环

境以及谈判双方的相互关系，灵活地确定报价方式。如果双方关系良好，又有过较长时间的合作关系，报价就不宜过高。如果双方处于冲突程度极高的场合，那么，报价不高就不足以维护本方的合理利益。如果本方有多个竞争对手，那就必须把报价压低到至少能受到邀请参与谈判的程度。

在国际商务谈判中，有两种典型的报价方式可供我们借鉴。需要注意的是，除了这两种方式之外，还可以有其他许多种报价方式，谈判者完全不必拘泥于已有的固定模式，而应该根据实际情况做出决策。

（一）高价报价方式

高价报价方式的一般做法是，卖方首先提出留有较大余地的价格，然后根据谈判双方的实力对比和该项交易的外部竞争状况，通过给予各种优惠，如数量折扣、价格折扣、佣金和支付条件方面的优惠（延长支付期限、提供优惠信贷等），逐步接近买方的条件，建立起共同的立场，最终达到成交的目的。这种方式与前面提到的有关报价原则是一致的，只要能稳住买方，使之就各项条件与卖方进行磋商，最后的结果往往对卖方是比较有利的。高价报价方式普遍为西欧国家厂商所采用，因此又称为西欧式报价。

**【案例6-1】**

1975年12月，在柏林召开的欧洲共同体各国首脑会谈上，进行了削减英国支付共同体经费的谈判。各国首脑们原来以为英国政府可能希望削减3亿英镑，从谈判的惯例出发，撒切尔夫人会提出削减3.5亿英镑，所以他们就在谈判中提议可以考虑同意削减2.5亿英镑。这样讨价还价谈判下来，会在3亿英镑左右的数目上达成协议。可是，完全出乎各国首脑们的意料，撒切尔夫人狮子大开口，报出了10亿英镑的高价，使首脑们瞠目结舌，一致加以坚决反对。可撒切尔夫人坚持己见，在谈判桌上始终表现出不与他国妥协的姿态，共同体各国首脑——这些绅士们，简直拿这位女士——铁娘子没有任何办法，不得不迁就撒切尔夫人。结果不是在3.5亿英镑，也不是在2.5亿英镑和10亿英镑的中间数——6.25亿英镑，而是在8亿英镑的数目上达成协议，即同意英国对欧洲共同体每年负担的经费削减8亿英镑。撒切尔夫人用报高价的手法获得了谈判的巨大成功。

资料来源：李爽．商务谈判［M］．北京：人民邮电出版社，2017.

（二）低价报价方式

低价报价方式也称日本式报价。其一般做法是，将最低价格列于价格表中，首先以低价唤起买方的兴趣。而这种低价格一般是以对卖方最有利的结算条件为前提的，并且，与此低价格相对应的各项条件实际上又很难全部满足买方的要求。只要买方提出改变有关的交易条件，卖方就可以随之相应提高价格。因此，买卖双方最终成交的价格，往往高于卖方最初的要价。

在面临严峻的外部竞争时，日本式报价是一种比较有效的报价方式。首先，它可以排除竞争对手的威胁，从而使己方与买方的谈判能够现实地发生。其次，其他卖家退出竞争之后，买方原有的优势地位就不复存在，他将不能以竞争作为向卖方施加压力的筹码。这样，双方谁都不占优势，卖方就可以根据买方在有关条件下所提出的要求，逐步地提高他的要价。

日本式报价虽然最初提出的价格是最低的，但它却在价格以外的其他方面提出最利于己方的条件。对于买方来说，要想取得更好的条件，他就不得不考虑接受更高的价格。因此，低价格并不意味着卖方放弃对高利益的追求。可以说，它实际上与西欧式报价殊途同归，两者只有形式上的不同，而没有实质性的区别。一般而言，日本式报价有利于竞争，西欧式报价则比较符合人们的价格心理。多数人习惯于价格由高到低，逐步下降，而不是相反的变动趋势。

**【案例6-2】**

美国芝加哥的大都会酒店是一座12层多达300个房间的建筑，地处市南，位置极佳。在19世纪20年代因被意大利籍黑手党头目卡邦租用其中的两层50个房间作为总部而闻名遐迩。但是好景不长，1947年卡邦死后，黑手党开始没落，大都会酒店也空置下来。1991年曾有传说酒店内藏有珠宝，可经过挖掘搜寻后，只找到一堆尸骨，这更使大都会酒店罩上了一层神秘的色彩。

此后，芝加哥市政府先后采取了一系列措施：查封该楼，不准入内；列为古迹，不准拆除。而且，最为令人吃惊的则是于1992年宣布出售大都会酒店，售价1美元，至今尚无人问津。

1美元可买下一家大酒店，这绝非天方夜谭式的大笑话。因为像这样廉价的房屋在全美各州均有买卖，房屋的外表大都破败不堪，房主因无法出售或抵押而由政府收回统一处理。但是根据美国有关法律，购买这类旧房不准拆卸，必须由买主在购入后一年内将其翻新，且至少使用5年后方可转手。

一位失业的男子就曾花1美元在弗吉尼亚州的一个小镇买了一所两室的住房，后在室内拣到73美分，所以，他实际上只花了27美分便得到了这所住房。但是，他的整个翻修工程却花了3 000美元。

大都会酒店同样如此，它虽年久失修但不准拆除，只许翻新，以求重现该楼及附近当年的繁荣旧貌。据预算，它的翻修需要耗资近1亿美元！

问题就在这里！1美元买下大酒店固然令人神往，要再用1亿美元在购入1年内对酒店进行翻修就让人望而却步。

资料来源：卞桂英，刘金波．国际商务谈判［M］．北京：北京大学出版社，2008．

在国际商务谈判中，案例中的情况非常普遍。买方常常以较低的价格与卖方签订一份合同，为了图一时之利，买方也愿意选择最低的出价，然而他们常常忽略了额外的开支。买方在签约之后，就发现还必须在修理、改装、零配件供应、技术咨询等方面付出更多的费用，否则，买进的产品根本无法使用。而精明的卖方却在这些增加的费用上赚足了钱。

当然，在商业交易中，买方也可摆出一副低姿态的面孔，以吸引卖方。例如，他们在口头上承诺一大笔订货，实际上却大打折扣，提出一些看似容易，其实却是十分苛刻的条件；他们答应按期付款却是一拖再拖；他们许诺长期向卖方购买零配件，实际上却另寻买主等。这是一个买卖双方都可应用的策略。

## 三、报价的策略

### （一）报价的时间策略

在任何一项国际商务谈判中，谈判双方在报价的时间上通常都有一个先后次序，而且报价的先后往往会对最后的结果产生重大影响。可供谈判者选择的时间策略不外乎两种，即先于对方报价和后于对方报价。

一般而言，先报价较之后报价更为有利，先行报价所产生的影响力在整个谈判过程中都会持续地发生作用。先报价的有利之处主要表现在两个方面：首先，它为谈判的结果设定了难以逾越的界限，最终的协议将在这一界限内形成。例如，卖方报价某货物每吨1 000美元，可以肯定地说，最后的成交价是不会高于这一价格水平的。其次，先行报价会在一定程度上支配对方的期望水平，进而影响到对方在随后各谈判阶段的行为。尤其在报价出乎对方预料的情况下，往往会迫使对方仓促调整原来的计划。

当然，先报价的做法也有一定的缺陷。其一，先报价容易为对方提供调整行为的机会，可能会使己方丧失一部分原本可以获得的利益。在本方先行报价之后，由于对方对本方的利益界限有了相应的了解，他们就可以及时修改原来的报价，获取某些超出其预期的利益。比如卖方报价某货物每吨1 000美元，而买方事先准备的报价可能是1 100美元。在卖方报价后，买方显然会调整原先的报价，其报价水平肯定将低于1 000美元。这样对买方来说，后报价就使他至少获得了100美元的利益，而这恰恰是卖方所失去的。其二，在某些情况下，先报价的一方往往会在一定程度上丧失主动权。在本方报价后，有些谈判对手会对我方的报价提出各种质疑，不断向我方施加压力，迫使我方一步一步地降价，而矢口不谈他们自己的报价水平。在这种情况下，先报价的一方应坚持让对方提出他们的交易条件，以免使己方在随后的磋商中陷入被动。从某种意义上讲，先报价的上述不足之处，也正是后报价的优点所在。

先报价虽然要比后报价更有利，但这并不说明在任何情况下，谈判者都应采用先于对方报价的策略，更何况先行报价的只能是双方中的某一方。事实上，选择后报价的策略有时不仅十分有效，而且是非常必要的。在选择报价时机时，谈判者应充分考虑以下几个因素，根据实际情况做出决策：

#### 1.谈判的冲突程度

在冲突程度极高的国际商务谈判中，把握谈判的主动权往往是至关重要的，因而先报价比后报价更为合适。在合作程度比较高的谈判场合，先报价与后报价则没有多大差别，因为谈判双方都将致力于寻找共同解决问题的途径，而不是试图施加压力去击垮对方。

#### 2.谈判双方的实力对比

如果己方的谈判实力强于对方，或己方在谈判中处于相对有利的地位，先行报价是比较有利的。如果己方实力较弱，又缺乏必要的谈判经验，应让对方先报价。因为这样就可以通过对方的报价来了解对方的真实动机和利益所在，以便对己方的报价做出必要的调整。

3.商业习惯

就一般的社会习惯而言，发起谈判的一方通常应先行报价。在有些国际商务谈判中，报价的先后次序似乎也已有一定的惯例，比如货物买卖谈判，多半是由卖方先报价，买方还价，与之相反的做法则比较少见。

### （二）报价的时机策略

在价格谈判中，报价时机也是一个策略性很强的问题。有时，卖方的报价比较合理，但并没有使买方产生交易的欲望，原因往往是买主首先关心的是此商品能否给他带来价值，带来多大的价值，其次才是带来的价值与价格的比较。所以，价格谈判中，应当首先让对方充分了解商品的使用价值和能给对方带来多少收益，待对方对此发生兴趣后再谈价格问题。实践证明，提出报价的最佳时机，一般是对方询问价格时，因为这说明对方已对商品产生了购买欲望，此时报价往往水到渠成，比较自然。

有时，在谈判开始时对方就询问价格，这时最好的策略应当是听而不闻。应首先谈该商品或项目的功能、作用，能为交易者带来什么样的好处和利益，待对方对此商品或项目产生兴趣，交易欲望已被调动起来时再报价比较合适。

### （三）报价差别策略

由于购买数量、付款方式、交货期限、交货地点、客户性质等方面的不同，同一商品的购销价格也不同。这种价格差别，体现了商品交易中的市场需求导向，在报价策略中应重视运用。例如，对老客户或大批量购买的客户，为巩固良好的客户关系或建立起稳定的交易联系，可适当实行价格折扣；对新客户，有时为开拓新市场，也可适当给予折让；对某些需求弹性较小的商品，可适当实行高价策略等。

### （四）价格分割策略

价格分割是一种心理策略。卖方报价时，采用这种技巧，能制造买方心理上的价格便宜感。价格分割包括两种形式：

（1）用较小的单位报价。例如，茶叶每千克200元报成每两10元；大米每吨1 000元报成每千克1元。国外某些厂商刊登的广告也采用这种技巧，如“淋浴1次8便士”“油漆1平方米仅仅5便士”。巴黎地铁公司曾用过这样一则广告：“每天只需付30法郎，就有200万旅客能看到你的广告。”用小单位报价比大单位报价会使人产生便宜的感觉，更容易使人接受。

（2）用较小单位商品的价格进行比较。例如，“每天少抽一支烟，每天就可订一份××××报纸。”“使用这种电冰箱平均每天0.5元电费，0.5元只够吃1根最便宜的冰棍。”“一袋去污粉能把1 600个碟子洗得干干净净。”“×××牌电热水器，洗一次澡，不到1元钱。”

用小商品的价格去类比大商品会给人以亲近感，拉近与消费者之间的距离。

### （五）心理价格策略

人们在心理上一般认为9.9元比10元便宜，而且认为零头价格精确度高，给人以信任感，容易使人产生便宜的感觉。像这种在十进位以下的而在心理上被人们认为较小的价格叫作心理价格。因此，市场营销中有奇数定价这一策略。例如，标价49.00元，而不标50.00元，标价19.90元，而不标20.00元。

## 第二节 还价策略

还价指谈判中的一方首先报价之后，另一方认为离自己的期望目标太远，而要求报价方改善报价的行为。

### 一、还价前的准备

谈判的一方报价以后，一般情况下，另一方不会无条件地全部接受所报价格，而是根据对方的报价，在经过一次或几次讨价之后，估计其期望值和策略性虚报部分，推测对方可妥协的范围，然后根据已方的既定策略，提出自己可接受的价格，反馈给对方。如果说报价划定了讨价还价范围的一个边界的话，那么，还价将划定与其对立的另一条边界；双方将在这两条边界所规定的协议区内展开激烈的讨价还价。

还价策略的精髓在于“后发制人”。要想发挥“后发制人”的威力，就必须针对对方的报价做出周密的筹划。

（1）应根据对方对己方讨价所做出的反应和自己所掌握的市场行情及商品比价资料，对报价内容进行全面的分析，从中找出突破口和报价中相对薄弱的环节，作为己方还价的筹码。

（2）根据所掌握的信息对整个交易做出通盘考虑，估量对方及己方的期望值和保留价格，制定出己方还价方案中的最高目标。

（3）根据己方的目标设计出几种不同的备选方案，以保持己方谈判立场的灵活性。

### 二、还价的原则

在国际商务谈判中，要进行有效的还价就必须遵循一定的原则。

（1）在还价之前必须充分了解对方报价的全部内容，准确了解对方提出条件的真实意图。要做到这一点，还价之前设法摸清一下对方报价中的条件哪些是关键的、主要的，哪些是附加的、次要的，哪些是虚设的或诱惑性的，甚至有的条件的提出，仅仅是交换性的筹码。只有把这一切搞清楚，才能提出科学的报价。

（2）为了摸清对方报价的真实意图，可以逐项核对对方报价中所提的各项交易条件，探询其报价依据或弹性幅度，注意倾听对方的解释和说明。但勿加评论，更不可主观地猜度对方的动机和意图，以免给对方反击提供机会。还价应掌握在双方谈判的协议区内，即谈判双方互为临界点和争取点之间的范围，超过此界线，谈判难以获得成功。

（3）如果对方的报价超出谈判协议区的范围，与己方准备要提出的还价条件相差甚大，不必草率地提出自己的还价，而应先拒绝对方的还价。必要时可以中断谈判，给对方一个价格，让对方在重新谈判时另行报价。

### 三、还价的方法

一般而言，还价是建立在科学的计算以及精确的观察、判断、分析基础上的，当然，忍耐力、经验、能力和信心也是十分重要的。我们可以采用下列方法还价：

### （一）暂缓还价法

暂缓还价法是针对对方报价与我方看法过于悬殊的一种做法。在分析的基础上，找出对方报价条款中的不合理之处，逐条与对方磋商，目的在于使对方撤回原报价，重新考虑比较实际的报价。有时也可采用先拟定提问顺序表，把握好提问顺序，在逐渐取得一致看法后，才抛出还价的价格条款。

### （二）低还价法

低还价法是与高报价法完全针锋相对的一种策略。只要有充分理由，还价可尽可能低，这可起到限制对方期望值、纠正讨价还价起点的作用。有时也可不考虑对方的报价，而由我方采用口头或书面方式重新报价，探测对方的反应。

### （三）列表还价法

列表还价法是指就还价问题列成两张表：一张是我方不能让步的问题和交易条件，常可写成合同条款形式；另一张是我方可以考虑让步或给予优惠的具体项目，附上数字，表明让步的幅度和范围。列表还价法多运用于双方已有长期的合作关系的谈判，由于彼此信任度较高，采用列表还价法可加快谈判进程。

### （四）条件还价法

条件还价法是指以让步换取让步的还价方法。在大型国际商务谈判中，讨价还价阶段往往需要许多回合的会谈。如果双方想法和要求差距很大，并都坚持不让步妥协，谈判就会陷入僵局。这种局面是双方都不愿看到的。为打破僵局，争取谈判成功，常采用此法。

## 四、还价起点的确定

还价起点是指第一次还价的价位。还价起点的确定对谈判的进程有重要影响。从买方来说，还价的高低直接关系到自己的利益。还价太高有损于买方的利益，还价太低则显得缺乏诚意，均不利于国际商务谈判的正常进行。

还价的目的不仅仅是提供与对方报价的差异，而且应着眼于如何使对方承认这些差异，并愿意向双方互利性的协议靠拢。所以，还价起点的确定，从原则上讲，既要能够保持价格磋商过程得以进行，同时还价起点还要低，力求使自己的还价给对方造成压力，影响或改变对方的判断。此外，还价起点又不能太低，还价起点的高度必须接近对方的目标，使对方有接受的可能性。由于先前的报价实际为谈判划定了一定的范围和框框，并形成对该价格的深刻印象，还价一方很难对此范围和框框有大的突破。

还价起点受以下3个因素的制约：预定成交价、交易物的实际成本和还价次数。预定成交价是买方根据自己的预算所确定的可以接受的成交价格。事实上，买方的第一次还价很少立即被卖方接受。因此，买方在确定还价起点时即应考虑对方的再次进攻及自己的防守余地。若能一次还价成功，还价起点可适当提高一些。

## 五、还价的策略

### （一）投石问路策略

从字面上可以将投石问路理解为进行试探，是指谈判人员为了打探、推测对方的真实意图，故意提出一些假设性问题，每一个提问都是一颗探路的“石子”，通过观察对方的回答和反应，打探出交易价格的底线，了解直接从卖方那里不容易得到的诸如成本、价格等方面的资料，作为谈判的依据，做到心中有数，并据此制订自己的下一步计划。这一策略充分利用了信息不对称的优势和人们“做贼心虚”的心理，适用于谈判开始时的摸底阶段，一些虚虚实实的诱惑性提问，如通过对产品质量、购买数量、付款方式、交货时间等问题的提问来了解对方的虚实。煞有介事地恐吓，甚至是故意犯错或泄密，可以迷惑对手，使其主动暴露自己的信息，形成有利于己方的谈判形势。运用这一策略时，提问要尽可能围绕谈判关键点展开，以期获得尽可能多的信息。反之，在应对这一策略时，针对对方的提问可以只对部分作答，或进行反提问，直接询问对方的预期交易条件。对方提出较多假设性问题时，要保持警惕，以免过早暴露己方的底线。

**【案例6-3】**

美国谈判专家尼尔伦伯格曾与他人合伙购买了地处纽约州布法罗市的一家旅馆。由于他对旅馆经营的业务一无所知，所以他事先就讲好了对该项业务的经营不承担任何责任。谁知事不凑巧，协议刚签署几天，那位合伙人就因患了重病不能经营旅馆了。怎么办？尼尔伦伯格没有其他的选择，只好亲自去经营。当时，该旅馆的生意很不景气，月亏损高达1 500美元。

3天之后，谈判专家尼尔伦伯格将要作为纽约市旅馆管理“专家”去布法罗市走马上任，并亲自指挥500名员工的工作。这位谈判专家焦急万分，找来了哈佛商学院有关管理的书籍、资料潜心钻研，结果收效甚微。他坐在办公室里冥思苦想，突然一个念头闪过：500名员工绝对不会想到一个外行人会冒着风险来经营一家亏损严重的旅馆的，他们会认为我是这方面的专家，那么我就去扮演一个经营旅馆的专家吧。

尼尔伦伯格到了旅馆后，便从早到晚每15分钟接见一个人。他广泛地接触管理人员、厨师和勤杂人员，在和他们的谈话中了解了不少情况。他和员工的谈话是这样进行的：当每一个人走入尼尔伦伯格的办公室时，他都是皱着眉头对员工说，你不适合继续留在旅馆里工作。人们一个个都感到愕然。接着，他说：“我怎么能留如此无用的人呢？表面上看还像是个能干的人，但我不能容忍这样荒唐的事情再继续下去了。”这时，凡谈话的每位员工都竭力为自己过去的行为巧言辩解，并表示愿意接受批评，好好工作。于是，尼尔伦伯格继续说：“要是你能向我表明，你至少还懂得怎样去做，并使我相信，你已经知道事情错在哪里，那么我们或许还能一起干下去。”

就这样，尼尔伦伯格从员工们那里了解到旅馆亏损的原因所在，以及许多改进旅馆经营管理的新建议、新措施和新方法。他将这些方法一一付诸实现。结果，第一个月亏损降到1 000美元，第二个月就盈利3 000多美元，从而使旅馆的亏损局面得到了彻底扭转。

资料来源：李颖，李炎．谈判其实很容易［M］．北京：中国纺织出版社，2002．

**（二）吹毛求疵策略**

吹毛求疵策略的内容是，在谈判的还价中，谈判一方为了实现自己的利益，专门对对方的提议或产品再三挑剔，提出一堆问题和要求，迫使对方在他身上先做一笔时间和精力的投资，最终争取到讨价还价的机会。如何对付“吹毛求疵”的策略？通常的做法是：必须沉住气，因为对方的挑剔和要求，有的是真的，有的是虚的；遇到了真实的问题，要开门见山地和对方私下商谈；要学会运用大事化小、小事化了的技巧；对于无谓的挑剔或无理的要求要给予理智的回击；己方也可以提出某些问题来加强自己的议价力量。

**【案例6-4】**

有个人A去一家画店买画。

A问画家："这幅画多少钱？"

画家回答："20美元。"

A凑近仔细看了看画，摇着头说："配色没有我在隔壁那家看的好，人家才卖16美元。"

画家看了看画："这是我的画配色的特点，要不算你18美元吧。"

A急道："左上角怎么有一块墨渍呀？"

画家喃喃地说："是呀，怎么会有墨渍呢！要不算你15美元吧！"

A说："那我还不如买隔壁的画呢，配色又好，又没墨渍。"

画家让步："那就最低12美元，你看能行就拿。"

A欣然接受，带着画走了。

资料来源：王淙，丁晶. 国际商务谈判［M］. 北京：对外经济贸易大学出版社，2013.

**（三）不开先例策略**

不开先例策略，是指己方提出某项交易条件而对方同时要求己方做出相应让步时，己方为了坚持自己的原则，以己方没有先例、不开先例为由拒绝对方，使对方就范，接受己方提出的交易条件。这一策略常被握有优势的一方使用，这是一种能够委婉拒绝对方同时又不伤面子的两全其美的办法。要特别注意的是，在保证己方在谈判中掌握优势以外，一定要保证不开先例的真实性。也就是说，在己方与对方过去的谈判，己方与他人的谈判以及外界同行的谈判中都不曾有过先例。一旦对方有证据证明你有过先例，而又只针对对方采用了不开先例的策略，就会引起对方的反感，起到相反的效果。

**【案例6-5】**

电脑经销商（甲方）与电脑供货商（乙方）在关于一批电脑价格上所进行的谈判中，电脑供货方（乙方）就采用了不开先例策略。

甲：你们的报价是每台3 500元，确实超出了我们的价格上限，如果你们真有诚意成交，每台电脑价格下浮400元怎样？

乙：你们的要求让我们很为难。上个月有客户一次进货300台，我们都是这个价格，要是这次破例给你们降价，不仅会让我们有损失，关键是以后与其他客户的生意就更难做了。希望你们能理解，这种配置和质量的电脑每台3 500元的价格真是不高，不能再降价了。

分析：在这个关于电脑价格的谈判实例中，供货商面对经销商希望降价的要求，为了维持己方的交易条件，坚决不降价，采取了不开先例的谈判策略。因为对供货商来说，以前签订的合同都是每台3 500元，如果这次降价，就是在价格问题上开了一个先例，会使供货商在以后与其他采购者交易时，也不得不提供同样的优惠条件，这显然是不符合供货商的利益的。所以供货商采用了不开先例的谈判策略，让对方知难而退，难以在价格问题上得到更多的利益。

资料来源：杨剑英，常军. 商务谈判理论与实务［M］. 2版. 南京：南京大学出版社，2020.

### （四）"意大利香肠"策略

"意大利香肠"策略，源于一个意大利乞丐讨要香肠的故事，乞丐乞求对方给他一根香肠，对方直接拒绝了。于是，他换了一种方式，请求给他切一薄片香肠。对方同意了这一要求，就切了一片。就这样，一片一片，乞丐得到了整根香肠。

这种策略又称蚕食策略、积少成多策略或步步为营策略，谈判人员并不提出自己的所有要求，而是试探性地前进，一点一点地提出自己的要求，在对方同意后，再反过来追加要求，不断巩固自己的阵地，不动声色地推进谈判的进行，直到己方的谈判目标得以实现。这一策略在商务谈判中运用得十分广泛，往往也容易被识破，因此在听到人们说"不就是一角钱吗""不就是多一站路吗"等时，应该要保持警惕，不要跟随对方的步调行事，也可运用其他策略打乱对方步调。

**【案例6-6】**

有一个年轻人从乡下到城里找工作，一个厂商觉得这个年轻人蛮老实的，所以就雇用了他。第一天上完班之后，老板问他："今天做了几笔生意啊?"这个年轻人说："只做了一笔生意。"老板很生气地说："才一笔生意，你怎么搞的，就这么笨啊！这一笔生意赚了多少钱?"年轻人被训得灰头土脸，答道："200万元。"老板吃惊地问道："什么，200万元？你卖的是什么?"年轻人回答："这个客户进来，首先看鱼钩。我就告诉他这个鱼钩怎么好，他就买小鱼钩，我说小鱼钩不能钓大鱼，大鱼钩才能钓大鱼。后来我告诉他，现在我们有小鱼钩、大鱼钩，但是中间的不大不小的鱼怎么办呢？后来客户又买了一个中号的鱼钩。当然仅买了鱼钩是不行的，还要有鱼线，后来他又买了大、中、小号鱼线。然后又买了鱼缸，也买了大、中、小号鱼缸。接着我问他在什么地方钓鱼，他说在海边钓鱼。我就说要有游艇，在海的中间把鱼钩慢慢放下去，这样鱼才会顺钩上来，这个客户又买了一艘游艇。买完游艇之后，我问他如何将游艇拖到海边，总不能自己扛着去吧！我又带他到汽车销售部买了辆卡车。"年轻人停顿了一会儿说："其实他不是来买鱼钩的。"老板好奇地问："那他是来买什么的?"年轻人说："客户是来帮他太太买针线的，我跟他说反正这个周末你也没什么事做，干吗不去钓鱼呢?"案例中，不难看出，推销员一点一点地推销，最终，做成了一笔200万元的大生意。

资料来源：蒋小华. 商务谈判［M］. 重庆：重庆大学出版社，2019.

## 第三节 让步策略

当商务谈判双方决定在求得交易条件互相让步的基础上达成一致时，谈判就进入让步阶段。在商务谈判磋商阶段，让步是必然的、普遍的现象。如果谈判双方都坚持自己的原始报盘而不后退半步的话，谈判永远也达不成协议，谈判追求的目标也就无法实现。让步本身就是一种策略，它体现谈判者用主动满足对方需要的方式来换取己方需要的精神实质。如何运用让步策略，是磋商阶段最为重要的事情。

## 一、让步的原则

谈判中的让步不仅仅取决于让步的绝对值的大小，还取决于彼此让步的策略，即怎样做出这个让步，以及对方是怎样争取到这个让步的。在具体的讨价还价过程中，要注意以下几个方面的让步基本原则：

（1）不要做无谓的让步，应体现出对我方有利的宗旨。每次让步或是以牺牲眼前利益，换取长远利益；或是以我方让步，换取对方更大的让步和优惠。

（2）让步要谨慎有序。做出让步之前应三思而行，在未完全了解让步的后果之前，不要轻易使用这一战术策略，盲目让步会影响双方的实力对比，让对方占有某种优势。让步要选择适当的时机，力争做到恰到好处，使我方较小的让步能给对方以较大的满足，同时要谨防对方摸清我方的虚实和策略组合。

（3）双方共同做出让步。在国际商务谈判中让步应该是双方共同的行为，一般应由双方共同努力，才会达到理想的效果。任何一方先行让步，在对方未做相应的让步之前，一般不应再继续让步。

（4）每做出一项让步，即使做出的让步对我方损失不大，也要使对方觉得让步来之不易，从而珍惜得到的让步。

（5）对对方的让步，要期望得高些。只有保持较高的期望，在让步中才有耐心和勇气。

（6）不要承诺做同等幅度的让步。

（7）在我方认为重要的问题上要力求使对方先让步，而在较为次要的问题上，根据需要，我方可以考虑先做让步。

（8）一次让步的幅度不要过大，节奏不宜太快，应做到步步为营。因为一次让步太大，会使人觉得我方这一举动是处于软弱地位的表现，会建立起自信心，让对方在以后的谈判中掌握了主动权。

（9）如果做了让步后又觉得考虑欠周，想要收回，也不要不好意思，因为这不是决定，完全可以推倒重来。

（10）在准备让步时，尽量让对方开口提出条件，表明其要求，先隐藏自己的观点、想法。

（11）让步的目标必须反复明确。让步不是目的，而是实现目的的手段。

（12）在接受对方让步时要心安理得，不要有负疚感，马上考虑是否做出什么让步给予回报，如果这样，你争取到的让步就没有什么意义了。

## 二、让步的步骤和方式

国际商务谈判中的让步应该是有计划的，即在谈判的准备阶段让步应成为谈判方案的组成部分。让步应该是可控的，即在谈判中的让步必须为谋取或把握谈判主动权服务。

### （一）让步的实施步骤

明智的让步是一种非常有力的谈判工具。让步的基本哲理是“以小换大”。谈判人员必须以局部利益换取整体利益作为让步的出发点，所以，把握让步的实施步骤是必不可少的。

第一步，确定谈判的整体利益。该步骤在准备阶段就应完成，谈判人员可从两方面确定整体利益：一是确定此次谈判对谈判各方的重要程度，可以说，谈判对哪一方的重要程度越高，那么，这一方在谈判中的实力就越弱。二是确定己方可接受的最低条件，也就是己方能做出的最大限度的让步。

第二步，确定让步的方式。不同的让步方式可传递不同的信息，产生不同效果。在现实的国际商务谈判中，由于交易的性质不同，让步没有固定的模式，通常表现为多种让步方式的组合，并且这种组合还要在谈判过程中依具体情况不断进行调整。

第三步，选择让步的时机。让步的时机与谈判的顺利进行有着密切的关系，根据当时的需要，既可我方先于对方让步，也可后于对方让步，甚至双方同时做出让步。让步时机选择的关键在于应使己方的小让步给对方造成大满足的感受。

第四步，衡量让步的结果。它可以通过衡量己方在让步后具体的利益得失与己方在做出让步后所取得的谈判地位，以及讨价还价力量的变化来进行。

### （二）让步前的选择

在做出让步之前，要先考虑我方的让步究竟是要满足对方哪一方面的需要。

（1）时间的选择。根据对方当时的心理需求，让步的时间应掌握在当我方一做出让步，对方立即就能够接受，没有犹豫猜测的余地的时候。

（2）利益对象的选择。让步可以给予对方的公司、公司中的某个部门、某个第三者或谈判者本人某些利益。最好的是将利益让给最容易引起积极反应或回报的一方。

（3）成本的选择。由公司、公司中的某个部门、某个第三者或由谈判者本人负担成本上的亏损。

（4）人的选择。让步的内容可以使对方满足或者增加对方的满足感，人们可以从讨论中的问题以及与问题有关的事情或与问题不相关的其他人那里得到满足或增加满足感。

（5）环境的选择。应当在对方可以感受到让步的价值的场合做出让步，如进行现场比较、媒介宣传的比较等。

让步的实质要比表面看来微妙得多，它牵涉到谁是受益人、用什么方法让步、什么时候让步，以及让步的来源等问题，唯有通盘考虑，才能更有效地运用。

### （三）让步的方式

怎样进行让步才是明智的？这是一个很复杂的问题，不但与买卖的物品有关，而且还涉及市场行情、谈判当事人的性格与心理等因素。但一般说来，应该根据买卖双方的不同的情况，把让步巧妙地组织成幅度大小不一的一连串的行动。

在国际商务谈判实践中，人们总结出常见的8种理想的让步方式。每一种方式对对方传递的信息不同，对不同的对象也就有不同的结果。选择、采取哪种让步方式，取决于以下几个因素：谈判对手的经验、准备采取什么样的谈判方针和策略、期望让步后对方给予我方何种反应。

现以下例对这8种理想的让步方式进行分析。

假定有一位卖主，在讨价还价中，他决定让价60元。他怎样去做呢？他可以采取以下的几种方法来达到目的（见表6-1）：

表6-1 8种理想的让步方式

| 让步方式 | 第一步 | 第二步 | 第三步 | 第四步 |
|---|---|---|---|---|
| 1 | 0 | 0 | 0 | 60 |
| 2 | 15 | 15 | 15 | 15 |
| 3 | 8 | 13 | 17 | 22 |
| 4 | 22 | 17 | 12 | 9 |
| 5 | 26 | 20 | 12 | 2 |
| 6 | 59 | 0 | 0 | 1 |
| 7 | 50 | 10 | -1 | +1 |
| 8 | 60 | 0 | 0 | 0 |

（1）方式一。这是一种较坚定的让步方式，一直让买方感觉不妥协的希望极小，买主要冒形成僵局的风险，才能迫使卖主做最后的让步。它的特点是在价格谈判的前期和中期，无论买方作何表示，卖方始终坚持初始报价，不愿做出丝毫的退让。而到了谈判后期才迫不得已做出大的退让。

优点：在起初阶段寸利不让，坚持几次说“不”之后，一次让出己方的全部可让利益。如果谈判对手缺乏毅力和耐性，就有可能被征服，使我方在谈判中获得较大的利益，对方也会有险胜感，因此会特别珍惜这种让步，不失时机地握手言和。另外，会给对方形成既强硬又出手大方的强烈印象。

缺点：谈判让步的开始阶段一再坚持寸步不让的策略，可能失去谈判伙伴，具有较大的风险性。同时，易给对方传递己方缺乏谈判诚意的信息，进而影响谈判的结局。

这种让步方式适用于对谈判的投资少、依赖性差，因而在谈判中占优势的一方。但在实际谈判中这种让步方式基本上不采用。

（2）方式二。这是一种以相等的幅度逐轮让步的方式。这种方式的特点是使买方每次的要求和努力都能得到满意的结果，但也会因此刺激买方坚持不懈地努力，以取得卖方的继续让步。而一旦停止让步，就很难说服买方，并有可能造成谈判的中止或破裂。

优点：首先，由于这种让步平稳、持久，本着步步为营的原则，不会让买主轻易占了便宜。其次，对于双方充分讨价还价比较有利，容易在利益均沾的情况下达成协议。最后，遇到性情急躁或无时间长谈的买主时，往往会占上风，削弱对方的议价能力。

缺点：首先，每次让利的数量相等、速度平稳，给人的感觉平淡无奇，容易使人产生疲劳厌倦之感。其次，该种谈判效率极低，通常要浪费大量的精力和时间，因此，谈判成本较高。最后，买方每讨价还价一次，都有等额利润让出，这样会给对方传递一种信息，即只要耐心等待，总会有希望获得更大的利益。

这种让步方式适用于在缺乏谈判知识或经验的情况下以及进行一些较为陌生的谈

判，但这种让步方式在实际谈判中采用得较少。

(3) 方式三。这是一种让步幅度逐轮增大的方式。这种方式会导致买主期望越来越大，不利于守住底线。

优点：首先，这种让步方式具有很大吸引力，给买方产生一种诱惑力，使对方沿着我方思路往前走。其次，使谈判富有变化性，如果谈判不能在减缓中完成，则可采取大举让利的方法，使谈判易于成功。最后，在两期让步中减缓一步，可以给对方造成一种接近尾声的感觉，易促使对方尽快拍板，最终能够保住我方的较大利益。

缺点：首先，这种让步方式是一种由少到多、不稳定的让步方式，容易导致对方的期望增大，在心理上强化对手的议价能力。其次，由于两期让步就已向买方传递了接近尾声的信息，而后来又做了大步让利，会给人不诚实的感觉。因此，对于友好合作关系的谈判来说往往不利。

这种让步方式适用于国际商务谈判陷入僵局或危难性的谈判。在实际谈判中应尽量避免使用此种让步方式。

(4) 方式四。这是一种让步幅度逐轮递减的让步方式，即先让出较大的利益，然后再逐期减让，到最后一期让出较小的利益。其特点是，一方面表现出卖方的立场越来越强硬；另一方面又会使买方感到卖方仍留有余地，从而始终抱有继续讨价还价的希望。

优点：首先，给人顺乎自然，无须格外劳神之感，易为人们所接受。其次，由于让利的过程中是采取先大后小的方式，这往往有利于促进谈判。再次，由于采取了一次比一次更为谨慎的让步策略，一般不会产生让步上的失误。最后，有利于谈判各方在等价交换、利益均沾的条件下达成协议。

缺点：首先，这种让步由大到小，对于买主来讲，越争取利益越小，因而往往会使买主感觉不良好，故终局情绪不会太高。其次，这是谈判让步中的惯用方法，缺乏新鲜感。

此种让步方式一般适用于国际商务谈判的提议方。在实际谈判中，该种让步方式被较多地采用。

(5) 方式五。这是一种开始先做出一次大的退让，然后让步幅度逐轮急剧减少的方式。这种让步方式的特点是，它既向买方显示出卖方的谈判诚意和妥协意愿，同时又巧妙地暗示出卖方已做出了巨大的牺牲和尽了最大的努力，进一步的退让已近乎不可能。

优点：首先，让步的起点比较高，具有较强的诱惑力，能够给对方传递可以合作，并有利可图的信息。其次，让步的幅度越来越小，可以给对方造成一种接近尾声的感觉，容易促使对方尽快拍板，最终能够保护住己方的较大利益。最后，如果3期所做微小让步仍不能达成协议的话，再让出最后稍大一点的利润，往往会使对方感到非常满意而达成协议。

缺点：首先，让步策略的一开始让步很大，容易造成我方软弱可欺的不良印象，加强对方的进攻性。其次，头两步的大让利和后两步的小让利形成鲜明对比，容易给对方造成我方诚意不足的印象。由于这种策略表现为由多到少，容易让买方失望。

(6) 方式六。这是一种开始让步幅度极大，接下来则坚守立场、毫不退让，最后一轮又做了小小的让步的方式。

优点：首先，由于谈判的让步起点较高，具有较强的诱惑力，因此一般的买主都会较满意，因此谈判的成功率较高。其次，由于经过大幅度的让步以后，到3期仍不让步，给对方传递了已基本无利可让的信息，因此比较容易打消对方进一步要求我方再一次让利的期望而达成协议。最后，如果3期所做的拒不让步仍不能达成协议的话，再让出稍大一点的利润，往往会使对方很满意而达成协议。

缺点：首先，因为此种让步一开始让步很大，这样就容易给强硬的买主造成我方软弱可欺的印象，因而会刺激对手变本加厉，得寸进尺。其次，这种方式可能在3期让步遭到拒绝后，导致谈判僵局或破裂的出现。

这种让步方式一般适用于合作为主的谈判。这种让步方式在实际谈判中运用需要有较高的艺术技巧和冒险精神。

（7）方式七。这是一种开始做出大的让步，接下来又做出让步，之后安排小小的回升，最后又被迫做一点让步的方式。这是一种较为奇特和巧妙的让步技巧，往往能操纵买方心理。它既可表明卖方的交易诚意和让步已达到极限，又可通过“一升一降”使买方得到一种心理上的满足。

优点：首先，开始两步让出全部利益，具有很大的吸引力，往往会使陷入僵局的谈判起死回生。其次，若前两期的让利尚不能打动对方，再冒险让出不该让出的利益，这样就会产生一种诱惑力，使对方沿着我方思路往前走。最后，对方一旦上路，并为谈判付出代价，再借口某原因，从另一角度索回自己所需的利益，就容易促使谈判成功了。

缺点：首先，开始时表现软弱，大步让利，会导致对方期望增大，刺激对手变本加厉，得寸进尺。其次，3期的额外的让步，如4期中不能讨回，就会损害我方的利益。最后，在4期中讨回让利时，极易出现谈判僵局或谈判破裂的局面。

此种让步方式一般适用于在谈判中处于不利的境地，但又急于获得成功的谈判。此种让步方式是一种具有很高技巧的让步方式，在实际谈判中运用需要富有谈判经验、有较高的艺术技巧和冒险精神的谈判成员。

（8）方式八。这是一种开始便把自己所能做出的全部让步和盘托出的方式。

优点：首先，由于谈判者一开始就向对方亮出了底牌，即让出自己全部可让利益，比较容易打动对方采取回报行为，以促成谈判。其次，率先大幅度让步，具有强大的诱惑力，给对方以合作感、信任感。再次，此种率先的大幅度让步，具有强大的诱惑力，会在谈判桌上给对方留下美好印象，有利于获取长远利益。最后，谈判者的一步让利、坦诚相见，提高了谈判效率，有利于降低谈判成本。

缺点：首先，这种让步方式操之过急，对于买主会有极强的影响和刺激，可能给买方传递有利可图的信息，因而导致买主期望值过高，从而继续讨价还价。其次，由于一次性大步让利，可能失掉本来能够力争到的利益。

此种让步方式一般适用于己方处于谈判的劣势或谈判各方之间的关系较为友好的情况。此种让步方式在实际谈判中较少采用。

## 三、让步的策略

（1）理想的让步策略。它是寻求步步为营，退一步而进两步的结果。

（2）互惠的让步策略。它是指以我方在某一问题上的让步来换取对方在另一问题上的让步。

（3）丝毫无损的让步策略。这实质上是一种高姿态的让步方式。比如对方要求我方在某些方面让步，而且理由非常充分，但我方确实不想让步，这时可以采取的一种让步方式是：承认对方的要求是合理的，从感情上我方愿意做出让步，但确有实际困难，请对方原谅，这样可以给对方一种心理上的满足，促使对方让步。

（4）长、短期利益相结合的让步策略。这种让步方式一般使用在具有长期合作要求的国际商务谈判者之间。由于谈判双方有的对远期利益感兴趣，有的对近期利益感兴趣，这样，谈判双方可以相互做出让步，有的取远期利益，放弃近期利益；有的取近期利益，放弃远期利益。

**【案例6-7】**

中国南方一家大型广告公司要采购下一年的办公用品，采购招标单一发布，厂商纷纷投标。在众多投标厂商当中，一家名不见经传的小型办公用品生产厂商引起了广告公司的注意。它的报价虽然不是最低的，但服务项目非常丰富，准备充分，极富合作诚意，广告公司遂邀请这家厂商来面谈。为了探明该厂商的实力和合作诚意，谈判刚一开始，广告公司的采购经理就故意设置了障碍，以该生产厂商报价不够低、名气不大、产品质量恐难保证为由挑剔对方。生产厂商销售员略微思考了片刻，回答道："贵公司所购买的产品数量虽然很大，但要求折扣幅度太大，说实话，这样的批发价我们很难有利润可言。诚然，我们厂的生产规模还不是很大，因此成本肯定不如大企业低，报价自然也就高了些。可是，我们的产品质量和服务水平十分过硬。正因为我们是刚刚起步的小厂，批发价无法与大厂抗衡，我们才更重视产品质量和售后服务，这也是我们厂工作的重中之重。贵公司在广告界极负盛名，信誉卓著，市场份额乃行业翘楚，一定十分重视合作伙伴的信誉和能力。您可以在合作中考验我们厂的实力和信誉。如果我厂能有幸中标，我们将免费为贵公司所采购的办公设备提供三年维修与保养，并承诺日后如有幸继续与贵公司合作，我厂所提供的所有产品报价维持不变。您看如何？"这一番有理、有据、有节的回答不仅申明了该厂的优势，也赞扬了对方，同时做出了一定让步，让对方看到了实实在在的利益，最终该生产厂商成功中标。

资料来源：蒋小华. 商务谈判［M］. 重庆：重庆大学出版社，2019.

## 第四节 迫使对方让步的策略

谈判中的让步是必需的，没有适当的让步，谈判无法进行。而一味地让步，是根本不现实的，也有害于己方利益，所谓"最好的防守便是进攻"就是这个道理。在谈判磋商中，迫使对方让步也是达到最终谈判目的的手段之一。迫使对方让步的策略主要有：

### 一、制造竞争

竞争对手的存在，会使该谈判方的议价能力大打折扣，削弱其谈判实力。面临谈判对手提出的条件，谈判方会更加谨慎，妥协的可能性十分大，因为对竞争对手提供的交易条件并不了解，很有可能面临不让步就只能放弃的局面。因此，制造和创造竞争是扭转谈判局势，迫使对方让步最有效的武器和策略。在实际的谈判中，尤其是遇到僵局时，谈判人员应该有意识地制造对方存在竞争对手的现象，直接和谈判对方的竞争对手联系商量，在适当的时机使对方知道己方和其竞争对手谈判的存在。即使实际上并不存在竞争对手，也可以通过制造假象迷惑对方，制造心理压力。

**【案例6-8】**

美国谈判专家史蒂芬斯决定建个家庭游泳池，建筑设计的要求非常简单：长30英尺、宽15英尺，有温水过滤设备，并且在一个半月内竣工。

虽然史蒂芬斯在游泳池的造价及建筑质量方面是个彻头彻尾的外行，但是这并没有难倒他。史蒂芬斯首先在报纸上登了个建造游泳池的招商广告，写明建造要求。很快有A、B、C三位承包商前来投标，各自报上了承包详细标单，里面有各项工程费用及总费用。史蒂芬斯仔细地看了这三张标单，发现所提供的抽水设备、温水设备、过滤网标准和付钱条件等都不一样，总费用也有不小的差距。

几天后，史蒂芬斯约请三位承包商到自己家里商谈。第一个约定在上午9点钟，第二个约定在9点15分，第三个约定在9点30分。三位承包商如约而至。但史蒂芬斯客气地说，自己有件急事要处理，一会儿一定尽快与他们商谈。三位承包商只得坐在客厅里一边彼此交谈，一边耐心等待。10点钟的时候，史蒂芬斯出来请承包商A先生进到书房去商谈。A先生一进门就介绍自己干的游泳池工程一向是最好的，建史蒂芬斯家庭游泳池是胸有成竹、小菜一碟。同时，还顺便告诉史蒂芬斯，B先生曾经丢下许多未完的工程，现在正处于破产边缘。

接着，史蒂芬斯请第二个承包商B先生进行商谈。从B先生那里史蒂芬斯又了解到，其他人提供的水管都是塑胶管，只有B先生提供的才是真正的铜管。

后来，史蒂芬斯又请进第三个承包商C先生。C先生告诉史蒂芬斯，其他人所使用的过滤网都是品质低劣的，并且往往不能彻底做完，而自己则绝对能做到保质、保量、保工期。

有比较就好鉴别。史蒂芬斯通过耐心地倾听和旁敲侧击地提问，基本上弄清了游泳池的建筑设计要求，特别是掌握了三位承包商的基本情况：A先生的要价最高，B先生的建筑设计质量最好，C先生的价格最低。经过权衡利弊，史蒂芬斯最后选中了B先生来建造游泳池，但只给C先生提出的标价。经过一番讨价还价之后，谈判终于达成一致。就这样，三个精明的商人，没斗过一个谈判专家。史蒂芬斯在极短的时间内，不仅自己从外行变成了内行，而且还找到了质量好、价钱便宜的建造者。

资料来源：徐文，谷泓，陈洁. 商务谈判［M］. 北京：中国人民大学出版社，2018.

## 二、红脸白脸策略

"红脸白脸"策略又称"鸽派鹰派"策略或"软硬兼施"策略，是指当谈判双方就某一问题僵持不下时，由两个谈判人员分别扮演"白脸"（鹰派）和"红脸"（鸽派），或一个人同时扮演这两个角色，两个角色轮番上阵、软硬兼施，相互配合、演双簧，进退有节奏，给谈判对手造成巨大的心理落差，使谈判对手妥协的一种策略。

这一策略中，“白脸”角色是强硬派，在谈判桌上态度坚决、寸步不让、咄咄逼人，毫无商量余地可言；“红脸”角色是温和派，态度诚恳、温和亲切，拿白脸当武器压制对方，与白脸配合，从中撮合。在谈判的具体分工上，“白脸”应该在谈判的开始阶段占主导地位，其任务是尽力指责和诋毁对手，造成咄咄逼人的压迫感，使对手产生“不愿再谈下去”的情绪。“红脸”则是在谈判后期起主导作用，其任务是出面缓和局面，通过劝阻自己的伙伴来获得对方的好感，提出“合情合理”的条件，最终达成有利于己方的结果。

**【思政案例6-1】**

在中美经济学教育交流中，中国每年要派访问学者去美国，中方负责往返路费，美国则负责在美国所需的经费。由于是在20世纪80年代，美国通货膨胀率较高，所以我们希望中方学者的待遇能依据美国通货膨胀率进行调整，而美方则希望将这部分支出固定下来，所以每年关于经费的谈判实际是焦点。在谈判之前，我方往往要做大量的工作，包括调研美国各州的通货膨胀指数，也就是物价、生活费用要涨多少，包括房租、用电、食品、交通，以及相应的书本费用等，还有同期美国学费的升与降，都要有所考虑。这些资料美国当地的报纸都会登出来，然后在谈判中，中方针对美国通货膨胀率提出要大幅提高中方学者待遇，和对方争论得不可开交。因为双方参与的主要是项目执行主任，是在具体层面讨论的，有时争得似乎僵持不下，此时中国国家教委的官员就出来打圆场，意思是我们不一定会提升得那么高，你们美国也不要太坚持，从而最终使我们获得了想要的利益，我国学者的生活费、研究费得到相应提高。这种策略相当有效，中方在谈判桌上的人员争论得越激烈，国家教委的官员出来打圆场效果越好。这就是一个唱白脸，一个唱红脸，看似在劝我方，实际是给美方一个压力。通过这种做法，多次提高了中国学者的生活标准与研究费用。

资料来源：黄卫平，丁凯，宋洋. 国际商务谈判［M］. 北京：中国人民大学出版社，2011.

使用这一策略时，一要注意两种角色的选择问题。分配角色时，应当与谈判人员本人的性格特征基本相符，“白脸”应当反应迅速、雷厉风行、言辞尖锐、善于进攻，“红脸”应当温和沉稳、思路宽广、经验丰富、左右逢源。二要注意相互配合，既要威慑对方又要把握分寸，避免以硬碰硬，导致谈判破裂。“白脸”必须有“红脸”的配合，否则可能就下不了台。如果一个人演两种角色，要机动灵活，唱“白脸”时为自己留有余地。

## 三、既成事实策略

既成事实策略亦称先斩后奏策略、“人质策略”。这在国际商务谈判活动中可以解释为“先成交，后谈判”，即实力较弱的一方往往通过一些巧妙的办法使交易已经成为事实，然后在举行的谈判中迫使对方让步。“先斩后奏”策略的实质是让对方先付出代价，并以这些代价为“人质”扭转自己实力弱的局面，让对方通过衡量所付出的代价和终止成交所受损失的程度，被动接受既成交易的事实。

先斩后奏策略做法主要有：第一，卖方先取得买方的预付金，然后寻找理由提价或延期付货。第二，买方先获得了卖方的预交商品，然后提出推迟付款。第三，买方取得货物之后，突然又以堂而皇之的理由要求降价等。

严格地讲，既成事实策略是一种不讲道理的策略。但在特定的条件下，使用它也可以产生一定的效果。在运用该策略时应注意，必须有正当理由，否则将被视为缺乏商业道德而不宜采用。

为了防止由于对方采用既成事实策略造成损失的情况出现，谈判人员在谈判中应做到：

(1) 要尽量避免"人质"落入他人之手，让对方没有"先斩"的机会。如对对方谈判人员爽快地答应我方提出的要求时要有戒心。

(2) 即使交易中必须先付定金或押金，也应做好资信调查，并注明何种情况下可以退款。

(3) 采取"以其人之道，还治其人之身"的做法，尽可能相应掌握对方的"人质"，一旦对方使用此计，则可针锋相对。如在没有获得对方押金或担保时，不要预交货物或款项。

(4) 一旦情况发生，要敢于向对方领导抗议，若不能解决，可向当地的司法机关起诉。

(5) 搞联合战线，揭穿对方的行为，使对方的信誉扫地。

### 四、最后通牒

在谈判双方争执不下，对方不愿做出让步接受我方交易条件时，为了逼迫对方让步，我方可以向对方发出"最后通牒"，即如果对方在这个期限内不接受我方的交易条件达成协议，则我方就宣布谈判破裂而退出谈判。

在谈判过程中，谈判人员往往寄希望于未来能有更大利益而对现实的讨价还价不肯放弃。打破对方的奢望，就能击败犹豫中的对方。"最后通牒"在这方面就极为有效。运用"最后通牒"策略，必须注意以下几点：

(1) 谈判者知道自己处于一个强有力的地位，特别是该笔交易对对方来讲，要比对本方更为重要。这一点是运用这一策略的基础和必备条件。

(2) 在谈判的最后阶段或最后关键时刻才使用"最后通牒"。对方经过旷日持久的谈判，花费了大量人力、物力、财力和时间，一旦拒绝我方的要求，这些成本将付诸东流。这样将迫使对方因无法担负失去这笔交易所造成的损失而非达成协议不可。

(3)"最后通牒"的提出必须是非常坚定、明确、毫不含糊的，不让对方存有任何幻想。同时，我方也要做好对方真的不让步而退出谈判的思想准备，以防到时惊慌失措。

## 第五节　阻止对方进攻的策略

谈判中，除了需要一定的进攻以外，还需要有效的防守策略。掌握一些能够有效地防止对方进攻的策略是很有必要的。

## 一、权力有限策略

上司的授权、国家的法律和公司的规定以及交易的惯例限制了谈判者所拥有的权力。一个谈判人员的权力受到限制后，可以很坦然地对对方的要求说“不”。因为未经授权，对方无法强迫他超越其权限做出决策。对方若选择终止谈判，交易告吹，或寻找有此权限的上司重新开始谈判，都不得不遭受人力、物力、财力和时间上的损失。

因此，精于谈判之道的人都信奉这样一句名言：在谈判中，受到限制的权力才是真正的权力。

**【案例6-9】**

美国谈判学会会长杰勒德·I. 尼尔伦伯格参加过这样一场谈判：他受人委托参加由委托人安排的一次会谈。对方及其律师都到了，尼尔伦伯格作为代理人也到了场，可是委托人自己却失了约，等了好长时间，也没有见到委托人的人影。于是，这几位到场的人就先开始了谈判。随着谈判的进行，尼尔伦伯格发现自己正顺顺当当地迫使对方做出一个又一个的承诺，而每当对方要求他做出相应的承诺时，他却以委托人未到、权力有限为理由，委婉地拒绝了。结果，他以一个代理人的身份，为他的委托人争取了对方的许多让步，而他却不用向对方做出相应的让步。

资料来源：李爽. 商务谈判［M］. 北京：人民邮电出版社，2017.

## 二、示弱策略

在一般情况下，人们总是同情弱者，不愿落井下石，将之置于死地。有些国家或地区的商人，以日本和我国港澳地区商人多见，常常利用人性的这一特点，将之作为谈判中阻止对方进攻的一种策略。

示弱者在对方就某一问题提请让步，而其又无法以正当理由拒绝时，就装出一副可怜巴巴的样子，进行乞求。比如，若按对方要求去办，他以公司必将破产倒闭，或是他本人就会被公司解雇等为理由，要求对方高抬贵手，放弃要求。

与此类似，有的谈判人员“以坦白求得宽容”。当在谈判中被对方逼得招架不住时，干脆把本方对本次谈判的真实希望和要求和盘托出，以求得对方理解和宽容，从而阻止对方进攻。

这些策略，都取决于对方谈判人员的个性，以及对示弱者坦白内容的相信程度，因此具有较大的冒险性。

## 三、软磨硬泡策略

软磨硬泡策略亦称疲惫策略，主要是通过“软磨硬泡”，来干扰对方的注意力，瓦解其意志，从而寻找漏洞，抓住有利时机达成协议。

在国际商务谈判中，实力较强一方的谈判者常常咄咄逼人、锋芒毕露，表现出居高临下、先声夺人的姿态。对于这种谈判者，疲惫策略是一个十分有效的策略。这种策略的目的在于通过许多回合的“疲劳战”，使趾高气扬的谈判者逐渐地消磨锐气，同时使我方的谈判地位从不利和被动的局面中扭转过来。到了对手精疲力竭、头昏脑涨之时，我方则可乘此良机，反守为攻，抱着以理服人的态度，摆出我方的观点，促使对方做出让步。

谈判是耗费精力的事，它需要思想高度集中、思维敏捷。马拉松式的谈判，本已存在着会场空气、精力等自然障碍，再加上“疲劳策略”的运用，又人为地拖延谈判时间，往往把对方的休息和娱乐的时间也安排得满满的，看起来似乎隆重礼遇，实际上也许只是一种圈套，甚至发展到使他不过午夜不能上床、不醉不得罢休的地步。影响谈判结局的决定性因素是谈判人员的精力，而不是高明的辩论技巧。这种策略从伦理观点看似乎不道德，但却是自古有之。重要的是需要知道这种策略，并提防别人使用。

实行疲劳策略，要求我方事先有足够的思想准备和人力准备。在谈判刚开始时，我方对于对方所提出的种种盛气凌人的要求采取回避、虚与周旋的对策，并暗中摸索对方的情况，寻找其弱点，取柔中有刚的态度，以柔克刚。运用该策略时，即使我方在驾驭谈判局面变得有利、占了上风时，也不能盛气凌人，运用疲惫策略最忌讳的就是以硬碰硬，以防激起对方的对立情绪，致使谈判破裂。

## 四、以攻对攻策略

只靠防守无法有效地阻止对方的进攻，有时需要采取以攻对攻的策略。当对方就某一问题逼我方让步时，我方可以将这个问题与其他问题联系在一起加以考虑，在其他问题上要求对方做出让步。例如，如果买方要求卖方降低价格，卖方就可以要求买方增加订购数量，或延长交货期限等。结果，要么双双让步，要么都不做出让步，从而避免对方的进攻。

## 讨论与思考

1. 国际商务谈判报价要遵循哪些原则？
2. 简述国际商务谈判磋商阶段妥协和让步的基本原则。
3. 在国际商务谈判磋商阶段，如何迫使对方让步？
4. 在国际商务谈判磋商阶段，可以采取哪些策略有效阻止对方的进攻？

## 拓展阅读

### 西门子医疗164亿美元收购瓦里安

德国医疗技术公司西门子医疗将收购美国癌症医疗技术提供商瓦里安医疗系统公司（以下简称“瓦里安医疗”）的所有股份。8月2日，西门子医疗和瓦里安医疗共同宣布，双方已签订协议，西门子医疗将以每股177.50美元现金的价格收购瓦里安医疗的所有股份，折合收购总价约164亿美元，成为2020年医疗行业最大的收购案。

国外权威的第三方网站QMED根据2019年全球医疗器械公司营收状况发布的《2019年医疗器械公司百强榜单》显示，西门子医疗位居第七，瓦里安医疗位居第二十三。预计收购瓦里安医疗后的西门子医疗将有望在营收排名上进入全球医疗器械公司前三名。根据上述榜单，全球排名前五的医疗器械企业分别是美敦力、强生、雅培、GE医疗、芬森尤斯医疗。

西门子医疗方面表示，对瓦里安医疗的收购预计将在2021年上半年完成，最终须经瓦里安医疗股东及监管部门批准，并满足其他约定俗成的收购条件。

瓦里安医疗方面透露，瓦里安医疗已经建立了强大的品牌认知度，预期在交易完成后，将继续以瓦里安品牌在西门子医疗内部作为一家独立公司运营。

瓦里安医疗方面还表示，此次双方联合将创造一个多学科、拥有大多数最全面的癌症治疗产品组合的全球医疗领导者。合并后的公司将提供一个覆盖端到端的肿瘤解决方案的全集成平台，以确保癌症护理的连续性：从筛查、诊断、治疗、护理，到治疗后生存。通过将两家公司在诊断工具、影像、放射治疗和人工智能方面高度互补的能力结合在一起，瓦里安医疗和西门子医疗将引领肿瘤治疗的数字化转型，实现更高效的诊断、更高质量的治疗、更广泛的和更个性化的精确癌症治疗，提升全球数百万患者的治疗效果。

西门子医疗是电子电器类公司西门子旗下子公司，成立于1896年，旗下拥有CT计算机断层扫描仪、血管造影等影像设备和系统，也提供心脏病等疾病的解决方案。1992年，西门子医疗成立上海西门子医疗器械有限公司（SSME），正式进入中国市场。

在医学影像领域，西门子医疗与飞利浦、GE医疗被公认为是三大巨头，合称“GPS”。2019财年（截至2019年9月30日），西门子医疗的总营业收入为145亿欧元，调整后利润额为25亿欧元。

瓦里安医疗创立于1948年，1983年进入中国，是第一家入驻美国加州硅谷的高科技公司，专注于癌症治疗技术和解决方案，最初靠肿瘤放疗业务起家，通过并购拥有质子治疗业务和肿瘤介入业务。根据瓦里安医疗2019年11月发布的财报，2019财年归属于母公司普通股股东的净利润为2.92亿美元，营业收入为32.25亿美元。

瓦里安医疗全球副总裁、大中华区总裁张晓在2022年7月18日的质子放射外科线上学术研讨会上曾介绍，全球有28个领先的质子中心选择了瓦里安医疗的ProBeam质子治疗系统，12个中心已开始临床使用，治疗的患者数量达到了13 000多名。在过去的三年里，瓦里安医疗共签订了13份合同，包含25间治疗室，新增市场占有率达到50%。与此同时，在三年内，瓦里安医疗向客户交付了25间治疗室，在中国的几个质子建设项目也在有条不紊地推进。

西门子医疗全球首席执行官孟天齐（Bernd Montag）博士说：“两家业界领先公司的强强联合，使我们一步实现了两次飞跃：一是公司抗癌业务的飞跃；二是公司在医疗健康行业的整体影响力的飞跃。在这样特殊的历史节点上做出这个决定，意味着我们对公司的发展满怀信心，致力于成为更强大的合作伙伴，同时为社会提供更有价值和更高效的医疗健康服务。我们将比以往更加勇往直前，与瓦里安医疗杰出而充满激情的员工一起，创造医疗行业的未来。”

瓦里安医疗全球总裁兼首席执行官魏思韬（Dow Wilson）说：“今天的宣布标志着我们公司历史上的一个重要进展，瓦里安医疗董事会坚信这是瓦里安医疗正确的前进道路；我们与西门子医疗的合并除了为我们的股东带来直接的回报之外，还将帮助我们加速实现创造一个无惧于癌症的世界这一目标。西门子医疗在检测和诊断方面的创新领导力将使我们有机会参与到抗癌的第一战线，为临床医生和患者提供服务。我们将全力以赴，服务全世界更多的患者。”

资料来源：刘园. 国际商务谈判［M］. 北京：中国人民大学出版社，2022.

# 第七章
## 国际商务谈判成交策略

### 学习目标

【知识目标】

了解成交意愿的表达方法、成交信号接收策略，掌握成交促成策略和成交签约策略几个不同的阶段所使用的成交技巧。

【育人目标】

引入爱国主义教育，树立政治意识、大局意识，培养法治观念、契约精神及诚实守信意识。

【导读】

**敬业团队收购英钢，一波三折**

英国当地时间2020年3月9日15时，敬业集团收购英国钢铁公司交割仪式在英国斯肯索普英钢会议中心举行，成为敬业国际化的重要里程碑。

在收购案中，“尽职调查”是企业收购兼并程序中最重要也是最复杂的环节之一，更是收购运作过程中重要的风险防范工具。一般情况下，尽调时间需要三个月甚至半年。

由于当时英国大选在即，英钢处理效果如何将直接关系到执政的保守党能否继续连任。因此，英国政府要求收购方必须在2019年11月10日前签订英钢收购协议，否则将强行关闭工厂。

在英国尽调的运行规则是：如果发现了问题，可以提出来商量解决。但如果没有发现问题，则不会主动告知。

从2019年10月24日开始，敬业集团陆续派出总经理李慧明、常务副总曹喜军及钢铁板块各单位一把手，组成了70多人的“超强战队”进驻英钢，从原料、设备、生产、环保、营销等全方位对英钢进行尽调。由于任务繁重，大部分人每天只能睡四五个小时。由于对方不会主动告知问题，敬业团队不仅担负着庞大的工作量，还背负着巨大的心理压力。

在这个阶段，最艰难的是价格谈判。有一次，英钢计算库存价格时，提出要用标准价格计算，而当时市场价格已跌至80英镑。李慧明郑重提出：“必须按市场价格来谈。”英方谈判代表当场被气得跳了起来。

第二天，李慧明开始订回国航班，所有人也都不去工厂了，做好了返航的准备。英方立刻着急了，请敬业二次谈判。后来，李慧明请麦肯锡代表他们谈判，终于谈到了理想价格。

11月11日，敬业集团与英钢正式签署了收购协议。

谈判就是一场心理战。如何在谈判桌上掌控主动，在于你对对方需求和底线的了解程度。在斗智斗勇乃至出奇招的同时，更需要一份自信、定力与魄力。

资料来源：佚名. 敬业团队收购英钢. 一波三折［EB/OL］.（2022-06-23）［2022-11-9］. https://www.163.com/dy/article/HAHLBN300518G6Q2.html.内容有改动。

## 第一节　成交意愿的表达方法

在谈判的成交阶段，经过之前的磋商，往往需要一方或双方表达出自己的成交意愿。而表达成交意愿的方法或者策略也会直接影响到我方谈判目的的达成，因此在表达成交意愿时，也要讲究策略。下面介绍谈判中几种主要的表达成交意愿的方法。

### 一、未来激励法

未来激励法是指明示或暗示对方本次谈判成功将会对以后的交易产生深远影响。我们知道，在谈判中，对方希望通过谈判获得更多的利益需求上的满足，而这种满足不仅有现实的满足，还有未来的满足。在这两种满足的形式中，对未来的满足程度基本上完全凭借谈判人员的感觉，因此我们可以通过适当的方法给予对手未来的满足而获得我方对于现实利益的满足。例如，双方在谈判中就某一问题争执不下，我方可以通过这种未来激励法，即强调双方合作的长期利益以及这种利益的重要性，使对方关注长期利益而放松对现实利益的需求。

我方还可以通过与竞争对手比较的方法对谈判对手进行激励，这里的比较既可以是我方与竞争对手的比较，也可以是对方与其竞争对手的比较。比如中国的中小企业在与外商谈判时，往往强调自己产品的质量和大厂的没有什么区别，但由于管理成本大厂比自己高出许多，因而自己的价格远远低于大厂，从而使得外商下决心下单。

心理学的研究表明，多次的反复可以形成一种心理暗示，因此我们在谈判中可以反复向对手保证我方给予他们的优惠条件，使其形成一种心理暗示和强化效应，容易接受我们给他们的提示。

### 二、利用互惠互利的原则

互惠互利的原则是指在双方都能获利的情况下，各方都做出适当合理的让步，使得交易能够达成。这一原则要建立在一定的前提之上，即在我方给予对方让步的同时也要求对方做出相应的让步。当然，这种让步或是要求对方做出的让步需要建立在一个合情合理的基础上。要在一个合情合理的基础上利用互惠互利的原则，我们就应该让对方知道为什么要求其让步是合理的，我方为此做出了怎样的让步。在谈判中，利用互惠互利的原则可以促使对方做出让步，尽快地签订协议。

## 三、利用双方对让步看法上的差异促成签约

在谈判中做出让步时，我们必须考虑到双方对让步的看法存在差异这样一个事实，这是因为谈判双方所处的立场及需要、价值观、信息等不同，会造成一方比另一方对特定让步产生更高评价的情况，我们在谈判中可以对这一情况加以利用并促成签约。

理想的让步是让予的东西对我方不甚重要，而对对方具有较大的价值。在这种情况下，这种让步可以直接作为获取更大价值的一种策略。此时，这种战术与双赢战术类似，因为双方都以自己认为相对较小的代价获得了更多的收益。这种战术的关键就在于双方所依据的立场不同，从而对让步的看法也不同。

## 四、提供非实质性的让步

提供非实质性的让步是指在态度上做出让步的姿态，而实际做出的让步于我方没有什么损失，于对手也未必有什么利益，只不过是为了照顾对方的面子。有时，为了促成谈判，我们不得不照顾对方的面子，做出一些让步，而又不希望有损我方利益。在这种情况下，我们就可以采取提供非实质性让步的方式来促成交易。

## 五、利用文化因素的影响

谈判桌上的对手可能来自不同的国家、不同的民族，由于他们受到不同传统文化的影响而表现出不同的行为方式，因而利用文化因素对谈判的影响也成为促成谈判的重要方面。

受不同传统文化的影响，谈判人员的思维方式理所当然地存在着差异，而思维方式又对人的行为有指导作用，因而必然影响谈判活动。以语言为例，谈判一词在英语中的解释是讨论、商量、让步的意思，而日语中的谈判则是争论、对立、口角的意思。这种语义中的差异，反映了东西方人思维方式的不同。

受不同文化习俗的影响，谈判人员对待谈判的态度也有明显的不同。例如，英国人的绅士风度使英国人在谈判桌上给人以讲礼貌、有风度、高傲、自信的印象，并使对方感到其对待谈判的强硬态度。因此，我们要尽量了解对手的性格、文化，对症下药，用对方易于接受的方式和谈话风格来说服他们。

另外，文化习俗对于谈判的效率也有极大的影响。一些国家在工作时间方面有着严格的限制。例如，法国人十分重视休假，不会为了谈判而放弃休假；而阿拉伯人热情待客，在谈判时若有朋友或家人突然来访，他们就会立即停止谈判、招待来宾，待客人离开后才会继续谈判。参加国际谈判时，了解对手的这些习俗和风格对于谈判的顺利进行有着极大的帮助。

# 第二节 成交信号接收策略

在商务谈判的成交阶段，不仅要注意表达己方的成交意愿，同时要时刻注意观察和接收对方所传递过来的成交意愿的信号。对于对方成交意愿的信号接收也有一些策略可

以使用，以便准确把握对方传递过来的信息与意愿，抓住机会，巩固双方的磋商结果，尽快促成谈判，实现双方的利益。

## 一、把握成交机会

谈判双方在磋商阶段经过多轮的谈判，基本就内容达成了一致，此时谈判进入了最重要的环节之一，就是把握成交的机会。在这种情况下，需要我们注意判断对方是否表达出了成交的意愿。一般来说，以下信号可能代表对方有了成交的意愿：

### （一）对方由一般问题的探讨延伸到对细节的探讨

例如，当你向对方介绍商品时，他忽然问商品的具体交货期，便有可能代表他有成交的意愿，此时要抓住时机要求他签约。

### （二）对方以建议的形式表示他的遗憾

例如，当对方反复查看商品后，像是自言自语地说："要是再加上一个支架就好了。"这说明他有意购买，只是对一些细节不满意，此时应该马上满足并按其要求修改，争取促成与其的交易。

### （三）对方在你介绍商品时随声附和，甚至给出自己的意见

此时，他可能对商品很感兴趣，你就可以对其意见给予鼓励，比如请他按自己的意见试用等，而后抓住时机与其敲定合约。

### （四）谈判小组成员的情绪由紧张转向松弛

例如，他们相互之间会意地点头微笑、用眼睛示意等，此时要迅速把握时机，成功完成谈判。

## 二、了解对方的需求

在谈判过程中，我们既要关注我方的利益，也要时刻关注对方的需求。因为我们了解了对方的需求，在谈判桌上就能掌握主动权，当我们用语言或行动满足对方所关切的需求时，对方也会通过满足我方的要求作为回报。

为了了解对方的需求、及时接收对方的成交意愿，我们在谈判中除了要从对方的语言中揣测对方的意图外，还要注意他的举止、姿态等肢体语言，它们可以传达出对方很多的心理活动。比如在一个友好的谈判气氛中，突然有一方背往后靠、双臂环抱，这样的肢体语言就表示有麻烦来了。除此之外，对手的表情也可以传达给我们丰富的信息，甚至是缺乏表情的脸也不可避免地会透露出其部分意图。例如，咳嗽就包含了多种信息，可能表示紧张，可能是对方讲话中用于思考的缓冲，可能是要掩盖他的谎言，可能是为了表示他的怀疑和惊奇而假装清清嗓子。

在谈判的成交阶段，了解对方的需求是非常重要的，因此我们要仔细观察对方的言行，从对方的表情和语言中掌握对方对谈判的满意程度。如果我方接收到了对方的这种满意程度信息，我们就应在此基础上迅速做出反应，促使谈判达成。

## 三、探测成交信号

为了了解对手的成交意愿，以便及时接收到对方的成交信号，除了要注意观察对方

的需求和把握成交机会外，有时还需要我们做出一定的试探，即探测成交信号。探测成交信号的目的在于通过我方的诱导，使对方完全表达出自己的成交意愿。

探测成交信号有多种不同的方式。我们可以通过直接提出问题并由对方的答案判断其意图，但要注意的是，直接提问往往会暴露我方的真实意图，使对方掌握我方更多的信息，因而要针对具体情况谨慎使用；可以委婉地问对方问题，由对方对一系列问题的反应来具体分析，以求得到所需信息；可以预先设计探测的目标与途径，并试探性地提出一些问题，通过对方的答案判断探测能否成功，再按照设计的途径诱导对方逐渐向目标靠近；还可以采用欲擒故纵的方法，故意对对方给出的信息表现出忽视，激发对方的好奇心理，从而主动提供我方需要的信息。

## 四、倾听语言信号

在谈判过程中，谈判对手最容易通过语言方面的表现流露出成交的意向，经验丰富的谈判人员往往能够通过对对手的密切观察及时、准确地识别对手通过语言信息发出的成交信号，从而抓住成交的有利时机。

### （一）某些细节性的询问表露出的成交信号

当对手产生了一定的成交意向后，如果谈判人员细心观察、认真揣摩，往往可以从其对一些具体信息的询问中发现成交信号。比如，他们向你询问一些比较细致的产品问题，向你打听交货时间，向你询问产品某些功能及使用方法，向你询问产品的附件与赠品，向你询问具体的产品维护和保养方法，或者向你询问其他老客户的反应、公司在客户服务方面的一些具体细则等。在具体的交流或谈判实践中，对手具体采用的询问方式各不相同，但其询问的实质几乎都可以表明其已经具有了一定的成交意向，这就要求谈判人员迅速对这些信号做出积极反应。

### （二）某些反对意见表露出的成交信号

有时，对手会以反对意见的形式表达他们的成交意向，比如他们对产品的性能质疑，对产品的某些细微问题表达不满等。对手有时候提出的某些反对意见可能是他们的确在某些方面存在不满和疑虑，谈判人员需要准确识别成交信号和真实反对意见之间的区别，如果一时无法准确识别，那么不妨在及时应对反对意见的同时，对他们进行一些试探性的询问以确定对手的真实意图。

## 五、注意非语言信号

在谈判的成交阶段，除了要倾听对方的语言信号外，非语言信号的接收也是十分重要的，必须加以注意。这些非语言信号主要包括人的身体语言和面部表情，它们与语言信号一样，能够传达出谈判对手的意愿。比如在成交阶段，我们就可以通过对方的面部表情来判断对方的谈判意愿：如果对方面露喜色，说明对方有意成交；反之，若对方脸色阴沉，说明对方对目前的结果并不满意，此时成交有困难。通过注意对手的非语言信号，我们应该把握时机，抓住对方有可能签约的时机，及时和对方签约。

**【案例 7-1】**

在一次与客户进行谈判的过程中，我发现那位顾客从一开始就一直紧锁眉头，而且还时不时地针对产品的质量和服务提出了一些反对意见。对他提出的问题我都一一给予了耐心、细致的回答，同时我还针对市场上同类产品的一些不足强调了本公司产品的竞争优势，尤其是针对顾客比较关心的服务品质方面着重强调了本公司相对完善的顾客服务系统。在我向对手一一说明这些情况的时候，我发现他对我的推荐不再是一副漠不关心的模样，他的眼睛似乎在闪闪发亮，我知道我的介绍说到了他的心坎儿上，于是我便趁机询问他需要订购多少产品，对手告诉我他们打算订购的产品数量，我知道这场谈判很快就要成功了。

资料来源：黄秀丹，张鑫．商务谈判［M］．北京：中国财富出版社，2017.

对于非语言信号的观察要注意两点：一是要认识到身体语言在不同的国家有不同的含义，要根据对手以及当时的情况具体分析。二是我们要从整体上把握对手的非语言信息，因为只有一个人身体的各部分协调一致，其传达出来的信息才可靠。如果只关注部分，那么可能受到对手的有意蒙蔽。

注意非语言信号的原因还在于它比语言更能真实地反映一个人的状态。这是因为口头语言可能是有意为之，但身体的活动和表情却很难掩饰。所以，我们在谈判中要对对方发出的非语言信号给予充分的关注，从中分析对方的真实想法，促进谈判的达成。

### 六、当谈判对方主动上门时的策略

在商务谈判中，一般来说，双方为了各自争夺到更多的利益，往往都是激烈交锋、互不让步，因而主动上门的事情很少。但销售方则不然，在激烈的市场竞争中，为了销售自己的产品，他们有时不得不做出一些退让，可能会出现主动上门的情形。如果谈判对手主动上门，那么基本上我们就可以认为这笔生意可以谈成了，并且可以尽可能地为我方争取到更多的利益。

### 七、对待性格犹豫的谈判者，要促使其尽快下决心

性格犹豫的人往往很难下定决心，做事瞻前顾后、小心谨慎，因而在谈判中往往会在细枝末节上纠缠不清、延误时机。在取得谈判得来的优惠利益时，他们又会产生怀疑，怕自己吃亏上当，而且对手越急于促成交易，他们的这种感觉越强烈。如果我们的对手是这种性格犹豫的人，我们不要表现得过于积极主动，以防起到相反的作用，而应该鼓励他，向他详细介绍情况，让他意识到自己的利益所在而放心签约。

## 第三节　成交签约策略

经过以上阶段，谈判就基本进行到了成交签约阶段。这一阶段是双方就谈判内容最后敲定、签订合约、明确双方权利与义务的最后阶段，可以说是形成谈判最终成果的非常重要的阶段，因此需要我们加以充分重视，注意成交签约策略在这一阶段的运用，使谈判能够最终达成，并符合我方的根本利益。

## 一、向对方发出信号

在谈判的成交阶段，如何将谈判收尾并引入签约阶段，在很大程度上是一种掌握火候的艺术。在即将达成交易时，往往会由一方发出明确的信号，意味着双方基本完成谈判任务，应当进入最后的敲定阶段，即签约阶段了。这样的信号应当是清晰可辨的，即谈判双方都明确和理解信号的意义，对签约内容没有异议。比如谈判者在语言里明确表达了自己的思想，表示对自己的语言负责，从而向对方发出了签约的信号。再如，回答对方的问题时使用“是”或“否”等明确的语言，给对方确定的答案，从而向对方发出了签约的信号。

这样做的目的在于使对方行动起来，进而进入签约阶段，最终达成协议，实现双方通过谈判所得的利益。但要注意的是，这种策略应该是在经过激烈的磋商阶段，双方已经基本明确各自权利、义务的情况下采用较为有效。因为经过多次的讨价还价后，对方基本无法再获得更多的利益了，因而愿意响应这样的信号进入签约阶段。

## 二、最后一次报价

在一方发出明确签约意向的信号，而对方也有意结束谈判的时候，一般会在实际签约前做最后一次报价。此时，不要急于求成、匆忙报价，以免对手将其当作我方的让步而希望争取更多的利益，但也不应报价过晚，否则是对签约信号的忽视。为了选好最后一次报价的时机，最好把最后的让步分两步进行：第一步是将让步的主要部分在最后期限之前提出，使对方有时间考虑；第二步是根据谈判的实际需要，将剩余的小部分让步安排在最后时刻给出，作为最后的让步来完成签约。

## 三、最后的总结

在最终签约之前，双方还有必要对之前的谈判内容和达成的结果进行最后的总结，以彻底明确双方的权利、义务，以免影响最后合约的签订。这样的总结主要包括以下内容：是否所有的内容都已谈妥；是否还有地方存在争议以及争议如何解决；明确谈判的结果是否符合我方的利益要求；双方是否还有可能最后让步以及最后让步的项目和幅度；采用何种方式对谈判收尾、进行签约等。

最后总结的时间和具体形式应该根据谈判的规模等实际情况具体安排，既可以安排一个正式的会议用于最后的总结，也可以安排在某次谈判结束后的休息时间里简单进行。

## 四、促成签约的策略

### （一）期限策略

所谓期限策略，是指限定缔约的最后时间，促使对方在规定的期限内完成协议缔结的一种方法。与最后通牒不同的是，期限策略的核心不是设定本方所能接受的交易条件的极限，而是不可逾越的时间界限。当然，期限策略也不同于有意地延长或缩短谈判可用时间的做法。

限定期限往往会使对方产生沉重的心理压力。迫于此压力，对方常会有种机不可失、时不再来的念头，并成为其采取行动最直接的动因。事实上，在许多谈判场合，谈判双方都是在期限将至时方达成协议的。当双方已接近最后的妥协时刻时，有意识地设定谈判的期限，常常能有效地限制对方的选择余地，促成协议的缔结。当然，在运用这一策略时必须注意只有在对方比你更需要达成协议的条件下，你所设定的期限才能达到预期的效果。

【思政案例7-1】

美国某镇上有一个由12个农夫组成的陪审团。有一次，在审理了一件案子之后，陪审团中的11人认为被告有罪，另一个人则认为被告不应该判罪。由于陪审团的判决只有在其所有成员一致通过的情况下才能成立，于是这11个农夫花了一整天的时间，想说服那位与众不同的农夫改变初衷。

此时，天空中忽然乌云密布，眼看一场大雨就要来临，那11个农夫都急着要在大雨之前赶回去，好把放在屋外的干草收回家去，可是，这时候另外那个农夫却仍旧不为所动，坚持己见，11个农夫个个都急得像热锅上的蚂蚁。他们的立场开始动摇了，最后，随着"轰隆"一声雷鸣，这11个农夫再也无法等下去了，他们转而一致投票赞成那个农夫的意见：宣告被告无罪。

资料来源：徐文，谷泓，陈洁．商务谈判［M］．北京：中国人民大学出版社，2018．

### （二）优惠劝导策略

优惠劝导策略非常简单，是指向对方提供一定的优惠或优待来促成对方能够尽快地签订合同。一般可以采用给予对方折扣、赠品、附送配件、免费送货、免费安装等方式。

### （三）行动策略

行动策略是指谈判一方以谈判中的主要分歧已经解决的姿态来积极主动地采取行动，督促对方签约。比如卖方可以自行着手草拟协议，并在草拟过程中就具体条款咨询对方的意见，以实际行动表明签约的愿望，促使对方尽快签订合约。

### （四）时间策略

时间策略是指当时间价值对于谈判双方价值不同时使用的策略。当相同的时间对于对方具有更大的价值时，我方可以采取积极的姿态促进签约的完成。此时，不仅能够如我方所愿顺利达成交易，还可以为我方争取到更多的利益，并给对手留下我们为其着想的良好印象。在无数的谈判事例中，我们都可以看到运用时间作筹码从而获得成功的案例。

## 五、采取行动表明谈判结束

当双方对合约内容达成一致、没有异议时，谈判的一方可以采取相应的行动来表示双方间的谈判到此结束了。这样做有助于加强对方对其已做出承诺的关注。这样的行动可以是给对手一张明信片或是和他握手祝贺谈判成功，但在采取具体行动时，要注意不要过分地恭维对方，如"我保证这是你所达成的最好协议"。这样的话会引起对方的怀疑，以为自己给了对方过多的利益而可能出尔反尔。

## 六、争取由我方制定合同

在谈判成交之后，应尽量争取由我方来起草文本、制定合同。这样做可以掌握主动权，尽量选择对己方有利的措辞，巧妙地运用语言对有关条款做出有利于己方的解释，明确对方的责任与义务，尽可能地减少己方的责任和义务。这就要求我方在此之前就需要想好一个充分的理由来向对方说明为什么应由我方来制定合同，防止在和对方讨论合同的起草时缺少应对策略，而将制定合同的权力拱手让人。

反之，当对方起草合同文本、制定合同时，我方必须对对方起草的合同内容，尤其是对合同中的重要条款、双方的重大责任与义务进行详细的审核，合同中的专业术语及其有关解释要通过双方的集体讨论，并明确提出修改意见。

一般来说，我方要尽量避免出现由对方单方面撰写合同文本的情况。如果我方无法争取到制定合同的权力，也应提出由双方各起草一份合同草稿再进行协商讨论，根据讨论的结果再制定合同的正式文本。

【案例7-2】

深圳市曾经和澳大利亚的一个商人合营一个建筑材料的采石场。签订合同时只说明每运走一车石头，澳方给12澳元，但未注明多少载重的车。澳方就钻空子，一开始用载重5吨的汽车转运，后来派7吨的车也交12澳元，最后派12吨的车来还是12澳元。如果事先考虑周到，在合同上注明是载重5吨的车，就不至于吃此哑巴亏了。

资料来源：杨剑英，常军. 商务谈判理论与实务［M］. 2版. 南京：南京大学出版社，2020.

## 七、掌握主动权

掌握主动权的策略是指我方在签约之前就已经准备好一份草拟的合同文本，从签约一开始，我方就拿出这份草拟的合同文本征求对方的意见，并建议为节省时间，就在此合同的基础上具体讨论合同文本的内容和条款，从而在签约中掌握主动权。该策略的优点是我方在制定合同文本时具备了主动权，可以加入有利于我方的条款，而故意遗漏一些己方必须承担的责任，使合同对我方更为有利。但要注意，不能使合同过于偏离之前双方达成的一致意见；否则会给对方受骗上当的感觉，从而使谈判前功尽弃。

# 第四节 国际商务谈判结束的工作

商务谈判结束阶段的工作十分重要，做好了，双方皆大欢喜；做得不好，则会“鸡飞蛋打一场空”，最终导致双方合作的终止和破裂。成交是谈判双方都愿意看到的最好结果，它既是对前一段谈判工作的总结，又是双方履行合同的开始。因此，掌握商务谈判结束阶段的工作技巧是十分必要的。结束阶段主要的工作包括结束阶段的判定、谈判记录的归纳以及对成果的总结、备忘录的起草以及合同的签订。

## 一、谈判记录的归纳以及对成果的总结

当确认双方的谈判进入结束阶段后，对谈判资料进行归纳整理显得十分重要，必要

时要写成一份书面报告，以便向双方及时展示，做到公开、透明，从而保持双方之间的信任。谈判各方都要做好各自的记录，保留好记录意味着掌握谈判的主动权。当对方向己方展示他们的记录时，一定要对照己方的记录，查找双方的分歧和误差之处，及时与对方沟通，消除误解，从而避免不必要的摩擦和纠纷。国际商务谈判中有许多记录谈判的方法，其中一个基本的方法是每一次洽谈之后，双方要用书面记录将双方达成一致的议题拟成简短的报告或纪要，并由双方草签认可。这种文件具有一定的法律效力，对以后的纠纷解决很重要。谈判记录的归纳与总结这一阶段可分为两部分：

（1）记录与整理。如果双方共同确认记录正确无误，那么所记载的内容便是起草书面协议或合同的主要依据。在谈判结束阶段的一项重要工作就是对此前的谈判资料进行归纳和整理。

（2）回顾与总结。在谈判达成交易之前，进行最后的回顾和总结是必要的，可以明确哪些问题已经达成共识，哪些还存在分歧。如果双方在交易条件上所剩的分歧极少，就可认定谈判进入成交阶段。

## 二、备忘录的起草以及合同的签订

当对谈判记录进行整理以后，双方就要草签协议和合同了。协议和合同由双方共同签字确认，可以避免任何遗漏和误差。另外，合同具有法律效力，双方应共同遵守，任何一方单方面废除合同或者不按照合同履行自己的义务都要承担相应的法律责任。草签合同的前提是双方首先要正确填写备忘录。

### （一）备忘录的起草

（1）备忘录的措辞不必使用法律术语，但是，必须将每一谈判阶段中的每一个谈判要点陈述清楚，特别是一些关键性的内容，如双方的义务，产品的价格、型号，交货时间，发生意外时的补救措施等，从而得到双方的共同认可。

（2）在己方提出备忘录的时候，先要让己方所有参加谈判的人员过目，检查是否有遗漏和错误。当确认无误后，才可将备忘录向对方提出。

（3）在起草备忘录的时候，应该将双方的一些口头承诺写入备忘录。由于商务谈判时间长、内容复杂、要点多，一些不重要的内容可能以口头承诺的形式加以确认，但是为了避免今后在履行合同时因为这些内容发生纠纷，谈判双方还是应该将这些内容写入备忘录。

### （二）合同的签订

备忘录完成后，下一步工作就是要草签合同。商务合同是商务谈判工作的最终成果，也是双方下一步合作的开始，具有承上启下的作用。

商务合同一般由约首、主文、约尾三部分组成。

约首是合同的首部，包括合同名称、编号、缔约双方所在地点名称、电话号码、电子邮件地址等内容。

主文即合同的基本条款部分，主要记载双方的权利和义务，表现为各项交易条件，是合同的核心部分。国际商务合同的主要条款包括产品名称、品质、数量（重量）、价格、包装、运输条件、保险理赔、交货方式、支付方式、检验以及不可抗力和仲裁等内容。

约尾是合同的尾部，包括合同的效力、份数、订约日期、订约地点以及双方代表的签字。

在国际商务活动中，合同往往是规定双方权利和义务的书面协议，交易合同不仅涉及交易双方的利益，还关系到与交易活动有关的一系列当事人的利益，同时也涉及国家的权益和法令。因此，签订合同是非常重要的环节。签订国际商务合同时要注意以下几点：

**1.明确当事人的签约资格**

合同是具有法律效力的法律文件，因此，要求签订合同的双方都必须具有签约资格；否则，即使签订合同，也是无效的合同。在签约时，要调查对方的资信情况，应该要求当事人相互提供有关法律文件，证明其合法资格。审查对方当事人的签约资格，一定要严肃认真，切不能草率从事。

**2.书面确认谈判成果**

随着谈判进入成交阶段，双方有必要进行最后的回顾和总结，明确是否所有内容都已谈妥，提炼出整个谈判过程中所谈判的主要问题，对特殊的问题加以确认，概括一下最后决定，明确结果是否已达己方期望的谈判目标，查看对方对目前所有决定是否满意。通过最后小结和书面确认，起草一份协定备忘录。为了确保充分理解所达成协议的各项条款，谈判者必须整理谈判记录。对已经取得共识的条款形成原则性文本，以备忘录的形式由双方签订确认，作为下一步正式签订合同或协议的重要依据。

**3.规范合同文字及用语**

对于协议或合同中的各项条款所使用的词语必须准确无误，不能用含糊不清甚至使对方产生歧义的词语来表述，同时还要求使用规范的文字、专用的或专门的术语进行表达。在双方确认无误后，由双方谈判代表或法人代表正式签字生效。

**4.细化合同条款**

合同条款应该详细具体，不能太笼统，否则不利于合同的履行。同时也应注意合同中的条款不能重复，更不能前后矛盾，而要协调一致，以免被谈判对手钻空子。

**5.落实合同并与对方保持联系**

在签订合同之前，需要以备忘录为基础草拟合同，并就达成的产品数量、交易价格、支付方式、服务条件、运输方式、品质等交易条款进行严格审阅。协议或合同签订生效后，就必须严格履行。因为一项协议或合同如果不能得到切实落实，也不能算是谈判成功。因此，应在谈判协议中写入合同的落实条款，有时会单独在补充协议中表述，以便保证合同或协议的有效落实。而且谈判双方必须对已签字的合同条款熟记在心，在合同执行的有效期内，保持经常性的联络沟通，进行必要的交涉和提醒，以便保证合同的有效履行。当然，如果发生了违背合同的行为，就需要通过新一轮的谈判进行纠正或制止，严重的情况还要进行索赔谈判。

**6.明确双方的责任和义务**

很多合同只规定了双方交易的主要条款，却忽略了双方各自应尽的责任和义务，特别是违约应承担的责任。这样，无形中就等于为双方解除了应负的责任，架空了合同或削减了合同的约束力。

**7.争取合同的缔约地或签字仪式**

比较重要的谈判在双方达成协议后，就要举行合同的缔约或签字仪式，这时我方谈判代表要尽量争取在我方举行。因为签约地点往往决定了采用哪国法律来解决合同中的纠纷问题。根据国际法的一般原则，如果合同中对出现纠纷采用哪国法律未作具体规定，一旦发生争执，法院或仲裁庭就可以根据合同缔约地的法律来做出判决和仲裁，而不同国家的法律对判决和仲裁有很大的影响。

不论谈判成功或失败，都需要对谈判进行总结。审视己方谈判工作的准备、制定的程序与进度、小组的权力和责任的划分、成员的工作作风、成员的工作能力和效率、有无进一步培训和增加小组成员的必要性、谈判目标的实现和策略与技巧的运用情况；分析总结谈判对手的工作作风、小组整体的工作效率、各成员的工作效率及其他特点、所采用的策略与技巧等，从中获得经验。总结既有利于履行谈判的合同条款，也便于督促对方执行合同，同时还有助于反思谈判过程中的得失、经验和教训，提高自身的谈判能力。

## 讨论与思考

1.成交意愿有哪些表达方法?

2.为促成双方成交签约，有哪些策略可以使用?

3.国际商务谈判终结后还需要做哪些工作?

4.签订国际商务合同要注意什么问题?

## 拓展阅读

### 熟练运用合同，维护自己的正当利益

浙江某公司与A公司签订了一笔USD40 000.00 FOB宁波的出口合同，付款方式是订单确认后先支付USD1 000.00作为订金，剩余货款于货物装船前通过电汇（T/T）付清，并且约定客户将在货物生产完毕之时来工厂检验。我方收到订金后开始生产，在货物即将生产完毕之时通知对方来工厂检验。但对方要求货物在装运港——宁波港实施检验合格后，直接给我方银行汇票。与此同时，我方了解到，船公司是客户指定的，提单将由船公司直接放给客户。这样做客户已经改变合同条款，主要体现在以下3个方面：

第一，客户改工厂检验为装运港检验。这样无形增加我方风险，万一对方检验后认为不合格，我方将增加不必要的费用。

第二，客户改电汇（T/T）为银行汇票（D/D）。付款行为“汇丰银行上海分行”，由于异地托收，所需时间较长，为20天左右，对我方资金周转有影响。而且根据已经发生的案例说明，在收款人兑现汇票之前，对方有权利要求银行止付。

第三，提单将由船公司直接放给客户。按照惯例，船公司只有在收到托运人的委托书后才可以将提单放给收货人（买方）。但这里的船公司与收货人之间有长期良好的合作关系，因此，船公司答应在装船后3～4天将提单放给收货人，这显然会影响到我方利益。

鉴于上述问题，我方提出自己的看法。

（1）我方要求对方来工厂检验。对方坚持装运港检验，理由是他要在装运港同时检验很多工厂的货物，没有时间到每个工厂去检验。我方只好同意客户的决定。

（2）要求船公司出具保函，凭借我方的书面通知才可以放提单给对方，保证在汇票兑现前替我方保留提单。

在上述协议达成以后，我方将货物发往装运港，并派业务员前往装运港。客户在装运港检验，货物均符合合同要求，因此，客户当即将银行汇票给了我方。我方即去船公司取得保函正本。我方将汇票交给我方银行向汇丰银行上海分行托收。其间客户来电要求放单，我方拒绝。经过20天左右才收到货款，我方放单给对方。

经过上述的防范措施后，顺利完成整个交易，既满足了客户的要求，又对我方的交易风险做出控制。

我方要了解银行汇票支付的程序和风险。银行汇票是由某家银行（出票行）出具的指定其代理的银行支付给汇票上指定人的一种支付工具，是银行信用。虽然如此，在某些情况下，在代理行解付给指定人之前，客户有权要求出票行止付这笔款项。因此，它比电汇（T/T）风险大。

船公司直接放提单给收货人是不符合国际惯例的。船公司受我方委托装运货物，应在征得我方同意后才可以放提单给收货人，否则，船公司要承担责任。但在日益激烈的竞争中，一些船公司或船代为了业务需要，在运输指定货物时经常会同意收货人要求将提单直接放给他，这样无疑会损害托运人的利益。因此，我方要求船公司出具保函（正本）是合理的，也是保护自身利益的有效手段。

资料来源：林晓华，王俊超. 商务谈判理论与实务［M］. 北京：人民邮电出版社，2016.

# 第八章

# 国际商务谈判僵局突破策略

## 学习目标

【知识目标】

了解国际商务谈判僵局的概念、特点及类型；熟悉不同僵局的处理方法；掌握突破僵局的策略与技巧。

【育人目标】

培育在谈判中运用合理合法谈判策略的职业道德，促进国家安全意识和探索精神的培养。

【导读】

**菲律宾愿重启同中方油气开发谈判**

继菲律宾外长马纳罗表示菲方愿同中方恢复油气开发合作谈判后，正在美国纽约参加第77届联合国大会的菲律宾总统马科斯在接受彭博社采访时再次提及，有意愿重启同中国的南海油气联合开发谈判。

据彭博社2022年9月25日报道，菲律宾总统马科斯表示，菲律宾有意与中国重启在南海联合勘探石油和天然气的谈判，以使自身能源来源多样化。但他同时强调，任何协议均“不得违反菲律宾法律”。他说，尽管菲中双方无法就联合开发油气适用哪国法律达成共识，但“我们会持续探索，或许有达成协议的其他途径”。马科斯称，在对专属经济区和领海基线存在分歧的情况下，本地区曾有过实现联合开采的先例。马科斯表示，在南海勘探油气能满足菲“临时性”燃料需求。

2022年6月正式就任菲律宾总统后，马科斯在南海问题上的态度就引发多方关注。他多次表示，自己将延续前总统杜特尔特的政策，在南海问题上坚决维护菲律宾利益，暂时搁置争议，以换取和平局面及同中国合作发展的机会。7月，马科斯在马尼拉会见应邀访菲的中国国务委员兼外长王毅时表示，南海问题不是菲中关系的主流，不应限制和妨碍双方合作。菲方愿同中方坦诚交流，找到友好解决办法。王毅强调，菲中合作远远超越海上分歧，不能让具体分歧定义两国关系，不能让个别争议干扰两国合作。

2022年6月，菲律宾方面有消息称，已终止与中方的南海能源共同开发合作谈判。中国外交部发言人当时回应说，中菲两国开展海上油气共同开发是在不影响各自涉海立场主张的前提下，妥处两国海上分歧、实现互利共赢的正确道路。

2022年8月31日，马纳罗在接受议会质询时透露，菲方愿意重启同中国的南海石油和天然气勘探谈判，他已经向中方官员表示，菲方对能源勘探谈判持开放态度。

资料来源：白琳琳，甄翔．菲总统：愿重启同中方油气开发谈判［N］．环球时报，2022-09-26.

## 第一节　国际商务谈判僵局概述

国际商务谈判中由于谈判各方受教育背景、国家政治立场、宗教信仰等影响而导致的站位不同，往往对同一个话题的看法和理解存在偏差，各自为了争取自己的经济利益，在谈判中互不相让，而导致谈判无法顺利进行下去，就出现了“僵局”。僵局的出现也是谈判对立与统一相结合的表现之一，因此在商务谈判中出现僵局是普遍的。如何看待僵局的出现，如何灵活运用合理的方法化解僵局，甚至利用已经出现的僵局或人为制造僵局来为己方谋利是谈判人员关心的问题。

### 一、国际商务谈判僵局的概念

谈判僵局是指在国际商务谈判过程中，双方对所谈问题的利益要求差距较大，各方又都不肯做出让步，导致双方因暂时不可调和的矛盾而形成的对峙，而使谈判呈现出一种不进不退的僵持局面。

僵局之所以经常产生，其原因就在于来自不同的企业、不同的国家或地区的谈判者，在国际商务谈判中，双方观点、立场的交锋是持续不断的；当利益冲突变得不可调和时，僵局便出现了。

### 二、国际商务谈判僵局的分类

从广义和狭义不同的角度理解，国际商务谈判僵局有不同的划分。

#### （一）狭义的划分

从狭义上理解的谈判僵局也就是在谈判过程中不同阶段形成的僵局，即初期僵局、中期僵局和后期僵局。

谈判初期主要是双方相互熟悉，建立和谐气氛的阶段，双方对谈判都是有期待的。但是如果由于前期准备不足，对对方存在误解等，在谈判初期就表现出对对方的不信任，使另一方在感情上受到很大伤害，就会导致僵局的出现，使谈判还没有进入实质性谈判阶段就草草收场了。

谈判中期是谈判的实质性阶段，谈判各方一般会就交易相关的技术、价格、合同、交货条件等内容进行充分的讨论与协商。这个阶段也是谈判各方为自身争取利益最为重要的阶段。而各方的利益往往存在差异，就会使谈判难以向着统一的方向发展，进而产生僵局。中期僵局多由纷繁复杂的原因造成，因此中期僵局破裂的可能性较大。

谈判后期是各方实质性谈判完成的后续问题谈判时期，常常是达成协议的阶段。价格、技术等关键性问题解决之后，合同条款的措辞、合同执行的条件等也会引起争议，僵局也会因此而产生。

【思政案例8-1】

在中美恢复外交关系的谈判中，双方在如何表达中国台湾的问题上发生争执。中方认为台湾是中国领土的一部分，而美国不想得罪台湾当局，双方谈判代表就此僵持不下。在绞尽脑汁之后，最后用了“台湾海峡两岸的所有中国人”，才使观点上的争执缓解，“上海公报”才得以诞生。

资料来源：龚荒. 商务谈判与推销技巧［M］. 北京：清华大学出版社，2021。

（二）广义的划分

广义上，僵局的发生伴随着整个合作过程，僵局可以分为协议期僵局和执行期僵局。

协议期僵局是双方在磋商阶段意见产生分歧而形成的僵持局面。

执行期僵局是在执行合同过程中双方对合同条款理解不同而产生的分歧，或出现了双方始料未及的情况导致一方把责任有意推向另一方，抑或一方未能严格履行协议引起另一方的强烈不满等而引起的责任分担不明确的争议。

## 三、国际商务谈判僵局的特点

（一）谈判中期僵局的不确定性

谈判中期出现的僵局往往是由于谈到价格、技术等关键性的条款时，谈判各方所谈问题的利益条件相差甚远，又都不愿意妥协退让，出现僵局的可能性很大，僵局不确定性易于出现。另外，谈判中期所谈内容复杂多样，涉及面广，僵局也会因各种不同原因而出现，也存在不确定性。

（二）谈判后期僵局易突破

谈判实质性内容已经在中期谈妥，便进入谈判后期，后期所谈内容往往相对不太关键，再者经过中期艰苦的谈判，到了后期谈判双方一般都不愿意因为一些小细节而放弃很可能会达成的交易。即使出现僵局也想通过努力来化解，因此谈判后期的僵局是易于被突破的。

（三）谈判僵局的可利用性

谈判者可以利用谈判僵局为实现自己的目标服务；谈判者可以通过有效地处理谈判僵局使谈判朝着对自己有利的方向发展。但在僵局策略实施中要把握好度，才能用好僵局这把“双刃剑”。另外，谈判者在时机适当时，也可以通过制造僵局来营造更利于本方的谈判氛围，利用自己制造的僵局争取更主动的谈判环境或争取获得更多利益。

# 第二节 国际商务谈判僵局形成的原因

在国际商务谈判中遇到僵局在所难免，关键在于如何巧妙地破解僵局。而想要有效地处理好僵局，必然需要明确僵局形成的原因。通常僵局的形成原因主要有以下几个方面：

## 一、立场观点的争执

在国际商务谈判中，谈判各方在考虑各自利益时，往往以坚持立场的方式磋商问题，因此较容易使谈判陷入僵局。例如，甲方声称要什么，不做什么，乙方也针锋相对，如此便会大大缩小双方磋商回旋的余地，提升了妥协的难度系数。双方的真正利益需求被这种立场观点的争论所搅乱，而一旦争执起来，双方又往往为了维护自己的面子，表现为不愿意妥协，反而会用否定的语气指责对方，想要迫使对方改变立场观点，谈判现场的对立就会形成，进而出现僵局。

谈判人员出于对己方立场的维护心理，容易不尊重对方的观点，忽视一些客观事实，便会产生偏见。如果双方都排斥对方，而把利益忘在了脑后，既耽误时间，又伤害了对方的感情，最终使谈判走向破裂。

## 二、一方过于强势

在国际商务谈判中，双方实力悬殊，一方强、另一方弱是常有的事。谈判双方在谈判前都会对本方在此次谈判中的角色进行定位，由于实力强弱不同，定位容易产生偏差。

一般来说，商务谈判中人们常常因有意无意地采取强迫手段而使谈判陷入僵局。特别是涉外商务谈判，由于不仅存在经济利益上的相争，还有维护国家、企业以及自身尊严的需要。因此，某一方越受到逼迫，就越不会退让，谈判的僵局也就越容易出现。由于一方强势造成的谈判僵局是屡见不鲜的。在我国改革开放初期，由于国内外经济实力差异较大，在国际商务交往中，某些外商会要求我方向派往我国的外方工作人员支付过高报酬，或要求低价包销由其转让技术所生产的市场旺销产品，或强求购买他们已经淘汰的设备等，否则，就以取消贷款、停止许可证贸易等条件相威胁。相反，我国的一些企业有时也会由于担心吃亏而采取过分的立场，强迫那些渴望合作的外商接受他们难以接受的条件，这种做法看起来立场十分坚定，但并不符合我国的根本利益，是一种幼稚的做法。

## 三、受谈判时间限制

时间被认为是谈判中的重要资源。从理论上讲，随着时间的推移，所有的僵局都有解决的路径。如果谈判者时间有限，而且这种软肋暴露在外，极有可能处于不利地位，从而导致对方故意拖延，使谈判陷入僵局。

## 四、人员素质较低

某些谈判者在谈判桌上争强好胜，一切从“能压住对方”出发，说话锋利刻薄，频频向对方发起攻势，原则上、细节上处处都不甘示弱，以为气势上强硬占上风，就利于本方在谈判中获得更多的利益。此时，若遇到涵养较高的人，他会暂时忍住，让其尽情表演，到关键时刻再迫使其付出更大的代价；若遇到攻击性强的人，他会恶语相向。因此，无论是谈判人员作风方面的，还是知识经验、策略技巧方面的不足或失误都有可能造成谈判僵局乃至败局。

## 五、沟通障碍

沟通障碍是谈判各方在交流谈判内容过程中，可能遇到的由于主观或客观原因所造成的理解障碍。

由于谈判各方在谈判时多数是通过口头进行交流，而各方人员的背景、理解能力和出发点都有或多或少的差异，在交流时会因为沟通不充分产生障碍，进而产生分歧。如果没有从原因出发理解这种分歧，就会对此僵持不下，进而产生僵局。

这种沟通障碍包括“讲”“听”两个方面，如由于没有听清对方讲话的内容或一方没有理解另一方的陈述内容，也可能是一方虽已理解却不愿接受这种理解，或由于枯燥呆板的谈判方式造成的。无论是出自“讲”一方的原因还是“听”一方的原因都会导致沟通障碍，进而使谈判僵局出现。

例如，某美国商人谈及与日本人打交道的经历时说：“日本人在会谈过程中不停地Hi、Hi，原以为日本人完全赞同我的观点，后来才知道日本人只不过表示听明白了我的意思而已，除此之外，别无他意。”

## 六、外部环境发生变化

谈判中环境发生变化，谈判者对己方做出的承诺不好食言，但又无意签约，采取了不了了之的拖延，使对方难以忍受，造成僵局。比如，在购销谈判中，市场价格会发生变化，或者一种同类型新产品投入市场等，如按原承诺办事，企业就会蒙受损失，若违背承诺，对方又不接受，从而形成僵局。

## 七、成交底线的差距较大

如果双方谈判方案中所确定的成交底线差距太大，对各自利益的预期也有很大差距，而且这种差距很难弥合时，谈判就会陷入僵局。

大多数的商务谈判，双方都是本着友好、诚恳的态度，互惠共赢的理念进行的。从谈判双方各自的角度出发，各方都有自己的利益需求。各方坚持自己的成交条件，而且这种坚持虽相去甚远，但却是合理的，一方给出的底线与自己的底线期望值相差太大，并且这种差距难以弥补，双方便会陷入僵局，并且这种僵局因为涉及根本利益而很难调和，很可能导致谈判失败。

当然谈判就此暂停乃至最终破裂都不是绝对的坏事。谈判暂停，可以使双方都有机会重新审慎地回顾各自谈判的出发点，既能维护各自的合理利益，又利于挖掘双方的共同利益。如果双方都逐渐认识到弥补现存的差距是值得的，并愿意采取相应的措施，包括做出必要的进一步妥协，那么这样的谈判结果也真实地符合谈判原本的目的。即使出现了谈判破裂，也可以避免非理性的合作——这种合作不能同时给双方带来利益上的满足。有些谈判似乎形成了一胜一负的结局，实际上失败的一方往往会以各种方式来弥补自己的损失，甚至以各种隐蔽方式去挖另一方的墙角，结果导致双方都得不偿失。

# 第三节 国际商务谈判僵局的突破策略

## 一、处理谈判僵局的原则

妥善处理谈判僵局的最有效途径是将形成僵局的因素消灭在萌芽状态。为此，应遵循以下几项原则：

### （一）坚持闻过则喜

谈判中出现意见分歧是正常的事，反对意见一方是谈判顺利进行的障碍，同时也是对议题感兴趣或想达成协议的表示。因此，听到对方的反对意见要“闻过则喜”，应诚恳表示欢迎。问题的关键是谈判双方都应坚持正确的谈判态度。提出反对意见者，说话要有充分依据，要尊重对方。被提意见者要谦虚，要欢迎对方畅所欲言。

### （二）态度冷静、诚恳，语言适中

谈判人员在解释、回答反对意见时，绝不能用针锋相对的语气来反驳，而应冷静、诚恳，解释时语言适中，既不多讲也不寡言。这样既可以减轻对方的负担，尊重对方自尊心，也可以在倾听对方发言的基础上探出对方的真实意图，为寻找对策做好准备。同时也将自己的看法和对方意见的不实之处反馈给对方，营造对等的谈判气氛。

### （三）绝不为观点分歧而发生争吵

谈判既是智力的角逐，又是感情的交流。当谈判中分歧较大时，各方都会不同程度地流露出各自的真实感情，即使在理智的控制下，言谈中也难免会冷嘲热讽，甚至发生情绪上的对立。为此，谈判者必须有较强的自控能力，防止变争论为争吵，不要因观点分歧而出言不逊，要注意语言的委婉性、艺术性，以充分的理由来强化说服力，同时注意对方的情绪变化，分析其心理状态，因势利导，寻求解决分歧的途径，使谈判得以顺利进行。

## 二、谈判僵局突破的策略技巧

在谈判僵局出现时，如何有效处理僵局是谈判能否继续进行的关键。如果谈判者不希望谈判破裂，那么从战术的角度看，谈判者需要懂得处置僵局。此时需要谈判者设法缓和对立情绪，消除分歧，使谈判出现转机，推动谈判继续。常常被采用的突破谈判僵局的策略包括：

### （一）观点求同存异

由于谈判双方的关系有合作，也有对立，所以，在商务谈判中，谈判双方对于某些问题的观点难免不一致。如果一味坚持己方的观点，排斥对方的观点，会令谈判对手无法接受，从而使谈判存在陷入僵局的可能。

当谈判人员发现在某一个或几个问题上，双方观点有分歧甚至对立时，不应该马上指责对方，而是应该首先分析分歧问题的重要性。如果该问题并不是谈判的主要问题，则可以尽量淡化这种矛盾，尽快把注意力转移到重点问题上；如果该问题是谈判的主要问题，则应该与对方进行沟通，了解双方观点是否有调和的可能性，即使一时之间难以调和，也应该允许有不同观点的存在，可以将这个问题安排到后面的议程中，希望能够随着谈判的进行自动化解这种矛盾。如果最后还是无法达成一致，则谈判双方应该各自在可以接受的范围内进行让步，力求获得一个双方都能接受的折中方案。

### （二）强调双方的利益或损失

在多数的表面冲突中，强调业已取得的和潜在的共同利益是促使僵持各方再次走到一起来的战术。有时在讨论具体事件时，谈判者很容易被表面的现象所迷惑，甚至会为了某些与根本利益并无太大关系的问题发生冲突，结果导致真正的共同利益受损。在这种情况下，谈判者适时地向对手指出双方的利益所在，使关注的焦点回到关键的问题上来，是引导僵局出现转机的重要措施。

如果谈判中出现僵局所引起的共同损失比相互间的利益更大，谈判者可以对负面的消极结果进行剖析，引导对方一起进行比较。不过，谈判者在运用这种手段时要十分谨慎，别让对方误以为你在威胁他。较好的办法是，抓住要害，避免唠叨，给对手一些思考的时间，这比一味地讲理更有效。

### （三）改变谈判环境与气氛

谈判环境的紧张气氛容易使谈判人员产生压抑、沉闷、烦躁的情绪。谈判主方可以通过适当搞一些文娱、游览等活动，缓和谈判的紧张气氛。活动中谈判各方可以不拘形式地就某些僵持的问题交换意见，在轻松融洽的气氛中消除对立紧张的情绪，使谈判转机。例如，可以从正式的谈判桌上改为场外谈判，甚至可以是从室内转换到室外，环境发生变化后，人的心情也会随着改变，清新的空气可以使人的情绪变得放松，压力随之减轻，有利于谈判思路的开拓，利于僵局的破解。

**【思政案例8-2】**

2005年6月11日零点，在上海西郊宾馆我国商务部部长将一件灰色短袖T恤送给欧盟贸易委员，标志着中欧纺织品贸易谈判争端画上了句号。

这次谈判经历了十多个小时，在双方闭门交锋中，从最初的坐在谈判桌前展开讨论，到站着争论，再到站累了，就靠着谈判桌。这样经历了几个小时后，双方谈判首席代表最终避开众目，在宾馆园林里冒雨打着伞边走边谈，来回走了好几千米，围绕主要分歧不断交换意见，使得正常开始的晚餐拖了4个小时。最终协议达成，欧盟贸易委员曼德尔森说，中欧达成的协议是个“Win，Win，Win”的协议。

资料来源：陈辅．10小时，中欧纺织品化干戈为玉帛［N］．国际金融报，2005-06-13.

### （四）设定底线，威胁退出

设定底线就是有预谋地在议题、议程、时间、地点、人数、级别等谈判因素上设置某些限制，以向对方施加压力。如“我已订好明天下午的返程飞机票，希望能在此之前达成协议。”“我们经理出差了，你们只能找副经理商议此事。”“看来今天我们只能先讨论这一个问题，因为你们要谈的第二个问题的资料我们没有带来。”在设定底线时必须小心，过分地限制只能迫使对方做出强烈的反应。因此，在理智地评价了当前形势，确信所有可以尝试的办法都无法改变谈判僵局时，谈判者方可采取这种威胁的办法。

威胁退出分为两步：第一是姿态上的威胁；第二是行动上的实施。如果谈判者宣布退出谈判，至少从形式上来说谈判已经结束了，这种办法偶尔也可以作为一种战术，或者说，一种将重启谈判的主动权交给对手的下策。谈判者在绝对确信目前的手段都不可能产生效果之前，切不可轻言退出。

### （五）休会策略

无论谈判者是强调双方的共同利益还是强调双方可能的损失，都不要指望对方立刻表态。处在僵局中的人对需要立刻表态的情形十分敏感，因为他们面对的不仅是对方，还有自己内部的质疑和压力。运用好休会策略是一个破解僵局的好办法，这使得双方都有机会反省一下自己先前的决定和判断，也有机会征求周围人的意见。如果是团体之间的谈判，更提供了一个让双方的人员互相沟通的机会，可以对在正式谈判中没有说清楚、不便说清楚、不能够公开说出来的理由进行解释。同时，休会也有利于各方再考虑其他解决问题的途径。最低限度下，休会可以起到放松心情的作用，如果主方通过一些会务安排，例如，让服务生上点水果茶点、分送一些小礼品、播放轻松的背景音乐、介绍一位双方都敬重的权威人士、邀请对方领导人单独出去走走等，就会有助于为恢复谈判创造有利的气氛。

### （六）横向式谈判

一项商务谈判中都会有若干个谈判内容，遇到僵局时，可以打开视野，先撇开争执的问题，谈另一个问题，而不是盯住一个问题不放，不谈妥不罢休。例如，在价格问题上双方互不相让时，可以先暂时搁置，改谈运输条件、售后服务、支付方式等问题。如果在这些问题上都能谈拢，再重新开始谈价格，就会觉得阻力小一些，有利于谈判出现新的转机。

### （七）适当让步

当双方坐到谈判桌旁进行谈判，就说明双方之间存在共同的利益，双方都希望谈判能顺利达成协议。因此，当僵局出现时，谈判人员要保持清醒的头脑，如果合作成果带来的利益大于僵局出现带来的谈判破裂结局，那么采用适当的让步，利于谈判继续进行，也不失为一种利大于弊的方法。

### （八）更换谈判人员

很多时候，僵局是由于谈判人员的冲突而产生的。这种冲突可能是由于谈判人员能力、性格、态度的欠缺或不当而产生的，也有可能是出于谈判战术的需要而故意安排的。无论出于哪种原因，此时，如果让与对方产生冲突的谈判人员继续留在谈判桌上，那么对于僵局的化解是没有任何益处的。及时更换与对方产生冲突的谈判人员，不仅可以避免僵局的恶化，防止今后冲突的再度产生，而且也是对谈判对手主动友好的表示。此时，通过配合人员的更换，可以借机向对方表示歉意，或者推翻先前的陈词，同时给双方一个台阶，谈判也将因此而恢复。

### （九）第三方介入调停或仲裁

谈判中的分歧有时是谈判者自身主观意识的产物，它会因谈判者自设的屏障（如面子、信誉、尊严、政治制度、意识形态的对立、思维方式的差异等）而无法解决。如果谈判者固执己见，人为地强化这种屏障，直接沟通就会发生困难。如果谈判双方在这种情况下既不愿意放弃谈判，又坚持各自的立场，第三方介入就很有必要。在这种情况下，第三方的介入有助于客观地理解、解释对立各方的观点和立场，有利于传递某些当事人不便于直接传递的信息。因为第三方的介入改变了相互沟通的方式，所以加大了消除各方分歧的可能性。而且第三方通常能够找出顾全各方面子的办法，使谈判者和他们的上级都感到容易接受。

第三方作为调停者和仲裁者，应该是某一方面的权威，具有较强的斡旋能力和丰富的谈判经验，他们的经历和取得的成就能够赢得谈判各方的信任与尊重。

善于利用调停和仲裁的谈判者，可以有效地简化谈判，避免不必要的磋商和由此造成的谈判者精力与时间上的耗费。上述对调停者和仲裁者作用的描述，建立在谈判各方对公正调停与仲裁的希望的基础上。实际上，作为中间人，由于自身的局限性，对事物的看法总会或多或少地带有偏见。如果调停者或仲裁者与各方人际关系并不正常，或已被某一方贿赂、控制、利用，就应当引起谈判者的警觉。假如有充足的理由怀疑调停者或仲裁者的公正性，就应及时而坦率地向对方提出更换调停者或仲裁者的要求。

## 讨论与思考

1.谈判僵局是如何产生的？

2.谈判僵局形成后如何化解？

3.谈判僵局对谈判全局可能会产生哪些影响？

## 拓展阅读

### 我国入关谈判中的僵局

2001年11月10日，在卡塔尔首都多哈举行的世界贸易组织第四届部长级会议通过了《关于中国加入世界贸易组织的决定》。12月11日，中国正式成为世贸组织成员。从1986年正式递交“复关”申请算起，谈判经历了15年的漫长历程。

中国“复关”和加入世贸组织的谈判，可以划分为入关条件审核阶段与组织成员谈判阶段。在此之前，我们做了一段时间的准备工作，但是谈判中的僵局仍然屡屡出现。

当时关贸总协定和世贸组织的成员一共是130多个，陆续提出来要和我们进行双边谈判的一共37个，按照世贸组织的规定，必须和这37个成员都达成协议。37个成员差别很大。比如，与冰岛的谈判很快就结束了，但是与美国和欧盟的谈判就屡屡出现僵局。

在双边谈判中，墨西哥是最后一个同中国结束谈判的国家，时间是2001年9月。其实在此半年多以前，双方就已经达成了协议，只是没有公布，没有正式签字。这中间有一个比较曲折的过程。墨西哥商品和中国商品出口有冲突，因此它一度坚持永久对中国实行不合理的反倾销措施，在有关反倾销条款上提出特殊要求。我国不同意，双方没法谈，僵住了。后来，墨西哥新总统上台，态度发生转变。他派贸易和工业部长到北京密谈。这位部长提出，原则上同意中国的建议，但出于政治上考虑，中墨之间达成的协议暂时不能公开，也不签字，墨西哥必须成为最后一个同中国结束谈判的成员才行。

在中美谈判中，由于美国的经济结构和出口结构非常完整，对于中国进出口的6 000多个税号都必须一个一个税号谈。这完全没有道理。就算美国经济实力再强，也不可能6 000多种商品都是强项。难道冰岛产的那几种鱼、厄瓜多尔的香蕉、马来西亚的棕榈油等，也是美国的强项吗？与美国实质性谈判的第一个阶段，就是打破它所谓“全面谈判”的要求。一个一个地排除，最后剩下了4 000多种产品。再加上美方最感兴趣的农业、银行、保险、电信、分销、汽车、电影进口等，构成了漫长谈判的内容。1999年11月，中美谈判进入到最后阶段，美国谈判代表团到北京来和我们谈。经过这么多年谈判，好解决的都已经解决，沉淀下来的是双方都互不让步的几个最难的问题了，所以谈起来格外艰难。最后总理亲自带队出席谈判，才把最艰难的几个问题都谈妥了。

在经历了惊心动魄、峰回路转的中美谈判之后，当时舆论普遍认为，中国可能在1999年内加入世贸组织。但是，实际上并非如此，中欧谈判的艰难出人意料。问题出在哪？关键是欧盟产生了和美国攀比的心理。美国固然财大气粗，但欧盟觉得其经济总量比美国还大，也是不可等闲视之的力量，并提出更高的要价，事实上在和美国谈判之后，实在没有什么可让步的了，我们已经到了最后的底线了，但是欧盟坚持要价。因此，我们与欧盟的谈判僵持了好几个月，最后欧盟谈判代表团到北京，又和我们谈了五天。不过，同欧盟代表团的谈判，只在白天进行，晚上不谈，这是欧洲人和美国人的区别。

结束与美国、欧盟谈判后，一开始外界都认为，中国加入世贸组织应该很顺利了。但实际上并非如此，谈判又持续了一年多，卡在多边谈判中的农业问题上了。因此，僵局在谈判中可能随时出现。

资料来源：石广生，汪文庆，刘一丁．中国“复关”和加入世贸组织谈判回顾［J］，百年潮，2009（7）：9-19.内容有改动。

# 第九章

# 国际商务谈判沟通技巧

## 学习目标

【知识目标】

了解国际商务谈判沟通的类型，掌握国际商务谈判的沟通技巧，熟练掌握国际商务谈判的语言沟通。

【育人目标】

培育面对不同谈判对手时采用不同谈判艺术的科学精神，促进国家安全意识和探索精神的培养。

【导读】

### 灵魂砍价

“你们是不是已经尽到最大的努力了？”

“你们要做更大的努力，真的不希望有很多的套路……”

“在千位数上，你们还要做不是特别小的努力……”

2021年年底医保目录药品谈判现场国家医保局谈判代表张劲妮“灵魂砍价”连砍八轮给不少人留下了深刻的印象，70万元降到3.3万元！

而张劲妮成功“砍价”的药品是全球唯一一个用于治疗罕见病——脊髓性肌萎缩症（SMA）的进口药物.

在医保目录药品谈判现场，“努力”是张劲妮一以贯之的关键词。

张劲妮说自己“非常高兴”，“当时我有意在克制，其实内心的高兴比表面看到的还要更多些”“这些药品对很多患者而言是救命的东西，参加谈判确实感觉到责任重大，我是临床医学出身，我知道很多疾病会给患者带来怎样的生活。他们有什么样的预期，包括对他的家庭带来怎样的影响”。

张劲妮表示谈判中双方均有各自的立场和角度，所以她也有“谈不成的准备”。但最终，她通过努力，充分运用谈判的语言技巧和心理技巧，最终将药价从70万元降价到3.3万元，并被纳入医保目录。

资料来源：秦羽.“灵魂砍价”张劲妮首次披露心路历程［EB/OL].（2022-10-05)［2022-11-14］. https：//baijiahao.baidu.com/s?id=1745818490730301155.内容有改动。

# 第一节　国际商务谈判沟通原则

谈判是谈与判的结合，是谈判各方通过交流沟通向着同一个目标前进。在国际商务谈判中，各国谈判者的语言表达方式不同、思维方式不同，可能对同一个动作或同一句话产生不同的理解而导致误解产生。因此，谈判沟通前必须清楚沟通的原则，有利于分歧的避免和僵局的化解。

## 一、客观性原则

客观性原则是指在国际商务谈判中的沟通交流必须以客观事实为依据，为对方提供真实可靠的信息和证据。双方交流的过程中，客观的语言或非语言表达都能传递相互之间的信任，表达各自对谈判的诚意，为谈判顺利进行达成协议奠定基础。

如谈判中涉及产品介绍部分的沟通，就需要遵循客观性原则。在介绍产品相关的信息时，要根据产品的实际情况进行介绍，无论是产品本身的相关参数介绍还是相关用户的评论等内容，都要做到既不夸大也不过分谦虚。客观的交流沟通有利于对方对产品信息的了解，也可避免在后期合同执行中出现歧义而引起僵局。

## 二、逻辑性原则

逻辑性原则是指谈判沟通中要概念明确、条理清晰、判断合理、逻辑性强。逻辑性表现在谈判时的陈述、问答、辩论等各个环节。陈述时条理清晰、富有逻辑，利于对方对陈述内容的准确理解；提问时掌握恰当的时机和回答的逻辑性，可以有力佐证自己的观点；辩论时论证过程富有逻辑性，可以使对方无可辩驳。

## 三、灵活性原则

灵活性原则是指在谈判中根据随时出现的具体情况临时组织交流沟通的语言和非语言表达，随机应变地把控谈判的局面。各方在谈判过程中往往会尽最大努力争取自己更多的利益，争论过程中可能会遇到各类本方在准备中尚未考虑到的问题，此时灵活而恰当的沟通就显得尤为重要。

## 四、规范性原则

规范性原则是指在谈判过程中的表达需要符合国际商务谈判对语言等的规范，要求表达文明、清晰、严谨、准确。文明是指表达要符合道德要求，在谈判中不可使用粗鲁污秽的表达方式。清晰是指在谈判中使用各方都能接受的标准语言，使本方的意思表达都能让对方准确地理解，避免使用方言和俗语。严谨、准确是指在沟通中尽量用词精准，表达规范，防止歧义的出现。

## 五、说服性原则

谈判沟通的目的就是通过相互之间的谈与判，就某个议题达成一致。因此，沟通的目的也是说服对方接受本方的观点和想法。采用语言或非语言的表达影响对方的判断，起到劝导性的作用。说服性原则要求表达内容真实可信，态度诚恳，语气有感染力，声音大小、语速快慢都要具体把握到位。同时也可以配合肢体语言等参与说服的过程。

# 第二节 国际商务谈判语言沟通技巧

## 一、国际商务谈判语言

国际商务谈判语言是直接为实现人们的最终谈判目的而服务，用来表达谈判者的意愿、情感，传送理性、情感与现实的各类信息。国际商务谈判语言又是人们在谈判中思维与智慧能力的特定表现，可以通过领会对手的谈判语言，做出反应，以某种表现形式来进行劝诱、威胁、探测、暗示等。

国际商务谈判语言不仅直接表现在现场谈判方案和谈判策略的运用中，而且从语言内容、方式的差异，到表达方向等方面的技巧都会对谈判过程和结局发生直接的影响。正确的、巧妙的谈判语言不仅可以顺利地实施本方的谈判策略，而且可以从整体上调节国际商务谈判。

## 二、谈判中的语言沟通技巧

商务谈判中的沟通主要是通过语言表达来进行的，因此熟练灵活掌握语言表达中的听、叙、问、辩、答等方面的沟通技巧就显得十分重要。

### （一）国际商务谈判中的听

#### 1.克服听的障碍

谈判中可能会出现判断性障碍、环境的干扰形成了听力障碍、带有偏见的听等情况。也可能因为精力分散，思路较对方慢及观点不一致而造成少听或漏听；受听者的文化知识、语言水平特别是专业知识与外语水平的限制而听不懂对方的讲话内容；在倾听时，如果把注意力放在分析、研究对方讲话的内容以及根据内容而思考自己的对策上，就不能听全对方的讲话。

例如，自己先把别人要说的话定个标准或作价值上的估计，再去听别人的话。因为讨厌对方的外表而拒绝倾听对方讲话的内容。有些谈判者尽管心里在想别的事情，却为了使讲话者高兴而假装自己很专注；还有一种伪装者喜欢试着去记住别人的每一句话，却把话题的主要意思忽视了。如此种种都会形成听的障碍，而影响到准确理解对方在谈判沟通中要表达的真实意思。

#### 2.如何做到有效倾听

想要做到有效倾听，需要了解倾听的规则，掌握倾听的技巧。

（1）倾听的规则，包括：要清楚自己听的习惯；全身心地注意；要把注意力集中在对方所说的话上；要努力表达出理解；要倾听自己的讲话。

（2）倾听的技巧，掌握倾听的技巧可以从“五要”“五不要”出发。“五要”：一要专心致志、集中精力地听；二要通过笔记来集中精力；三要有鉴别地倾听对方发言；四要克服先入为主的倾听做法；五要创造良好的谈判环境，使谈判双方能够愉快地交流。“五不要”：一不要因轻视对方而抢话、急于反驳而放弃倾听；二不要使自己陷入争论；三不要为急于判断问题而耽误倾听；四不要回避难以应付的话题；五不要逃避交往的责任。

### （二）国际商务谈判中的叙述

国际商务谈判中的叙述基于己方的立场、观点、方案等，通过陈述来表达对各种问题的具体看法，或是对客观事物的具体阐述，以便让对方有所了解。国际商务谈判中的“叙述”是一种不受对方所提问题的方向、范围制约，主动进行阐述，是传递信息、沟通感情的方法之一。谈判过程中的“叙述”大体包括“入题”“阐述”两个部分。

#### 1.入题技巧

巧妙地入题，易于让对方接受，有时也是避免尴尬的方法。入题技巧包括：

（1）迂回入题。开门见山、过于直白的开题有时会让气氛显得尴尬，因此从各种不同的角度迂回入题，有利于谈判气氛的融合。

从新闻、天气、季节、谈判现场外的景色等题外话入题是常常被采用的。这样的话题一般双方都不会感觉突兀，也都有话可谈，易于使双方很快进入交谈的状态。

从介绍双方谈判人员入题是最为普通且常规的做法。这样既打开话题，又可以消除对方的不安心理，同时也可以显示自己的实力和阵容。

从介绍本方有关的信息入题。有关信息可以是企业或产品的相关信息，也可以是最近获得的荣誉等资料信息。这是先声夺人的表现，在谈判一开场就充分显示自己的实力、良好的信誉及优质的产品和服务。

**【思政案例9-1】**

中国上海某进出口公司李经理到英国与英国商人爱德华先生进行商务谈判。这是李经理初次和英国人进行谈判。开局时，李经理为了创造和谐的谈判气氛，谈了一些来到英国的见闻，紧接着谈了英国皇室查尔斯王子的是是非非，并把它当作笑料。爱德华开始还听着，后来看见李经理越说越起劲，便非常生气地结束了这次会谈。李经理误以为对方对这次贸易没有诚意，因而不再约见对方。

此次商务谈判才开始，由于李经理不了解英国商人讨厌把皇室的事作为谈话的笑料，选错了入题的话题，却误以为对方没有合作诚意，造成谈判没正式开始便破裂了，失去了一笔生意。

资料来源：黄卫平．国际商务谈判［M］．北京：中国人民大学出版社，2020.

（2）由一般原则到细节问题。一些大型的国际商务谈判往往涉及的项目多，具体内容复杂，谈判需要进行很多轮，并由不同专业谈判人员开展谈判。这就需要谈判一开始首先申明谈判的一般原则，再进一步谈细节问题。一般原则为具体细节的谈判设定框架、提供依据。

（3）从具体议题入手。大型谈判往往一场谈判就由很多不同的议题构成，因此在每次具体的谈判中，双方可以首先确定本场谈判的谈判议题，然后从某一个具体的议题开始洽谈。这样的入题方式，可以使每一场谈判都思路清晰。

2.阐述技巧

入题后，进入阐述观点环节。合理有效地运用阐述技巧可以使本方的观点更为鲜明，更能说服对方。

（1）开场阐述。

在本方阐述时，最好开宗明义，明确本次会谈所要解决的主题，以集中双方的注意力，统一双方的认识；表明己方通过洽谈应当得到的利益，尤其是对己方至关重要的利益；表明己方的基本立场，尽可能简明扼要，以诚挚和轻松的方式来表达。

当对方阐述时，要认真耐心地倾听对方的开场阐述，归纳并弄懂对方开场阐述的内容，思考和理解对方阐述的关键问题，以免产生误会。如果对方开场阐述的内容与己方的意见差距较大，切记不要打断对方的阐述，更不要立即与对方争执，而应当先让对方说完，认同对方后再巧妙地转开话题，从侧面进行反驳。

（2）让对方先谈。

在谈判中如果双方之间是第一次接触，且本方的实力相对较弱，可以让对方先谈。当己方对市场、产品等相关信息了解不全面，或者尚未确定购买何种产品时，一定要让对方先谈。

让对方先谈，本方就处于相对“隐蔽”的地位，可以根据对方阐述的观点及内容，再结合本方事先准备的方案适当进行优化，然后再谈，利于使本方处于主动有利的地位。

（3）注意正确使用语言。

①叙述语言准确易懂。在谈判过程中，所使用的语言要力求规范、通俗，使对方很容易听明白。有时如确需使用某些专业术语，则应尽量使用简明易懂的用语加以解释。一切语言均要以实现双方沟通、保证洽谈顺利进行为前提。叙述的目的在于让对方相信己方所言的内容均为事实，并使其接受己方的观点。为了达到这一目的，叙述时万万不可炫耀自己的学问或卖弄自己的学识，这样做不但达不到目的，反而会令对方生厌。

②叙述内容简明扼要有条理。由于人们有意识的记忆能力有限，在短时间内只能记住有限的、具有特色的内容，所以，在谈判中一定要用简明扼要而又有条理性的语言来阐述自己的观点，以凸显自己要强调的重点。这样，才能在洽谈中收到事半功倍的效果；反之，如果不分层次，流水账式叙述内容，会让对方抓不住要领，无法准确理解本方的观点。

③叙述要真实，第一次就要说准。商务谈判中叙述基本事实时，应本着客观真实的态度进行叙述。对事实和真相既不要夸大也不要缩小，力求使对方相信并信任己方，如果万一自己对事实和真相加以修饰的行为被对方发现，哪怕是一点点破绽，也会大大降低己方公司的信誉，从而使己方的谈判实力大为削弱。在谈判过程中，当对方要你提供资料或信息时，要描述准确，不要模棱两可、含混不清。如果对对方要求提供的资料和信息不甚了解，应延迟答复，切忌脱口而出。要尽量避免使用含上下限的数值，以防止波动。

④语言表达应富有弹性。谈判过程中所使用的语言，应当丰富、灵活，富有弹性。对于不同的谈判对手，应使用不同的语言。如果对方谈吐优雅，很有修养，己方用语也

应相对讲究，做到出语不凡；如果对方语言朴实无华，那么己方用语也不必过多修饰；如果对方语言爽快、直露，那么己方也不要迂回曲折、语言晦涩。总之，要根据对方的学识、气质、性格、修养和语言特点，及时调整己方的洽谈用语。这是迅速缩短谈判双方距离、实现平等交流的有效方法。

例如，法国人谈判时就较为注重用语的习惯。他们喜欢对手也用法语进行交流，尤其当对手会用一口流利的巴黎口音的法语谈判的话，会让他们深有好感。

⑤发言紧扣主题。任何商贸洽谈的双方，都是抱着一定的目的，肩负着一定的使命来到谈判桌前的，这便决定了每次谈判必有一个主题。由于时间有限，在谈判中双方都应紧紧围绕主题进行阐述，不要发表与谈判主题无关的意见，以免使对方产生反感和延误时间。同时，在谈判中也不要转弯抹角，以免给谈判带来障碍。

⑥措辞得体，不走极端。有时在谈判过程中难免会发生尖锐、激烈的争论。在这种情况下要尽量以和缓的语言表达自己的意见，不仅语调要柔和，而且措辞要得体。有些过于极端的语言易刺伤对方自尊心，引起对方反感，带来尴尬的场面，影响谈判进展。有些语言可能会使对方对你的谈判诚意产生怀疑，致使谈判走上歧途或者中断。

⑦注意语调表达的含义。不同的语调可赋予同一句话以不同的含义，也可以表达说话者不同的思想感情。例如，"这一价格不错"，若以平常的语调讲，则是一个肯定的评价，表达了说话者对这一价格的同意或赞赏。但若以高调带拖腔的方式讲出，则表达了说话者对这一价格的不满。谈判者应通过语调的变化显示自己的信心、决心、不满、疑虑和遗憾等思想感情。同时，也应善于通过对方不同的语调来洞察对方肯定、赞赏、否定、不满等感情的变化。谈判者说话的目的是让对方听懂并记住，说得太快不仅达不到说话者预期的目的，还可能使对方既听不清也记不住，有翻译的情况下更应注意，说得太快也会使对方翻译产生不被尊重的感觉。因此，如果想让对方注意你的谈话，就要把速度放平稳，慢慢地、流畅地说。当然，速度也不要太慢，更不要长时间地吐单字。

谈判者声音的高低强弱，也是影响谈判效果的重要因素之一。声音过高过响，震耳欲聋，不会使人感到亲切；声音过低过弱，不会使人感到振奋。因此，应当合理使用声音的强弱，最好有高有低，抑扬顿挫，犹如一幕戏，有高潮，有低潮，还要有收尾，要让对方感到自然舒适。在谈判中，滔滔不绝地阐述观点、发表意见时，如果突然停顿或者有意识地重复某几句话，能起到意想不到的作用，可以引导听者对停顿前后的内容和重复的内容进行回顾和思考，加深双方的理解和沟通。另外，停顿还可给对方抒发己见的机会，以便打破沉默，活跃谈判桌上的气氛。

⑧注意折中迂回。在谈判中转换话题，放弃对某些问题的讨论或绕弯子说服对方这一技巧的运用，是掌握谈判主动权的必然要求。

折中迂回技巧一般适用于下列场合：想避开对己方不利的话题；想回避某些问题；不同意某些观点，但又不便于直接否定对方；想拖延对某些问题做出决定的时间；想把问题引向对己方有利的方面；想转移角度阐述问题以说服对方等。

使用折中迂回技巧应当慎重，要区分轻重缓急。如在谈判比较正常地进行时，可经常使用"可是……""但是……"等词语，使问题向有利于己方的方向转化。在遇到对方无理纠缠，同时己方又不希望谈判破裂时，可适当采用上述折中迂回的技巧。

⑨使用解困用语。当谈判出现困难、无法达成协议时，为了突破困境，给自己解围并使谈判继续进行，可使用下列解困用语：

“再这样拖延下去，只怕最后结果不妙。”

“既然事已至此，懊恼也没有用，还是让我们再做一次努力吧！”

“我相信，无论如何，我们双方都不希望前功尽弃！”

“真遗憾，只差一步就成功了！”

“就快要达到目标了，真可惜了！”

“这样做，肯定对双方都不利！”

使用这种解困用语，有时确能产生较好的效果。只要双方都有谈判诚意，对方很有可能会欣然接受你的意见，从而促使谈判成功。

⑩不以否定性的语言结束谈判。从人的听觉习惯考察，在某一场合下听到的第一句话和最后一句话，常常会留下很深的印象。所以，在谈判中要注意，尽量避免以否定性的语言来结束谈判，否则会给对方造成一种不愉快的感受，并且印象深刻；同时，对下一轮谈判将会带来不利影响，甚至危及前一轮谈判中已谈妥的问题或已达成的协议。所以，谈判结束时，最好能给谈判对手以正面评价，并稳健中肯地把谈过的议题予以归纳。例如：

“今天会谈在某些问题上达成了一致，但在某些方面还要再谈。”

“您在这次谈判中表现很出色，给我留下了深刻的印象。”

“您处理问题大刀阔斧，钦佩！”

“对贵方的某些要求，我方将予以研究，待下次会商再谈。”

不论谈判结果如何，对参与谈判的人来说，每一次谈判都是谈判双方的一次合作过程。因此，一般情况下，在谈判结束时对对方给予的合作表示谢意，对对方的出色表现给予肯定，或者简要概括一下谈判的效果，是谈判者应有的礼节，对今后的谈判也是有益的。

（4）叙述时发现错误要及时纠正。

谈判人员在商务谈判的叙述当中，有时会由于种种原因而出现叙述上的错误，谈判者应及时发现并纠正，以防造成不应有的损失。有些谈判人员，当叙述中有错误时，碍于情面，采取顺水推舟、将错就错的做法，这是要坚决反对的，因为这样做往往会使对方产生误解，从而影响谈判的顺利进行。还有些谈判人员，当发现自己叙述中有错误时，采取事后自圆其说、文过饰非的做法，结果不但没能“饰非”，反而越描越黑，对自己的信誉和形象产生损害，更严重的是可能会失去合作机会，后果不堪设想。

### （三）国际商务谈判中的提问

在交流沟通中，“提问”是一个关键的环节，商务谈判中有效的问题能使回答者顺着提问一方逻辑和思绪谈下去，有利于提问一方在谈判中主动地位的巩固和利益的争取。提问的类型、方式、内容、场合、时机又会关系到提问的效果，是谈判人员需要切实把握的。

#### 1.提问的目的

国际商务谈判中的提问，应该随着我方对于信息的不同要求而有不同的目的。一般来说，提问的目的有以下几种：

（1）收集信息。收集信息是提问的最基本目的，在谈判中，这样的提问是最多的。我方可以有针对性地就自己需要了解的问题向对方提问，恰当的提问可以使我方获得有用的信息，在谈判中更有把握。

（2）探测动向。在国际商务谈判中，经常会有这样的情况，即对方有些意见没有充分表达出来，而自己对对方的要求尚没有充分的把握。此时，可以通过具体的提问来探测对方的动向，进而探明对方下一阶段的目的，使我方有更充足的准备，及时调整想法和措施来适应后续谈判的要求。

（3）引起注意。当我方在谈判中希望就某一事件或是某一条款引起对方注意时，也可以使用提问的方式来提醒对方，例如："关于这一条款的内容，你方还有什么补充的吗？"

（4）测定差距。当谈判经过激烈的磋商阶段接近尾声，而对方依然没有表现出签约的意思时，可以采用提问的方式来测定目前的谈判成果与对方的期望值之间还有多大的差距。通过这样的提问，可以更明确地了解对方的需求，从而为我方决策提供依据。

**2.提问的类型**

提问的类型有很多，在不同场合需要采用不同的问题，达到提问者相应的目的。

（1）封闭式提问与开放式提问。

封闭式提问是可以得到特定答案的直接提问，也称确认式提问或闭合式提问。提问的目的是确认问题。如："贵方能否一个月内完成贷款事项？""您的意思是可以在交货一周内完成安装？""贵方对我们的产品介绍是否满意？"封闭式提问常用的词包括："能否""是不是""对吗"；对方一般用"对""不对""是""不是"等形式回答。

开放式提问是指通过提问要获得更多、更全面的信息，主要目的是收集信息，常用"什么""告诉""怎么样""为什么""建议""想法"等词语提问。如："贵方对我们的产品还有什么不明白的地方？""您还有什么更详细的建议？"开放式提问可以让对方敞开发表自己的想法，不受问题本身的约束和限制，可以更充分地表达回答者的情绪、感受和想法。提问者也可以由此获得更多相关的信息，甚至得到意想不到的信息。

（2）启示型提问与协商型提问。

启示型提问是以启发对方对某个问题的思考，并给出提问者想要得到的回答式的提问方式。这样的提问中往往有借古喻今、声东击西的想法，对对方将要给出的回答有强烈的暗示，使对方的回答符合己方预期的目的。如："如果我方将价格再下降1%，我们的合作就可以达成了，是吧？""看来今天我们的商谈就要有结果了，贵方愿意为我们的合作做出让步了，对不对？"

协商型提问是指使对方同意自己的观点，采用协商的语气向对方提问。如："您看给我方的生产周转时间定为一个月是否合适？"这种平和的语气易于让对方接受己方的观点，又能使谈判的气氛保持和谐融洽。

（3）澄清式发问与探索式发问。

澄清式发问指针对对方的答复重新提出问题，以使对方进一步澄清或补充其原先答复的一种发问方式。例如："您刚才说对目前进行的这一宗买卖可以取舍，这是不是说您能全权跟我们进行谈判?”澄清式发问的作用就在于：它可以确保谈判各方能在叙述“同一语言”的基础上进行沟通，而且还是针对对方的话语进行信息反馈的有效方法，是双方密切配合的理想方式。

探索式发问指针对对方答复要求引申或举例说明，以便探索新问题、找出新方法的一种发问方式。例如：“这样行得通吗?”“您说可以如期履约，有什么事实可以说明吗?”“假设我们运用这种方案会怎样?”探索式发问不但可以进一步发掘较为充分的信息，而且还可以显示发问者对对方答复的重视。

**【思政案例 9-2】**

《中日联合声明》的发表背后是经过很多艰苦的谈判的，在中国台湾问题、战争赔款的问题基本达成一致以后，毛主席就决定要接见田中一行。那天到毛主席书房的时候，田中因为喝多了，刚进门就直奔卫生间去了。毛主席就站在那里等他。田中出来以后，就变得很紧张。他见到毛主席的时候，表现得很拘谨。

看到他这样，毛主席当时就表示欢迎，然后很风趣地问：“吵架吵完了没有?”田中立马接过话说：“吵完了，吵完了。”毛主席就又转向日本外相大平，幽默地说：“天下太平嘛。”大家马上就都笑了起来，气氛就轻松了下来，开始坐下来聊。毛主席所说的“吵架”，其实就是指中国台湾问题以及战争赔款的问题，而在《中日联合声明》的第五条中，中华人民共和国政府宣布：为了中日两国人民的友好，放弃对日本国的战争赔偿要求。

诙谐幽默又贴合谈话场景的语言表达利于化解双方之间的尴尬，可以使谈判等严肃的话题变得顺利。

资料来源：林丽韫. 周恩来揭秘：毛主席为何决定不向日本索赔［EB/OL］.（2020-01-06）［2022-10-26］. http：//zhouenlai.people.cn/n1/2020/0106/c409117-31536454-3.html?from=singlemessage. 内容有改动。

**3. 不应提的问题**

在国际商务谈判中，要注意到并不是任何问题都可以向对手提出，有一些不适宜在谈判中提出的问题一定要加以避免。一般来说，在谈判中不应提出以下几方面的问题：

（1）明显带有敌意的问题。

（2）有关谈判对手个人生活、工作方面的私人问题。

但这也要根据具体情况而有所变通。比如在我国，适当地问候对方的个人生活，往往可以增加双方的亲切感，于谈判有益，而对于那些重视私人隐私的国家，就要避免这样的问题。

（3）有关国家、政党以及宗教方面的问题。

（4）质疑谈判对手品质和信誉方面的问题。

（5）为了故意表现自己而提出的问题，尤其是与谈判内容无关而显示自己“好问”的问题。

**4. 提问的时机**

在谈判中，并不是任何时机都适合提出问题。在恰当的时机提问，往往可以收到预期的效果，而在不恰当的时机提问，则有可能适得其反。一般来说，在商务谈判中，提问的时机包括以下几种：

（1）在对方发言完毕之后提问。在对方发言的时候，一般不要急于提问，因为打断别人的发言是不礼貌的，容易引起对方的反感。当对方发言时，要认真倾听，即使发现了问题，很想立即提问，也不要打断对方，可先把发现的和想到的问题记下来，待对方发言完毕再提问。这样不仅体现了自己的修养，而且能全面、完整地了解对方的观点和意图，避免操之过急，曲解或误解了对方的意图。

（2）在对方发言停顿和间歇时提问。如果谈判中对方发言冗长、纠缠细节或离题太远而影响谈判进程，那么就可以借其停顿、间歇时提问，这是掌握谈判进程、争取主动的重要策略。例如，当对方停顿时，你可以借机提问："您刚才说的意思是？""细节问题我们以后再谈，请谈谈您的主要观点好吗？"

（3）在议程规定的辩论时间内提问。大型外贸谈判一般要事先商定谈判议程，设定辩论时间。在双方各自介绍情况和阐述的时间里一般不进行辩论，也不向对方提问。只有在辩论时间里，双方才可自由提问进行辩论。在这种情况下，要事先做好准备，可以设想几个对方的方案，针对这些方案考虑己方对策，然后再提问。在辩论前的几轮谈判中，要做好记录，归纳出谈判桌上的分歧后再进行提问。

（4）在己方发言前后提问。在谈判中，当轮到己方发言时，可以在谈己方的观点之前对对方的发言进行提问，不必要求对方回答，而是自问自答。这样可以争取主动，防止对方接过话茬，影响己方的发言。例如："您刚才的发言要说明什么问题呢？我的理解是……对这个问题，我谈几点看法。"

在充分表达了己方的观点之后，为了使谈判沿着己方的思路发展，牵着对方的鼻子走，通常要进一步提出要求，让对方回答。例如："我们的基本立场和观点就是这些，您对此有何看法呢？"

**5.提问的技巧**

（1）预先准备。预先准备，是指己方可以在谈判前准备一些对方无法立马给出恰当答案的问题，以收到出其不意的谈判效果，同时也要相应设想好对方可能提出的问题，准备好合理的答案，以免在谈判中措手不及。

（2）避免一些对己方不利的提问。己方必须避免提出可能减少对方在谈判中做出让步的发问，以免无法达成己方想要的结果，给谈判带来不必要的麻烦，所以在提问时要注意分寸和时机。

（3）尽量不追问。不强行追问，是指对方的回答没有达到自己想要的结果，或是对方不直接回答、一直在绕弯，此时不要继续穷追猛打，以免陷入令人尴尬的僵局。但要注意的是，如果是必须理清的内容，则可以在接下来的谈判中寻求恰当时机再行提问，这样对方的回答或许更深入，也为进一步的谈判奠定基础；提问时要注意态度，不要以法官似的命令方式进行提问，也不要一下子提出多个问题，这样容易使对方产生防御和抵触心理，不利于商务谈判的继续进行。

（4）提问时注意态度。谈判提问时必须平静、表述清楚，不能有颐指气使的感觉，也不能消极自卑，不卑不亢的态度往往会得到对方心理上的肯定；提出问题后要专心倾听对方答复，如果对方未能及时给出答案，则要耐心等待，给对方充分的思考时间，使对方感到己方的尊重。

(5) 收拢自己的表现欲。谈判中显示出己方的优势，是为了赢得对手的尊重，但是过分的表现会使谈话的主题总是以“自我表现”为中心，对于对手的问题不愿意关心，只愿说而不想听，这样往往会使对方产生敌对的情绪，无助于谈判的进行。

(6) 态度诚恳且问题简短。提问要简短，问题越短，越能让对方清楚地明白己方想要的答案并予以真实的回答，提问过长则会失去重点，对方可能因为要提取己方问题的中心而变得不愿意或敷衍了事。

### (四) 国际商务谈判中的回答

商务谈判中“问”与“答”是相关联的，问需要技巧，答也同样需要技巧。回答得好与不好将直接影响到谈判中本方的地位与利益。同时回答问题的水平也显示出谈判人员的素养与能力。

好的回答不一定都是完全实事求是的正面回答，需要根据谈判现场的具体情况，结合事先准备的资料信息，巧妙地回答，以达到本方谈判的目的或有效规避对方设置的陷阱。

#### 1. 回答前充分思考

对方提出问题后，回答问题的速度不全是越快越好。有的谈判人员误以为自己回答问题的反应越快，就越显示出自己对对方提出的问题早有准备，如果回答得很迅速，就显示出己方有充分的准备以及较强的实力。其实未必如此，谈判经验告诉我们，在对方提出问题之后，通过一些小动作，如查阅手上的资料，翻看记录的笔记本或调整一下坐姿等来延长回答问题的间隙时间，以让自己有充分思考的时间，既可以让问题回答得更加完善，有时也可以给对方一些“错误”的信息，为自己后面的谈判计谋铺垫。

#### 2. 准确判断提问意图再给出答复

谈判者在谈判桌上提出问题的目的往往是多样的，动机也往往是复杂的，如果在没有深思熟虑、弄清对方的动机之前，就按照常规来做出回答，效果往往不佳。如果经过周密思考，准确判断对方的用意，便可做出一个高水准的回答，建立在准确把握对方提问动机和目的基础上的回答是精彩而绝妙的。

例如，美国著名诗人艾伦·金斯伯格在一次宴会上向一位中国作家提出一个怪僻的问题，并请中国作家回答。谜面是：“把一只2.5千克重的鸡装进一个只能装0.5千克水的瓶子里，用什么办法把它拿出来？”中国作家回答道：“您怎么放进去的，我就会怎么拿出来。您凭嘴一说就把鸡装进了瓶子，那么我就用语言这个工具再把鸡拿出来。”这可谓是绝妙回答的典范。

我们可以在回答前先判断提问者的意图是什么，再考量回答的对策。在这个案例中，提问者提出这样怪僻的问题显然是有点“不怀好意”的，想要回答者难堪，并且往往也很难找出科学的答案，所以再把问题抛回给对方或巧妙地规避问题或采用和对方一样的诡辩的思路进行回答是不错的选择。这样既回答了问题又可以显示出自己的机敏。案例中的回答者就是采用了后者的思路。

#### 3. 不要彻底地回答

商务谈判中并非任何问题都要回答，有些问题并不值得回答。在商务谈判中，对方提出问题是想了解己方的观点、立场和态度，或是想确认某些事情，对此，我们应视情况而定，对于应该让对方了解或者需要表明己方态度的问题要认真回答；而对那些可能有损己方形象、泄密或无聊的问题，不予理睬就是最好的回答，但要注意礼貌。当然，用外交活动中的“无可奉告”一词来拒绝回答，也是回答这类问题的好办法。总之，回答问题时可以将提问者的问话范围缩小，或者不做正面回答，而对答复的前提加以修饰和说明以缩小回答范围。例如，对方询问己方产品质量如何，己方不必详细介绍产品所有的质量指标，只需回答其中主要的某几个指标，从而形成质量很好的印象。又如，对方对某种产品的价格表示关心，直接询问该产品的价格。如果彻底回答对方，把价格如实相告，那么，在进一步的谈判过程中己方可能会陷入被动，因此，应该首先避开对方的注意力，做这样的答复：“我相信产品的价格会令你们满意，请允许我先把这种产品的几种性能做一下介绍，我相信你们会对这种产品感兴趣的。”

**4.顾左右而言他**

有时，对方提出的某个问题己方可能很难直接从正面回答，但又不能拒绝回答、逃避问题。这时，谈判高手往往用避正答偏的办法，即在回答这类问题时，故意避开问题的实质，而将话题引向歧路，借此破解对方的进攻。例如，可跟对方讲一些与此问题既有关系但关系又不紧密的内容，表面上回答了问题，其实多数回答是并无实质作用的。

**【思政案例9-3】**

周恩来总理在外交方面做出了卓越的贡献，他是中国历史上最成功的外交家之一。周恩来总理由于工作原因，经常出国访问，参加重要会议，不免会经常接见外国记者。

有一次，一名外国记者问了周总理一个问题：“请问，中国人民银行有多少资金?”周恩来总理听后，马上意识到这位记者来者不善，这样的问题，无非就是想借此嘲讽中国国库空虚。面对这样一个问题，周恩来总理婉转地回答：“中国人民银行的货币资金有18元8角8分。”说罢，全场人不解，周恩来总理又说：“中国人民银行发行的面额为10元、5元、2元、1元、5角、2角、1角、5分、2分、1分的10种主辅人民币，合计为18元8角8分……”在场的人听了周恩来总理的巧妙回答，佩服不已。周总理正是运用了回答技巧中避正答偏，顾左右而言他的方法，不仅展现了自己的风度和幽默，还向世界介绍了我们货币的面值。

另一次，外国记者不怀好意地问周恩来总理：“在你们中国，明明是人走的路为什么却要叫‘马路’呢?”周总理不假思索地答道：“我们走的是马克思主义道路，简称马路。”这位记者的用意是把中国人比作牛马，和牲口走一样的路。如果你真的从“马路”这种叫法的来源去回答他，即使正确也是没有什么意义的。周总理把“马路”的“马”解释成马克思主义，恐怕是这位记者始料不及的。

还有一次，美国代表团访华时，曾有一名官员当着周总理的面说：“中国人很喜欢低着头走路，而我们美国人却总是抬着头走路。”此语一出，语惊四座。周总理不慌不忙，脸带微笑地说：“这并不奇怪。因为我们中国人喜欢走上坡路，而你们美国人喜欢走下坡路。”

资料来源：央视网. 周恩来妙语集萃十四则［EB/OL］.（2011-11-25）［2022-10-30］. http://jishi.cntv.cn/20111125/100773_2.shtml.内容有改动。

5.不知者不答

在商务谈判之前谈判人员都会做很多准备，但准备得再充分也难以确保万无一失，往往也会遇到对方提出己方没有准备到的内容或者己方不全面了解的方面。因此，当被问到不了解的问题时，不能硬装作知道强作答复，这样貌似维护了自己的面子，实则有损己方利益。谈判人员如果遇到不懂或不甚了解的问题，可以坦率地说不能回答，或者暂时不作回答，以免让自己落得被动的地步。

例如，英国某公司与我国一公司谈判合资建厂事宜时，外商提出有关减免税收及技术转让的相关要求。中方代表恰好是第一次接触类似的条款，对此不是很了解，急于求成的谈判人员盲目地答复导致了谈判局面难以收拾。

6.答非所问

答非所问从谈判技巧角度来说，是一种对不能答的问题行之有效的答复方法。有些问题可以通过答非所问来解围。

例如，古代有一个较为精明的骗子，他从别人那里借来一匹马，便牵去与一个财主进行交换。财主问："你的马是从哪里来的?"他回答道："我想卖马的念头有两年了。"财主又问："为什么要换马?"他回答道："这马比你的马跑得快。"这两句话的回答是答非所问，换马的骗子就是这样运用灵巧的方式，回避了一个事实，即马是他人的，换马是想要骗走财主的马，于是此人的计谋得逞了。

谈判中我们并不主张像这个骗子一样在谈判中行骗，因为谈判必须建立在相互信赖的基础上，但是在双方利益发生冲突时，如何巧妙地回答对方的有关利益分割方面的问题倒是可以从这一例子中获得启示。

（1）以问代答。

以问代答是用来应付谈判中那些一时难以回答或不想回答的问题的方式。此法是将问题抛回给对方，请对方在自己的领域内反思后寻找答案。

例如，在商务谈判中就报价问题的谈判，按照惯例是卖方先报价，但如果是市场上缺乏参照的产品价格谈判，卖方对买方的心理价位又不太了解的情况下，如果被买方要求先报价，卖方可以以问代答："咱们给予诚心合作的基础，想先听听贵方对于产品价格的要求和想法。"商务谈判中运用以问代答的方法，对于应付一些不便回答的问题是非常有效的。

（2）重申及转移话题。

在商务谈判中，要求对方再次阐明其所问的问题，实际上是为自己争取思考问题的时间的好办法。在对方再次阐述其问题时，我们可以趁机考虑如何做出回答。当然，这种心理不应被对方察觉，以防其加大攻势。有人打岔转移话题是件好事，因为这可以赢得更多的时间来思考。有些富有谈判经验的谈判人员估计谈判中会碰到某些自己一时难以回答而又必须回答的、出乎意料的棘手问题，于是，为了赢得更多的时间，就事先在本组内部安排好某个人专门在关键时间打岔。打岔的方式多种多样，比如借口有人来电话，有紧急的文件需要某人来签字等。有时，回答问题的人自己可以借口去洗手间，或去打个电话等来拖延时间。

（五）国际商务谈判中的辩论

商务谈判中的“谈”与“判”都离不开“辩”，谈判各方在辩论中用自己的观点说服对方，在辩论中把各方之间就相关问题的看法拉近，在辩论中找出不同观点的平衡点，以实现达成交易的目的。

1.辩论的原则

（1）实事求是。

商务谈判中的辩论是要用自己的有效论证说服对方，因此实事求是原则是辩论的基本原则。与事实相符合的证据才能在谈判中站得住脚，才有说服力。脱离实际的辩论必然是没有根基的，很容易被对方找出漏洞并被反驳。

（2）遵循逻辑规律。

辩论需要遵循逻辑规律。辩论中论点的提出、论据的寻找及论证的过程需要遵循逻辑规律，前后的辩论过程才能有说服力。如果在辩论中忽视逻辑规律，必然会被对方发现论证过程中的漏洞，并进行反驳。辩论中常用的逻辑规律包括：同一律、不矛盾律、排中律等。

同一律是指在同一辩论思维过程中，使用的概念和判断必须是同一的，也就是“A是A，A＝A”。不矛盾律是指同一思维过程中，对同一对象不能做出两种矛盾的判断，即不能既肯定它，又否定它，也就是“A不是非A，A不能既是B又不是B”。排中律是说这个命题是真和这个命题是假必居其一，也就是“A是B或者不是B”。同一律是要求我们在陈述过程中不能偷换概念，不矛盾律是要求不能有“公婆说法矛盾时，还坚持相信，公说公有理，婆说婆有理”的思想，排中律是说当我们可以否定一件事的时候就要承认这件事是错的。

2.辩的技巧

（1）观点明确，立场坚定。

商务谈判中辩的目的就是论证己方的观点，反驳对方的观点。辩论的过程就是通过摆事实、讲道理，说明己方的观点和立场。为了能更清晰地论证己方观点和立场的正确性及公正性，在辩论时要运用客观材料以及所有能够支持己方论点的证据，增强己方的辩论效果，反驳对方的观点。

（2）思路敏捷、严密，逻辑性强。

商务谈判中的辩论，往往是在双方进行磋商的过程中遇到难解的问题时才发生的。一个优秀的辩手，应该头脑冷静、思维敏捷、论辩严密且富有逻辑性，只有具有这种素质的人才能应付各种各样的困难，摆脱困境。任何成功的辩论，都具有思路敏捷、逻辑性强的特点。为此，商务谈判人员应加强这方面基本功的训练，培养自己的逻辑思维能力，以便在谈判中以不变应万变。特别是在谈判条件旗鼓相当的情况下，谈判人员只有在相互辩驳的过程中做到思路敏捷、严密，逻辑性强，才能在谈判中立于不败之地。

（3）掌握大的原则，不纠缠细枝末节。

在辩论过程中，要有战略眼光，掌握大的方向、前提及原则。辩论过程中不要在枝节问题上与对方纠缠不休，但在主要问题上一定要集中精力，把握主动。在反驳对方的错误观点时，要切中要害，做到有的放矢。

（4）掌握好进攻的尺度。

辩论的目的是要证明己方立场、观点的正确性，反驳对方立场、观点上的不足，以便争取有利于己方的谈判结果。切不可认为辩论是一场对抗赛，必须置对方于死地。因此，辩论时应掌握好进攻的尺度，一旦已经达到目的，就应适可而止，切不可穷追不舍。在谈判中，如果对方被己方逼得陷于绝境，则往往会产生更强的敌对心理，甚至反击的念头更强烈，这样即使对方暂时可能认可某些事情，事后也不会善罢甘休，最终会对双方的合作不利。

（5）态度客观公正，措辞准确严密。

文明的谈判准则要求：不论辩论双方如何针锋相对，争论多么激烈，谈判双方都必须保持客观公正的态度、准确的措辞，切忌用侮辱诽谤、尖酸刻薄的语言进行人身攻击。如果某一方违背了这一准则，其结果只能是损害自己的形象，降低其谈判质量和谈判实力，不仅不会给谈判带来丝毫帮助，反而可能置谈判于破裂的边缘。

（6）善于处理辩论中的优势与劣势。

在商务谈判的辩论中，双方可能在某一阶段你占优势、我居劣势，可另一阶段又出现你居劣势、我占优势的局面，处于两种不同状态时，就必须处理好辩论中的优劣势，这是衡量商务谈判是否合格的一个条件。

处于优势状态时，谈判人员要注意利用优势，并借助语调和手势的配合，渲染己方的观点，以维护己方的立场；当己方处于优势时，切忌表现出轻狂、放纵和得意忘形的姿态。要时刻牢记：谈判中的优势与劣势是相对而言的，而且是可以转化的。相反，当我们处于劣势时，要记住这是暂时的，应沉着冷静，从容不迫，既不可怄气，也不可沮丧。在劣势状态下，只有沉着冷静，思考对策，保持己方阵脚不乱，才会对对方的优势构成潜在的威胁，从而使对方不敢贸然进犯。

（7）注意个人的举止和气度。

在辩论中，一定要注意个人的举止和气度。如语调高亢、指手画脚等行为都有损个人的气质和气度。辩论中良好的举止和气度，不仅会给对方留下良好印象，而且在一定程度上可以促进良好的谈判辩论气氛的形成。

### （六）国际商务谈判中的说服

商务谈判中的“听”“叙”“问”“答”“辩”都是为了说服对方，让对方接受己方的观点，为己方争取更多的利益。因此，将“听”“叙”“问”“答”“辩”综合运用到谈判中，说服对方是谈判中的重要工作，它贯穿谈判的整个过程。要想说服对方，不仅要有正确的观点，而且还要采用科学巧妙的说服技巧。

#### 1.说服环节的技巧

（1）事先取得对方的信任。

社会学家认为，信任是相互沟通的“过滤”网。相互信任的人之间的交流与沟通往往更具有说服力；相反，如果对对方本身就将信将疑甚至完全不信任，对其提出的观点一定也会质疑。因此，如果能事先取得对方的信任与好感，易于将自己的观点传递给对方，并说服对方接受这些观点。

（2）分析所提意见可能导致的影响。

向对方诚恳说明接受你的意见的充分理由，以及对方一旦被你说服将产生什么利弊得失；要坦率承认如果对方接受你的意见，你也将获得一定利益，从而加强对方的信任感，否则对方会认为你缺乏诚意，进而拒绝你的说服。

（3）简化对方接受说服的程序。

程序简单的事情往往易于被接受，相反，如果程序复杂，易于引起执行人的反感，也可能在执行的中途执行人改变想法，也就是出现所谓的“夜长梦多”的情况。因此，简化对方接受说服的程序十分有必要。

2.说服的要诀

（1）站在他人的角度设身处地地谈问题。

说服对方，就是要让对方接受自己的观点。一方面，谈判各方也是因为有对立统一的问题，才需要坐到一起进行谈判，所以谈判双方本身就是代表着不同的利益方；另一方面，站在不同角度对问题的看法往往不一，所谓“横看成岭侧成峰”。因此，只有站到对方的角度设身处地地考虑问题，才能看到对方对待这一个正在谈判的问题真正的需求是什么，进而说服对方。

（2）消除对方的戒心，创造良好的氛围。

人在缺乏信任感和安全感时，往往出于对自我的保护，不愿意主动表达出全部真实的想法，因此在谈判中良好的氛围就显得尤为重要。在轻松和谐的环境中，可以使谈判人员心情愉快，精神放松，放下对谈判对手的戒心，消除对立的心态，才更愿意听对方的想法和建议。

（3）说服用语要推敲。

同样的观点，用不同的语言、语气进行表达，往往效果大相径庭。在谈判前充分调查了解对方谈判的习惯，对用语进行充分的推敲，用对方愿意听的方式将自己的观点表达出来。或委婉、或直叙、或平铺、或比喻，找到适合对方理解和接受的语言表达自己的观点，才能说服对方，使对方接受本方的观点。

（4）寻找双方的共同点。

找出双方的共同点，利于让对方感觉你和他是在一条战线上的，利于形成对你的信任。共同点可以是存在于工作中的、生活中的、兴趣爱好上的，甚至是共同熟悉的第三人。有了共同点，共同的话题就会增加，利于相互增加好感，使谈判气氛和谐，进而被说服接受你的观点。

（5）选准时机。

“时过境迁”用在商务谈判中是一个合适的成语。不同的时间背景下，谈判人员面临的问题和对某些问题的看法是会随着外界条件的变化而变化的。因此，在谈判中需要双方仔细观察，发现时机，找准时机，在恰当的时机下，把握住时机，表达出自己的观点，在说服对方时才会有事半功倍的效果。

### （七）国际商务谈判中的拒绝

谈判的目的是各方要就某些问题达成共识，但是出于各方立场、利益的不同，并不是一切问题都能通过谈判完全解决。在商务谈判中，适时地“拒绝”也是一种常态。拒绝既是一种本方观点的表达，也是谈判中逼迫对方让步的一种技巧和策略。因此，谈判人员要有清醒的认识，在谈判中拒绝接受对方的条件仅仅是解决问题的手段，而不是谈判的目的；目的是通过拒绝对方的观点，而使谈判朝着对自己有利的方向发展。

拒绝的方式可以多种多样，比如：直接提出否定、找借口拒绝、利用建议拒绝或通过问题拒绝对方。但无论采用哪种方式，都需要力争做到态度诚恳、观点明确、措辞委婉。

## 第三节 国际商务谈判非语言沟通技巧

非语言表达主要是指谈判人员的行为、体态等语言以外的其他表达思想观点的行为，它是反映谈判过程中谈判者身心状态的一种客观指标。通过时空语言、类语言、无声语言等非语言沟通技巧与语言技巧的结合，展开谈判。

### 一、非语言沟通的作用

美国传播学家艾伯特·梅拉比安经过研究发现，沟通信息时的效果55%取决于肢体语言，38%取决于声音，7%取决于语言。在国际商务谈判中，不同国家和地区的谈判人员的语言表达习惯、语言逻辑思维习惯各不相同，因此在国际商务谈判中非语言沟通的作用非同寻常。

在谈判中，非语言沟通可以代替语言进行沟通，也可以对语言沟通不足进行补充，或是结合语言向对方暗示一些信息，也可以是向本方队友进行信息传递。因此，非语言沟通方式能起到很多不同的作用。

### 二、非语言沟通的传播符号

非语言沟通的传播符号多种多样，在商务谈判中涉及的传播符号主要有：默语符号、体语符号、类语符号。

默语就是指沉默不语。在国际商务谈判中，结合不同谈判语境，沉默不说话既可以表示对对方观点的不认同，也可以是对提出问题的思考，还可以是以不变应万变的对策。所以，默语符号在关键时刻与其他非语言沟通符号的结合，可应对多种谈判场景。

体语符号主要是指用身体某些部分或整体进行信息传递，包括人体姿势、动作、面部表情等。典型的体语符号有：首语、手势语、体态语。比如用点头表示对对方观点的认可；用微笑表示对对方的欢迎；用握手迎来送往等。

类语符号主要是指语调、重音及笑声等类似语言的信息传播符号，结合不同的语言表达来传达谈判人员的某些观点，表示对某些认识的情绪，传递某类情绪的重要程度等。

### 三、非语言沟通的观察

在国际商务谈判中，除了用心倾听对方的发言，思考其所说的内容以外，认真仔细地观察谈判人员非语言沟通的表达形式及程度，对有效准确理解对方的真实意图及深层次内涵有十分重要的作用。

### （一）面部表情

#### 1.眼睛所传达的信息

不同的眼睛动作往往表达谈判人员不同的状态，例如：可以根据目光凝视讲话者时间的长短来判断倾听者的心理感受；倾听对方谈话时，几乎不看对方是试图掩饰的表现；眼神闪烁不定传达不自信的信息；瞪大眼睛看着对方是对其有很大兴趣等。

#### 2.眉毛所传达的信息

眉毛上耸，表示“喜上眉梢”；眉毛下拉或倒竖，表示“剑眉倒竖”；眉毛迅速地上下运动，表示亲切、同意或愉快；紧皱眉头，表示人们处于困窘、不愉快、不赞同的状态；眉毛向上挑起，表示询问或疑问。

#### 3.嘴的动作所传达的信息

紧紧抿住嘴，表现出意志坚决；噘起嘴，表示不满意和准备攻击对方；咬嘴唇，表示遭受失败时，一种自我惩罚的动作，有时也可解释为内疚的心情；嘴角稍稍向后拉或向上拉，表示听者是比较注意倾听的；嘴角向下拉，表示不满意和固执。

### （二）上肢的动作语言

拳头紧握，表示向对方挑战或自我紧张的情绪。用手指或手中的笔敲打桌面，或在纸上乱涂乱画，往往表示谈判者对对方的话题不感兴趣、不同意或不耐烦的意思。两手手指并拢并置于胸前上方呈尖塔状，表示充满信心。手与手连接放在胸腹部的位置是谦逊、矜持或略带不安的心情的反映。两臂交叉于胸前，表示保守或防卫；两臂交叉于胸前并握紧，往往是怀有敌意的标志。

不同的握手动作也显示不同的状态。如果感觉对方手掌出汗，表示对方处于兴奋、紧张或情绪不稳定的心理状态。如果对方用力同我们握手，则表明此人具有好动、热情的性格，这类人往往做事喜欢主动。掌心向上伸出与对方握手，往往表现其性格软弱，处于被动、劣势或受人支配的状态。用双手紧握对方一只手，并上下摆动，往往是表示热烈欢迎对方的到来，也表示真诚感谢、有求于人、肯定契约关系等含义。

### （三）下肢的动作语言

摇动足部、用足尖拍打地板、拉动腿部，都表示焦躁不安、无可奈何、不耐烦或欲摆脱某种紧张感的意思。双足交叉而坐，对男性来讲往往表示从心理上压制自己的情绪，对女性来讲则表示拒绝对方或一种防御的心理状态。男士分开腿而坐，表明此人很自信，并愿意接受对方的挑战。如果一条腿架到另一条腿上就座，一般在无意识中表示拒绝对方并保护自己的势力范围，使之不受他人侵犯。如果频繁变换架腿姿势，则表示情绪不稳定、集中不安或不耐烦。

### （四）腹部的动作语言

凸出腹部，表现出自己的心理优越、自信与满足感，是意志和胆量的象征。这一动作也反映了扩大势力范围的意图，是威慑对方、使自己处于优势或支配地位的表现。抱腹蜷缩，表现出不安、消沉、沮丧等情绪下的防卫心理。腹部起伏不停，反映出兴奋或愤怒，极度起伏意味着即将爆发的兴奋与激动状态。轻拍自己的腹部，表示自己的风度、雅量，同时也包含着经过一番较量之后的得意心情。

## 讨论与思考

1.国际商务谈判中语言表达的原则有哪些?

2.谈判中的辩论与一般的辩论有哪些区别?

3.说服对手的技巧有哪些?

4.非语言行为在谈判中起什么作用?

## 拓展阅读

### 巴黎和会中顾维钧的巧辩

1897年德国占领山东，青岛沦为殖民地。1914年，日本占领山东。1919年第一次世界大战结束，中国作为战胜国，到法国参加巴黎和会。按照规定，中国有五名外交官的席位，而本次外交官们的目的是要从日本手里把山东要回来。可中国的外交团刚到巴黎就接到通知，那些西方列强在没有提前通知中国的情况下，就把原本留给中国的五个席位缩减至两个。很显然，这是在给中国一个下马威，一个弱国没有资格谈外交。

外交总长陆征祥和外交官顾维钧去找巴黎和会主席——法国总理讨个说法儿。但法国总理穿着刚刚击剑的衣服，满身臭汗地接见了他们。很明显，他并不把中国人当回事，看着总长低声下气的讨好模样，顾维钧只是微微低头，非常礼貌谦虚地说："总理阁下，我们有时间等你换好衣服。"顾维钧认为，"非如此不足以让他懂得中国人"，他觉得中国人得有骨气，不然会更让人瞧不起。果然，法国总理虽然刚才不悦，可他对中国人的看法已经有所改观。他不仅洗了个澡，换了一身体面的衣服，还精心打理了毛发。至少表面上看来，他对中国代表有了一些尊重，接下来开始谈正事。交谈中法国总理以各种理由推脱，拜访结束，中国代表团依然没有争取回来原有的三个席位。

第二天，巴黎和会正式开幕，中国没有被通知参加上午的十人会议，只能参加下午的会议。但在上午的十人会议中，日本提出要霸占山东，不还给中国。和会没有立刻给日本答复，而是给了中国一个阐述立场的机会，但这个机会好像又是他们故意设置的障碍，被通知离合会开始仅剩一个小时，根本来不及准备说辞，如果不去，以后怕是都没机会在国际上发言了。1919年1月18日下午3点，巴黎和会开始。日本代表牧野男爵上台就日本霸占中国山东的事发言，他一上来就大放厥词说日本在第一次世界大战中贡献巨大，而日本也和中国签订了二十一条，所以中国山东应该划给日本。接着他又开始污蔑中国，说中国在第一次世界大战中没有派出一兵一卒，不是真正意义上的战胜国。顾维钧带着翻译上台，先是拿出一块金表进入会场说："之前，牧野先生为了讨好我争夺山东的特权，把这块金表送给了我。"牧野愤怒地反驳说是顾维钧偷了他的金表。这时顾维钧不慌不忙地说："牧野男爵愤怒了，他真的愤怒了，姑且算是我偷了他的金表，那么我倒想问问牧野男爵，你们日本在全世界面前偷了山东省？山东省的3 600万人民该不该愤怒？四万万中国人该不该愤怒？我想请问，日本的这个行为算不算是盗窃？是不是无耻啊？是不是极端的无耻？"这是中国的声音，第一次在国际舞台亮相，不卑不亢，有理有据。各国代表以及首脑都给这名中国外交官给予了高度评价。

接着，顾维钧回应日本的污蔑，说中国没有出一兵一卒，可笑至极。他拿出几张照片，在这期间，中国派往欧洲的劳工就达14万，他们遍布战场的各个角落，他们和所有战胜国的军人一样，在流血，在牺牲。最后，他还拿出中国劳工的墓地照片，而这样的墓地在欧洲就有十几座。中国没有出一兵一卒的说法是从何而来？他的发言结束，各国首脑纷纷起身鼓掌，但是他们只是对顾维钧个人加以赞赏。至于中国山东的归属权，并不会因为他的发言而改变。

民国政府也迫于各方压力，要求中国代表团在合约上签字，割让山东。而一旦签字就等于卖国，几个代表都不愿意出面签字，所以这个棘手的担子又落到了顾维钧的身上。1919年6月28日，巴黎和会的最后一天，所有参加和会的其他国家都在合约上签了字，最后所有人都注视着中国代表等待他签字。面对这样一份丧权辱国的和约，顾维钧毅然决然地拒绝签字，中国人永远不会忘记这沉痛的一天。

正是由于顾维钧拒绝在和约上签字，山东的主权并没有在巴黎和会后交给日本。1922年12月10日，中国北洋政府收回了山东主权，顾维钧在巴黎和会上就山东的主权归属，巧妙运用沟通技巧据理力争，为维护中华民族的统一做出了贡献，被中国人民誉为民国第一外交家。

资料来源：徐昕．民国北京政府时期顾维钧外交成就刍议［J］．西部学刊，2020（14）：123-126．内容有改动。

# 第十章

# 国际商务谈判礼仪及谈判风格

## 学习目标

【知识目标】

了解国际商务谈判礼仪的含义，掌握国际商务谈判的礼仪准备，熟练掌握国际商务谈判中的主要礼仪和礼节的应用，熟悉各国不同的谈判风格。

【育人目标】

怀揣民族复兴梦想开启谈判工作，遵循不同国家礼仪风俗，培养国家精神、民族精神。

【导读】

**两种不同的时间观念**

人类学家Hall把人们大致分为两类：一类遵守单时制；另一类遵守多时制。单时制的人（如北美、北欧、西欧等地区的人）把时间看作是一条直线，可以切割成一段一段，他们强调时间表，强调事先安排；多时制的人（如拉丁美洲、中东等地区的人）习惯于同时处理几件事情，不强调一切都按照时间表。美国是典型的单时制国家，因此当美国人在拉丁美洲、中东地区活动时，常常发现尽管事先有约，但对方还是在接待室内与多人同时谈话，同时处理几件事情。这在美国人看来，是对他们的不尊重。

不同文化背景下的人对“准时”的概念理解不同。在美国，正式的约会必须准时到达，最多不能超过预定时间5分钟。若约会迟到超过10分钟，就应该向对方道歉或解释原因，知道自己会迟到的人往往会先打个电话告诉对方。正式场合约会无故迟到，会被认为是不负责任。当然，活动场合越不正式，准时的重要性也就越低。如果是家庭宴请活动，在美国比规定时间晚到5分钟或七八分钟是合乎礼仪的，但绝对不能提前到达，提早会被认为是不礼貌的，会引起主人的不快。但在中国，人们通常认为提前一些赴约是礼貌的。因此，在跨文化交际中，必须对异域文化和风俗习惯有一定的了解，入乡随俗，避免因不了解而产生误会。

资料来源：胡文仲. 跨文化交际学概论［M］. 北京：外语教学与研究出版社，1999.

# 第一节 国际商务谈判礼仪惯例

礼仪礼节是人类历史和文明的伴随品，因此不同国度的文化孕育出不同的礼仪礼节。随着经济全球化发展，在国际商务谈判中，要与来自不同国家及地区的人员展开谈判，就需要充分了解对方的习俗，并运用国际公认的惯例来与对方进行交往，才能使谈判顺利进行。

经过国际社会各国的协调发展，已经在服饰、迎送、礼物馈赠及交谈等方面形成一系列国际约定俗成并共同遵守的惯例，在参与国际商务谈判前有必要了解熟悉。遵从礼仪风俗习惯一方面体现对谈判对手的尊重，另一方面也彰显本方的自信与实力。上一章中已经介绍了谈判语言沟通技巧，本节将着重介绍其他几方面的礼仪惯例。

## 一、服饰礼仪

服饰礼仪是指谈判人员出席谈判时的穿着佩戴合适得体，是谈判人员必备的基本素养，可以在首次谈判见面时给对方留下良好的第一印象。

着装是一门系统工程，它不仅仅指穿衣戴帽，更是指由此而折射出的人们的教养与品位，是商务交往中不可替代的一个重要符号，决定着商务活动成败的30%～40%。

### （一）谈判人员服饰基本要求

国际商务谈判人员服饰的基本要求包括庄重、保守、得体三方面。

谈判桌是谋求共识的场合，不是秀个性的地方，因此穿着要庄重，给人一种成熟稳重的感觉。因此，冷色调是常见的选择，冷色调可以让人保持清醒的状态又不过分兴奋。例如，黑色、深蓝色、灰色是谈判人员衣着合适的色彩选择。

衣着保守是指谈判服饰选择时态度倾向旧有制度习惯或传统。过于创新前卫的款式不适合谈判人员，惯例认为西装是较为传统的服饰，适合谈判等正式场合穿着。

得体是指在传统穿着惯例的基础上，选择适合自己的服饰。商务场合的得体包含三个层次的内涵。首先是符合个人的体型，结合人体高矮、胖瘦选择合适自己的款式；其次是符合参加此次谈判的身份；最后是符合谈判当时的场合环境。

### （二）服饰选择的惯例

#### 1. 一般惯例

协调原则、三色原则是国际商务谈判场合的着装遵循的一般原则要求。

协调原则是指首饰、衬衫、领带、鞋子、袜子、皮带的颜色要尽量与成套西服相搭配协调；服饰的选择与谈判环境相协调。选择适当的皮包、手表、钢笔、首饰等配饰，以数量少、质量优为宜，来提升整体服饰效果。

三色原则是指穿着西装时全身颜色限制在三种以内。西装深色、衬衫浅色，领带颜色与场合身份协调，以条纹或没有图案为佳，其他配饰颜色与西装颜色协调一致为好。

#### 2. 男士服饰惯例

男士在国际商务场合服饰选择时需要从款式、色泽及细节等方面着手。

款式选择时要求选用面料考究的两件套西装，上下装面料、颜色、质地一致；色泽选择时，男士参加谈判时穿着深色西装是国际社会约定俗成的惯例，浅色的衬衫搭配深色的西装是权威的、实力雄厚的、可信赖的象征。一般西装颜色首选藏蓝色、黑色。其他细节如口袋不放或少放东西；西装纽扣遵循“扣上不扣下”原则；搭配系带皮鞋，西装穿着前熨烫整齐等都需要遵循。

**3.女士服饰惯例**

女士在国际商务场合服饰选择时需要从款式、色泽、鞋袜、化妆及细节等方面着手。

款式是指要选择面料考究的两件套西装套裙，上下装面料、颜色、质地一致；女士参加谈判时穿着冷色调西装是国际社会约定俗成的惯例，一般首选藏蓝色、蓝色、灰色、米色、白色等。搭配光面3~5厘米黑色高跟鞋，不漏脚趾脚跟；宜穿着肉色丝袜；参加谈判女士化淡妆，使用淡香型香水，切不可浓妆艳抹；其他细节包括西装纽扣都扣好，衬衫纽扣除了第一粒以外一般都要扣上；裙子长短到膝盖上下5厘米为佳等。

## 二、迎送礼仪

### （一）接待礼仪

**1.接待准备**

接待准备工作包括了解客人基本情况、拟订接待方案与环境布置等。

客人的基本情况是接待工作的基础，充分了解来客人数、级别、男女数量、饮食习俗等信息，有利于接待方案的针对性拟订。

拟订的接待方案要包括接待规格、时间、地点、组织分工、参加人员、食宿安排、日程安排、交通工具、经费预算等内容。

接待环境要保持明亮、安静、整洁。

**2.接待的程序**

接待的程序一般有迎接客人、安顿宾客、组织谈判活动、送别客人等环节。接待时的各项安排、见面后的谈话内容等都会影响到双方后续谈判的气氛和效果。

### （二）拜访礼仪

**1.拜访前的准备**

拜访前先选择恰当的日期，并与对方事先预约好具体的时间点，准备合适的礼物，注重仪表，准时赴约。

**2.拜访的过程**

到了拜访地点，最好先行通报，到了接待室后，主动问候与自我介绍，做到应邀才就座，举止稳重，谈话时内容紧扣主题。

## 三、馈赠礼品礼仪

商务谈判中准备的礼物以沟通感情为目的居多，也可以宣传产品为目的，因此礼物选择时需要考虑风俗原则，礼物的价值高低适宜。国际商务谈判中，适合选择一些有本国特色的礼物或家乡特产作为礼物，但需要注意不能与对方信仰的一些风俗习惯相违背。

通常拜访人（谈判客方）在到达后就可以在适合的时机给主方送上自己事先准备的礼物，以显示对对方的重视和尊重。东道主一方可以在送客人离开时，送上本方精心准备的礼物，尤其在双方谈判成功后以表达对合作成功的庆祝和对对方的感谢。

【案例10-1】

一位女士在伦敦留学时，曾在一家公司打工。女老板对她很好，在很短的时间内便给她加了几次薪。一日，老板生病住院，这位女士打算去医院看望老板，于是她在花店买了一束红玫瑰花。半路上，她突然觉得这束花的色彩有点单调而且看上去很俗气，就去买了十几枝白色丁香花，并与原来的玫瑰花插在一起，自己感到很满意，走进了病房。结果她的老板见到她的时候，先是高兴，转而大怒。在西方，送花的禁忌是切勿送红白相间的花给患者，因为这样被看作是病房中将有人死亡的征兆，可以送清一色的红花，一般不送白花，尤其是白色百合花和白色山茶花。

资料来源：吕蕊，邹媛春．商务礼仪实用教程［M］．北京：经济科学出版社，2016.

## 四、宴请礼仪

### （一）谈判宴请的形式

商务谈判前后的宴请形式可以有多种选择，例如，宴会、招待会、茶会都是受到广泛欢迎的。

宴会是一种隆重而正规的宴请形式，一般安排在高档饭店或其他特定地点举行。西方安排在晚上7点后，中国安排在晚上6—7点开始。宴会上对相关细节都有较高的礼仪要求。例如，宴会前要排好每个赴宴人员的座次，对到场人数、穿着打扮、音乐演奏、餐具、酒水、菜肴的道数及上菜程序都十分注重。

招待会是形式相对简单的现代用餐方式，也称为“冷餐会”，它起源于欧美，一直被沿用至今，并在人们社交活动方式中占有重要地位。招待会上冷热菜肴、酒水点心、餐具等都放在桌上；不排席位，没有统一菜单。用餐时间、内容均由每个人自己决定。

茶会是中国特色的一种简便的接待形式，时间一般在上午10点或下午4点左右，是对正餐的一种补充，也可以是谈判中间休息的一种茶歇形式，一般备有茶、咖啡、点心或地方风味小吃。

### （二）谈判宴请的组织礼仪

作为谈判主方一般在谈判结束时会宴请对方，尤其在谈成后，以宴会形式庆祝双方合作愉快。宴请礼仪一方面是一国文化的彰显，另一方面也是谈判主方实力和素养的体现。

客人数量多少、级别高低等都会影响到宴会的组织工作。因此，首先需要明确宴请对象、目的、范围等基本内容，然后再结合对方在饮食上的习惯等确定宴请形式、时间、地点及菜单等。

拟定菜单时，应考虑客人的规格和宴会的范围，注意冷热、甜咸、色香味搭配。优先选择当地特色菜肴、饭店特色菜。同时需要注意宗教的饮食禁忌、客人的饮食禁忌、不同地区的饮食禁忌等。例如，中东地区很多国家对猪肉、酒等饮食有严格的禁忌。我国西部云贵地区部分藏族百姓有不吃鱼、鸟禽的习俗等。

（三）宴请的接待礼仪

1.迎接客人

宴会开始前，主人需要提前在宴会厅门口或休息室迎接客人。秘书人员可先到大门处等候客人，引领客人到达宴会场所。

2.入席

事先在各桌安排好名单或名牌，当客人到达宴请现场时由专人带领客人按座次安排入席。

3.致辞敬酒进餐

宴会开始后，主人要先向客人敬酒、为客人布菜，主动与客人交谈，注意巧妙选择话题，营造和谐进餐氛围。

（四）赴宴礼仪

客方接到谈判主方的邀请后，需要及时予以回复，并对主方邀请表示感谢，直接表达出很高兴能去参加的意愿。如果由于时间冲突等原因，不能参加，也需要及早给予回复，并告知不能参加的理由，同样要感谢对方的盛情。

去赴宴之前，首先要适度修饰，穿上合适的服装，一般正式的商务着装都是可以的。区别于之前谈判时的着装，可以在色彩上稍微亮丽一些，女士也可以以连衣裙之类的礼服替代谈判时的套裙，以显得轻松活跃一点。

赴宴礼仪中的一项关键礼仪是掌握合理的到达时间。按照宴请邀约的通知时间，最合适的到达时间是在约定时间前5~10分钟到达宴会现场。既不能迟到，也不能到得过早。因为过早到达时，主办方的准备工作可能还在进行中，打扰对方准备工作的同时，也让自己得不到应有的完整的接待。

到达现场后，应该客随主便，听从主方的安排，按位入席，文明进餐。

## 第二节 亚洲地区谈判人员的谈判风格

国际商务谈判是由来自不同国家或地区的代表坐到一起就某些交易进行商谈。这些代表受本国文化教育背景不同的影响，谈判时在表达和思维、行事风格等方面都有所不同。在参加国际商务谈判前，必须全方位了解相关的风俗习惯，才能顺利地进行谈判。这里我们对亚洲地区谈判人员的谈判风格进行介绍。

### 一、日本商人的谈判风格

现代日本是一个传统文化与现代文化交织的国度，日本商人在参与国际商务谈判时，有其自身独特的风格。总体而言，他们注重礼仪礼节，对生意精明，办事踏实心细，工作敬业勤恳，具体主要体现在以下几个突出的方面：

（一）注重人际交往

日本人很重视人际关系，一般愿意与认识或相对熟悉的人交易，感觉更为可信。所以，在初次谈判时，会设法找一个与他们共过事的人或有业务往来的公司为谈判初始的介绍人。因此，在初次访问日商时，切不可贸然自行前去拜访，最好事先托熟人或大使馆人员帮忙介绍。日商善于通过人际关系来拉拢生意，因而与日商谈判时，也可以利用这一点来接近对方。日商在开展贸易时，喜欢先建立个人关系，再与团队合作。建立在良好个人关系基础上的“信任感”会对日商有较大的影响，利于后期贸易谈判的促成。

（二）团队意识突出

在国际商务谈判中，日本商人的团队意识很突出。日本很多著名企业都是家族企业，个人、家庭与企业紧密相连，使个人对集体产生强烈的归属感，企业内部有高度的统一性和协调性。在企业中做出决策的往往不是哪个个人，而是公司上下反复协商，所有员工都有发言权。企业高层经过对企业内部员工的调查，收集整理集中各方面意见和建议后，才做出最终的决定。在谈判现场也是实行共同负责制，往往遇到事先没有料想到的谈判事项时，不是由谈判代表独自做出决策，而是要与同事协商后甚至场下与领导等沟通后才拍板成交。

（三）等级观念强

日本商人等级观念强，主要体现在重视尊卑秩序。谈判代表通常会派有15~20年经验的人担任。在商务交往中，日商看重资历，不太愿意与年轻人商谈，因为他们认为年轻人不会有真正的决策权。因此，他们希望自己也能与有经验的谈判对手进行谈判。

（四）擅长讨价还价

日本商人对本方的经济利益往往看得很重，在谈判前，他们会从各个方面做好充分的准备，从谈判当场和外围两方面共同发力，据理力争自己该争取的各项利益。他们认准了“吃小亏占大便宜”“放长线钓大鱼”的道理，因而在谈判桌外常常会用各种手段拉拢或软化对手，进而在谈判桌上更多争取本方的利益。日商很重视礼物的赠送就是典型的样板。例如，设备本身与其配件的销售之间，日商往往愿意先适当降价促成设备本身的销售，而后期的配件销售价格则不会再降价了。

**【小链接10-1】**

日本贸易振兴会编写的《在日本经商指南》一书中对与日本厂商进行交易的外国厂商提出如下忠告：

1.注意不要只依靠信件往来，而应利用一切机会同交易对方见面。

2.由于进行交易而同初次见面的人接触时，一定要使用名片。

3.遇到重要的问题时，应该让企业领导人访问交易对方，拜会对方适当的负责人，但是，不要指望在初次见面时就办成重要的事情。

4.初次访问政府人士和交易对方时，事前应托朋友、本国使馆人员和其他熟悉的人员介绍。

5.穿着本国人认为最有礼貌的服装。讲究礼貌，不必穿着过分漂亮的西服。

6.只有在对日语掌握得娴熟的情况下，才可以用日语进行商谈。

7.即使谈判进展缓慢，也不要急躁。之所以进展缓慢，是因为对方内部正在统一思想。一旦做出决定，付诸实施的速度非常迅速。

资料来源：黄卫平．国际商务谈判［M］．北京：中国人民大学出版社，2020.

## 二、韩国商人的谈判风格

韩国在近代发展中是以贸易立国来弥补自然资源相对匮乏的，因此在贸易谈判中，韩国人有丰富的经验，在不利的谈判氛围中往往能扭转势头而占据上风，被西方人称为“谈判的强手”。

### （一）事先准备充足

韩国人在谈判前很重视准备工作，在谈判正式开始前，会从各方面对对方进行充分了解与咨询。从项目的经营基本情况到资金安全，从规模到商品行情等方方面面都充分了解。如果感觉对对方的了解还不够充分，韩国人是不会坐下来与对方谈判的。所以，一旦韩国人提出来要进行谈判，那么就说明他们已经做好了最周密且充分的准备。

### （二）重视会谈场地与气氛

韩国人在谈判中注重谈判场地的选择，他们比较喜欢将谈判地点安排在有名气的酒店、饭店。如果地点是他们选择的，他们一定会按时到达，如果地点是对方选择的，他们往往会推迟一会儿到达。一般主谈，即“拍板者”总是走在最前面。初谈阶段，他们做的第一件事，就是获得对方的好感，创造一个和谐信赖的气氛，然后才开始谈判。他们会热情地招呼，向对方介绍自己，就天气、旅游等进行寒暄。

### （三）谈判思路清晰

韩国人做事喜欢条理化，谈判也不例外。尤其是较大型的谈判，往往是开门见山，直奔主题。谈判的方法很多，而韩国商人则较喜欢用横向谈判法和纵向谈判法。有时也把这两种方法结合起来使用。同时，谈判中，韩国商人较爽快，非常善于讨价还价，他们的让步往往是以退为进。

### （四）喜用三种文字签约

韩国人一旦与对方经过谈判达成交易，喜欢使用3种文字签订合同，分别是合作对方国家的语言、韩语及英语。3种文字都具有同等效力。

## 三、阿拉伯商人的谈判风格

阿拉伯国家以出口石油等产品为主要经济来源，大量的生活必需品都要进口，阿拉伯商人有丰富的谈判经验，也有不同于其他地区商人的特质。

### （一）注重友情

阿拉伯人在建立友情之前不会轻易与对方进行交易。因此，要与阿拉伯人做生意，首先要和他们建立良好的友谊。想要与他们做买卖，首先要通过拜访赢得他们的信任与好感，建立朋友关系。第一次、第二次拜访时绝不可以谈生意，第三次拜访时才可以稍微谈一下生意，再拜访几次后才可以进入商务谈判。

### （二）决策时间较长

阿拉伯商人对时间观念不那么重视，有时会晚到一会，谈判中会出现中断或拖延谈判的现象，决策过程也较长，这都是正常的。有时谈到正兴时，外方感觉时机对自己较为有利，想要抓紧时机促成交易，但阿拉伯商人很可能直接来一句“明天再谈吧”。他们不会让对方把自己拖入繁忙的日常而是更喜欢闲散自由的日程安排。

阿拉伯商人决策时间长，可能表明他们对你的建议有不满之处，而且尽管他们暗示了哪些地方令他们不满，你却没有捕捉到这些信号，也没有做出积极的反应。这时，他们并不当着你的面说“不”字，而是根本不作任何决定，他们希望时间能帮助他们达到目的，否则就让谈判的事在置之不理中自然地告吹。

（三）喜欢讨价还价

阿拉伯人在交易中喜欢讨价还价，他们认为讨价还价才是对谈判该有的严肃态度。无论大小交易都可以讨价还价，凡是想要达成交易就要有讨价还价的准备，形成“见价格就讨价”的意识。不还价就买走东西的人，被认为对卖主的不尊重。他们的逻辑是：讨价者是对卖家的尊重，不讨价是对卖主的轻视。

（四）擅用代理商

代理商在阿拉伯商界很重要。几乎所有的阿拉伯国家政府都坚持，无论外商同阿拉伯国家的私营企业谈判，还是同政府部门谈判，都必须通过代理商。如果有合适的阿拉伯代理商介入，外商在生意中的进展就能更为顺利。在涉及重大生意时，代理商可以为外商在政府中找到合适的关系，使项目可以得到政府的批准；能使外商加速通过冗杂的交易壁垒，还可以帮助外商安排劳动力、运输、仓储、膳宿供应，帮助外商较快地收到生意中的进款等。特别是初次与阿拉伯商人打交道，对当地的习俗、交易惯例等都不甚了解，更是最好借助当地代理商帮忙，否则很难做成生意。

（五）习惯使用“IBM”

阿拉伯国家商人在谈判中常常以宗教名义保护自己，抵挡对方的进攻。被用得最多的有：“I”，意思是“神的意志”；“B”，意思是“明天再谈”；“M”，意思是“不要介意”。例如，双方已签订合同，后来情况发生变化，阿拉伯商人想取消合同，就会名正言顺地说这是“神的意志”。在谈判中当形势对外商有利时，他们就耸耸肩说“明天再谈”，等到明天一切可能又要从头再来。当外商因阿拉伯人的上述行为或其他不愉快的事而恼怒不已时，他们又会拍着外商的肩膀，轻松地说“不要介意”。所以，与阿拉伯人做生意，要记住“IBM”的做法，配合对方悠闲的步伐，慢慢推进才是上策。

**【案例10-2】**

我国一家石油公司的经理会见石油输出国组织的一名阿拉伯代表，和他商谈协议书上的一些细节问题。关于事情的经过，请听他的自述：“谈话期间，他慢慢地向我靠拢过来，直到离我只有15厘米的地方才停下来。当时，我并没有注意到什么，我对中东地区的风俗习惯不太熟悉。我往后退了退，在我们两人之间保持着我认为是适当的距离，大概是60厘米。这时，只见他略略迟疑了一下，皱了皱眉头，随即又向我靠拢过来。我不安地又退了一步。突然，我发现我的助手正焦急地盯着我，并摇头向我示意。我终于明白了他的意思，在一个我觉得最别扭、最不舒服的位置上谈妥了这笔交易。”

资料来源：李爽. 商务谈判［M］，北京：人民邮电出版社，2017.

## 四、东南亚商人的谈判风格

东南亚包括许多国家，主要有印度尼西亚、马来西亚、新加坡、泰国、越南、菲律宾等国家。这些国家与我国地理距离较近，贸易机会十分频繁，交易范围非常广阔。

印度尼西亚人在洽谈时表面上虽然十分友好，谈得很投机，但心里想的可能是另一回事。如果彼此之间有了交情，则往往可以成为可靠的合作伙伴。印度尼西亚人还喜欢有人到家里去拜访，无论什么时候去拜访他们都很受欢迎。因此，在印度尼西亚，可以上门拜访以加深交情，使商谈得以顺利进行。

新加坡商人中华侨很多，他们一般都愿意与中国进行商贸洽谈合作。老一代商人还保持着讲面子的特点，“面子”在商务洽谈中具有重要意义；年轻一代商人已具备现代商人的素质和特点，也保持了一些老一代商人的特点：在洽谈中遇到问题，往往不喜欢做成书面字据；一旦订立了契约，则绝对不会违约，而是千方百计去履行，体现了注重信义、珍惜朋友之间关系的商业道德。

泰国商人往往依靠家族来掌管生意，不铺张浪费；同业间能互相帮助，但不会结成一个组织来共担风险。假如外国商人要同泰国商人建立推心置腹的交情，那就要费一段很长的时间。但一旦建立了友谊，泰国商人便会信赖你，当你遇到困难时，也会给你通融。

## 五、南亚商人的谈判风格

这里以印度和巴基斯坦为代表介绍南亚商人的谈判风格。

### （一）印度商人的谈判风格

印度是个古老的国度，社会层次分明、等级森严。跟印度人建立良好的关系是开展商务往来的前提。要和印度人建立友好的商务关系，通常需要很长的时间。一旦你和印度商人建立了良好的关系，就可以开始谈判进程了。

印度商人擅长讨价还价，重视利益，不会轻易放弃任何一个获益的机会。谈判时，他们喜欢争辩，表现固执。与印度商人谈判，要为强硬的、长时间的讨价还价做好准备，在开价时一定要留些余地。另外，印度商人还擅长拖延时间，他们认为用此招可以消磨对方的意志，从而能够彻底探清对方的底牌。除非让他们感受到，再拖延时间的话会损失他们的利益，他们才会加快谈判的进程。印度商人喜欢被赞美，在谈判时适时地赞美恭维，有利于推进谈判的进程。

在商务谈判中，谈判人员一般不愿做出最终的决定，谈判的重要议题都要由高层来作决定。印度出口手续复杂，和印度人做生意时，作为买方应尽量避免内陆交货，作为卖方应尽量避免目的地交货。

### （二）巴基斯坦商人的谈判风格

在进行商务谈判时，应首先了解巴基斯坦的社会生活和风俗习惯，以免因小事刺伤对方的自尊心，从而妨碍商业活动。

巴基斯坦人注重建立关系，包括与政府官员的关系。与巴基斯坦政府官员会面时，一定要做好各种准备：时常有助理和秘书跑进来要求签字，有电话打进来，或者朋友和亲戚路过拜访等打断对方精心准备的讲话。对此，最好保持镇定，不能表现出不耐烦。

按照巴基斯坦的商业习惯，由经理制定全部决策。一般来讲，经理从不下放任何权力。因此，如果经理工作非常忙或“出差了”，那么，无论对方的传真或邮件多么紧急，可能也不会有人回复。

此外，巴基斯坦商人友好、热情，喜欢公平交易，自由地讨价还价，所以与他们谈判一定要多花些时间。尽管讨论很激烈，也要保持微笑，这一点很重要。

## 讨论与思考

1.礼仪对于谈判的重要性体现在哪些方面？

2.如何理性看待不同国家的不同谈判风格？

3.在不同国家的不同谈判风格中如何看待我国的传统文化礼仪？

## 拓展阅读

### 世界开放展望

人类从历史长河中走来，文明在时代更迭中发展。人类文明的繁盛离不开开放包容、求同存异、互学互鉴。开放让人类文明相遇、碰撞、吸纳和新生，成为文明再生的动力。开放让要素流通、信息沟通、产品畅通、市场联通，疏通了经济全球化的血脉。

当今世界处于“百年未有之大变局”，新冠肺炎疫情加速了世界格局调整演变，各国的开放共识明显减弱，单边主义、保护主义抬头，经济全球化动力弱化、阻力强化，不确定风险增多，世界经济再次面临“向何处去”的重大历史命题。“察势者明，趋势者智，驭势者赢。”人类追求和平发展的愿望没有根本改变，技术革新与产业升级大势没有根本改变，各国经济深度交融的事实没有根本改变。世界要突破当前的发展困局，扭转“逆全球化”势头，需要从良性“自我实现预言”中把握未来发展大势，让国际社会的开放共识更大、开放动能更足、开放共享更强。

未来的世界开放，需要更优的理念。思想是行动的先导。一个更加开放包容的世界，需要超越零和博弈、囚徒困境和极端思维，走向共商共享、互惠互利和中道思维；超越文明冲突、文明中心与国强必霸，走向交流互鉴、平等相待与美美与共；超越丛林法则、利益至上和本国优先，走向立己达人、义利相兼和人类优先。

未来的世界开放，需要更深的互信。信任一向是大国关系中的稀缺产品。当今世界开放引领不足、动力不足，信任稀缺是主要障碍。没有信任就没有友谊。增进互信，全力避免出现“经济铁幕”，世界经济就能劈波斩浪走出一片新天地；直面分歧和矛盾，为了共同的利益，努力把负面影响降到最低，人类社会就能走得远、走得快。

未来的世界开放，需要更大的合作。从“本国优先”的角度看，世界是狭小拥挤的，时时都是“激烈竞争”。从命运与共的角度看，世界是宽广博大的，处处都有合作机遇。让开放之舟行稳致远，需要更好发挥合作的“压舱石”作用，在竞争中扩大利益交集，在解决全球问题中相向而行。“独行快，众行远”，我们前进的方向应是“你中有我，我中有你”的发展局面，是平等对话、求同存异的国际交往，是携手共商、包容互惠的共同秩序。

未来的世界开放，需要更多的共享。大家一起发展才是真发展，可持续发展才是好发展。面对分配不公、贫富悬殊等问题，开放要走“和合共生”“世界大同”的正道，以交流超越隔阂，以互鉴超越冲突，以共赢超越鸿沟，做大蛋糕分好蛋糕，让开放之光照耀地球的每一个角落，实现不同地区、不同国家、不同民族的共生、共存、共发展。

展望未来，新的时代画卷已经展开。全球经济终将在开放中继续前行，人类文明终将在开放中绽放璀璨光芒，世界的前途命运终将在开放中走向新的辉煌。

资料来源：中国社会科学院世界经济与政治研究所，虹桥国际经济论坛研究中心. 世界开放报告 2021［M］. 北京：中国社会科学出版社，2021.

# 主要参考文献

[1] 刘园. 国际商务谈判 [M]. 北京: 中国人民大学出版社, 2022.

[2] 白远. 国际商务谈判理论、案例分析与实践 [M]. 6版. 北京: 中国人民大学出版社, 2022.

[3] 龚荒. 商务谈判与沟通 [M]. 北京: 人民邮电出版社, 2022.

[4] 佚名. 中国电热毯热销欧洲的冷思考 [N]. 北京青年报, 2022-09-29.

[5] 白琳琳, 甄翔. 菲总统: 愿重启同中方油气开发谈判 [N]. 环球时报, 2022-09-26.

[6] 佚名. 敬业团队收购英钢, 一波三折 [EB/OL]. (2022-06-23) [2022-11-9]. https: //www. 163. com/dy/article/HAHLBN300518G6Q2. html.

[7] 环球时报. 社评: "外资撤离中国论" 又一次不攻自破 [N]. 环球时报, 2022-05-13.

[8] 李家成. 美韩防卫费分担谈判: 不对称同盟内的以小博大 [J]. 延边大学学报 (社会科学版), 2022, 55 (1): 12-19, 141.

[9] 龚荒. 商务谈判与推销技巧 [M]. 北京: 清华大学出版社, 2021.

[10] 秦羽. "灵魂砍价" 张劲妮首次披露心路历程 [EB/OL]. (2022-10-05) [2022-11-14]. https: //baijiahao.baidu.com/s?id=1745818490730301155.

[11] 沈伟. 中美贸易摩擦中的法律战——从不可靠实体清单制度到阻断办法 [J]. 比较法研究, 2021 (1): 180-200.

[12] 黄卫平. 国际商务谈判 [M]. 北京: 中国人民大学出版社, 2020.

[13] 刘向丽. 国际商务谈判 [M]. 北京: 机械工业出版社, 2020.

[14] 陈芳. 国际商务谈判与礼仪 [M]. 合肥: 安徽大学出版社, 2020.

[15] 白远. 国际商务谈判 [M]. 北京: 中国人民大学出版社, 2020.

[16] 徐清军, 高波. 关于推动全球抗疫医疗产品贸易谈判的初步研究 [J]. 国际贸易问题, 2020 (6): 26-38.

[17] 杨剑英, 常军. 商务谈判理论与实务 [M]. 2版. 南京: 南京大学出版社, 2020.

[18] 徐昕. 民国北京政府时期顾维钧外交成就刍议 [J]. 西部学刊, 2020 (14).

[19] 林丽韫. 周恩来揭秘：毛主席为何决定不向日本索赔 [EB/OL]. (2020-01-06) [2022-10-26]. http: //zhouenlai.people.cn/n1/2020/0106/c409117-31536454-3.html?from=singlemessage.

[20] 蒋小华. 商务谈判 [M]. 重庆：重庆大学出版社，2019.

[21] 龚荒，张春法，崔新有. 推销技巧与商务谈判 [M]. 成都：西南交通大学出版社，1995.

[22] 证券时报. "世纪联姻"成一厢情愿！伦交所四条理由拒绝港交所并购，港交所拟再提价，交易为何阻力重重？[EB/OL]. (2019-09-14) [2022-10-14]. https: //baijiahao.baidu.com/s?id=1644613365465795152&wfr=spider&for=pc.

[23] 杨杜泽，沈丽娟，王赛，等. 从对抗到共赢 [M]. 北京：中信出版社，2019.

[24] 徐文，谷泓，陈洁. 商务谈判 [M]. 北京：中国人民大学出版社，2018.

[25] 龚荒. 商务谈判与沟通 [M]. 2版. 北京：人民邮电出版社，2018.

[26] 李志军. 商务谈判与礼仪 [M]. 北京：中国纺织出版社，2018.

[27] 黄卫平，董丽丽. 国际商务谈判 [M]. 北京：机械工业出版社，2018.

[28] 李爽. 商务谈判 [M]. 北京：人民邮电出版社，2017.

[29] 黄秀丹，张鑫. 商务谈判 [M]. 北京：中国财富出版社，2017.

[30] 林晓华，王俊超. 商务谈判理论与实务 [M]. 北京：人民邮电出版社，2016.

[31] 刘园. 国际商务谈判 [M]. 北京：北京大学出版社，2016.

[32] 聂元昆，商务谈判学 [M]. 北京：高等教育出版社，2016.

[33] 刘春生. 国际商务谈判 [M]. 北京：电子工业出版社，2016.

[34] 吕蕊，邹媛春. 商务礼仪实用教程 [M]. 北京：经济科学出版社，2016.

[35] 白远. 国际商务谈判 [M]. 4版. 北京：中国人民大学出版社，2015.

[36] 康均心，虞文梁. 论企业在涉外经济活动中的商业秘密保护——以"力拓案"为视角 [J]. 武汉公安干部学院学报，2015，29 (1).

[37] 吴湘频. 商务谈判 [M]. 北京：北京大学出版社，2014.

[38] 汤秀莲，王威. 国际商务谈判 [M]. 北京：清华大学出版社，2014.

[39] 朱延福，陈芳. 我国铁矿石资源国际合作战略的博弈分析 [J]. 开发研究，2014 (3).

[40] 王淙，丁晶. 国际商务谈判 [M]. 北京：对外经济贸易大学出版社，2013.

[41] 黄卫平，丁凯，宋洋. 国际商务谈判 [M]. 北京：中国人民大学出版社，2011.

[42] 央视网. 周恩来妙语集萃十四则 [EB/OL]. (2011-11-25) [2022-10-30]. http: //jishi.cntv.cn/20111125/100773_2. shtml.

[43] 石广生，汪文庆，刘一丁. 中国"复关"和加入世贸组织谈判回顾 [J]. 百年潮，2009 (7).

[44] 汤秀莲. 国际商务谈判 [M]. 北京：清华大学出版社，2009.

[45] 卞桂英，刘金波. 国际商务谈判 [M]. 北京：北京大学出版社，2008.

[46] 王宝山. 商务谈判 [M]. 武汉：武汉理工大学出版社，2007.

[47] 陈辅. 10小时，中欧纺织品化干戈为玉帛 [N]. 国际金融报，2005-06-13.

[48] 刘藏岩. 商务谈判制胜原则的运用——奥康与GEOX公司谈判案例分析 [J]. 企业经济，2004（10）.

[49] 宫捷. 现代商务谈判 [M]. 青岛：青岛出版社，2004.

[50] 马克态. 商务谈判理论与实务 [M]. 北京：中国国际广播出版社，2004.

[51] 万成林，舒平. 营销商务谈判技巧 [M]. 天津：天津大学出版社，2003.

[52] 丁建忠. 商务谈判教学指引 [M]. 北京：中国人民大学出版社，2003.

[53] 白远. 国际商务谈判理论案例分析与实践 [M]. 北京：中国人民大学出版社，2002.

[54] 李颖，李炎. 谈判其实很容易 [M]. 北京：中国纺织出版社，2002.

[55] 黄越. "不怕骂，骂不怕"——龙永图说他的秘书 [J]. 秘书之友，2002（6）：18-19.

[56] 胡文仲. 跨文化交际学概论 [M]. 北京：外语教学与研究出版社，1999.

[57] 马什. 合同谈判手册 [M]. 章汝奭，主译. 上海：上海翻译出版公司，1998.